当代中国侦探小说的文类流变

彭宏 著

WUHAN UNIVERSITY PRESS
武汉大学出版社

图书在版编目(CIP)数据

当代中国侦探小说的文类流变/彭宏著.—武汉:武汉大学出版社,2017.5
ISBN 978-7-307-19278-2

Ⅰ.当… Ⅱ.彭… Ⅲ.侦探小说—小说研究—中国—当代 Ⅳ.I207.42

中国版本图书馆 CIP 数据核字(2017)第 090567 号

责任编辑:林 莉 辛 凯　　责任校对:李孟潇　　整体设计:韩闻锦

出版发行:**武汉大学出版社** (430072 武昌 珞珈山)
(电子邮件:cbs22@whu.edu.cn 网址:www.wdp.com.cn)
印刷:虎彩印艺股份有限公司
开本:787×1092 1/16 印张:11.25 字数:262 千字 插页:2
版次:2017 年 5 月第 1 版 2017 年 5 月第 1 次印刷
ISBN 978-7-307-19278-2 定价:30.00 元

作者简介

彭宏　1972年出生，男，文学博士，湖北警官学院副教授，湖北警官学院教学名师，主要担任人文基础课程、写作课程的教学，从事中国当代文学、当代文化、通俗文学的研究。参与“中国文学编年史”、“世界性与本土性交汇：莫言文学道路与中国文学的变革”等国家级项目，参编《中国现当代文学史》、《公安文书写作新编》等教材，在《文艺评论》、《中国现代文学论丛》、《名作欣赏》、《长江学术》等期刊上发表论文20余篇。

瞅准冷门，开掘富矿

——彭宏博士的专著《当代中国侦探小说的文类流变》

彭宏博士的专著《当代中国侦探小说的文类流变》终于要出版了，可喜可贺！他希望我为他的这本书写个序，我当然乐意。

还在研究生期间，彭宏就显示出兴趣广泛、勤于思考、发言踊跃，而且任何话题一打开就滔滔不绝的特点，尤其是在平时的交谈中，他对于武侠小说、网络小说的如数家珍常常令我有大开眼界的感觉，因为那些话题在教科书中是一片空白，同时又是当今文坛上的“热门话题”。而彭宏谈起那些话题就眉飞色舞、满面红光，显示出他对新话题的浓厚兴趣。我因此常常想到不少同学的困惑：一方面，真心喜欢文学，想搞出点名堂；另一方面，一旦选择起研究的课题来，就常常因为发现想说的话都已经被专家们差不多说完了而苦恼。其实，专家的视野也是有限的。像武侠小说、网络文学，还有校园文学、科幻文学、影视文学，就常常是注重“主流文学”的专家常常顾不过来研究的课题，而在“主流文学”之外的这些文学思潮，也就为文学研究的新人留下了广阔的驰骋空间。

就这样，当一向对“搜奇猎异”有着浓厚兴趣的彭宏告诉我，他打算以“当代侦探小说”为专著的研究方向时，我的好奇心也油然而生。我一下子想到了少年时读过的英国小说《福尔摩斯探案集》、前苏联小说《匪巢覆灭记》、中国谍战小说《战斗在敌人心脏》，看过的国产电影《秘密图纸》、《羊城暗哨》、《冰山上的来客》，还有朝鲜电影《看不见的战线》、《原形毕露》，还想到了后来读到的英国作家阿加莎·克里斯蒂的名著《东方快车谋杀案》、《尼罗河上的惨案》，看过的日本电影《追捕》、《人证》、《沙器》，还有近年来读过的中国谍战小说《解密》、《暗算》……居然浮想联翩了起来，并在这样的联想中发现了自己对侦探文学的浓厚兴趣。探案、谍战，都是扣人心弦的题材，也是人与人的智力较量、人心与人心的微妙博弈的精彩证明。然而，对于这一类的文学，研究的成果显然还不够多。原因何在？值得探讨。

因此，彭宏的这本专著就显得难能可贵了。因为孤陋寡闻，我不知道这是不是第一部研究侦探文学的专著，但我相信，这本书对于推动当代侦探文学的研究，具有引人注目的意义。一方面，这本书对 1949 年以来的中国大陆侦探小说的发展脉络作出了视野开阔、梳理清晰的描述，并深入论证了当代侦探小说的“中国特色”（如“文革”前的“反特”小说、“文革”中的“类侦探”手抄本，以及新时期以来的“公安文学”、“法制文学”等），因此，这本书就具有了“当代大陆侦探小说史论”的系统性，是研究当代大陆侦探小说的可靠指南。尤其是书中对于当代大陆侦探小说的政治色彩、文化背景、文学特质，以及种种“类侦探”小说的深入分析，充分揭示了中国侦探小说作家在打造侦探文学的民族风格方面的多方尝试及其经验教训。另一方面，作者注意在与西方侦探文学的比较中探讨侦探小说的类型特征，既论证了侦探小说的“通俗性”（更准确地说，也许可以用“雅俗共赏”一词去替换“通俗性”一词？我记得钱锺书先生就十分爱读侦探小说），又辨析了中国侦探小说作家作品的丰富特色，也开启了“中、西侦探小说比较研究”的新思路。这本书的学术意义因此显得独特、新颖、别开生面。而且，由于书中论及的许多作品都为广大读者所熟知，所以，这本书也具有相当的可读性，它足以唤起读者的许多紧张而愉悦的阅读记忆。

这些年来，“谍战片”的红极一时，博尔赫斯的《交叉小径的花园》那样的“玄学侦探小说”、加西亚·马尔克斯的《一桩事先张扬的凶杀案》那样的“魔幻现实主义”名作，还有帕慕克的《我的名字叫红》那样富有哲理的“推理小说”，以及丹·布朗的《达·芬奇密码》那样意蕴丰富的“悬疑小说”等名著的纷至沓来、掀起一阵阵的轰动效应……加上麦家的谍战小说《解密》英文版被收入享誉世界文坛的英国“企鹅经典”文库，迈出了中国作家走向世界的新一步，都在冥冥中昭示了“侦探文学”的新浪潮已经扑面而来。人们热衷探秘、解密的天性在此得到释放；文学的特别魅力在此得到淋漓尽致的呈现。一切都值得去进一步探讨：侦探小说又呈现出怎样的新风貌？中国的优秀侦探小说创作哪些已经具有了经典的意义？其特色与得失何在？

希望这本书的出版能启发更多的探讨。

也希望彭宏的研究挺进到新的高度。

是为序。

樊　星

2016年10月17日于武汉大学

目　录

引　论

西方侦探小说和中国侦探小说

侦探小说是现代西方最为主要的通俗小说类型之一，在欧美，它一般被称做“Mystery Story(Novel)”、“Detective Story”(或“Detective Fiction”)；而在日本，侦探小说则被习惯称为“推理小说”①。它的诞生，以美国作家爱伦·坡1841年发表《莫格街谋杀案》为标志。这篇小说推究探查了一起离奇的猩猩杀人案，塑造了一名睿智的私家侦探——杜宾的形象。后来，爱伦·坡又发表了《玛丽·罗杰神秘案件》、《金甲虫》、《你就是杀人凶手》、《被盗窃的信》等小说，它们与《莫格街谋杀案》一道，展现了“密室杀人、安乐椅上的纯推理侦探、破解密码诡计、侦探即是凶手及心理破案、人的盲点”等五种侦探故事。由此，爱伦·坡创立了侦探小说基本的创作原则和情节模式，被视为世界侦探小说的鼻祖。爱伦·坡之后，许多作家开始着意创作侦探小说，其作者、创作地域、读者影响也扩大到其他欧美国家和世界各地，其中尤以英国的柯南道尔的《福尔摩斯探案》系列，以及阿加莎·克里斯蒂的《东方快车谋杀案》等作品声誉最隆，风靡世界。他(她)二人也成为这一小说类型的集大成者，分别被称为“侦探小说之父”和“侦探小说女皇”，并先后领衔世界侦探小说发展繁荣的第一、第二个黄金时代。围绕这两个时代，西方侦探小说的名家名作还包括威尔基·柯林斯的《月亮宝石》，艾勒里·奎恩的《希腊棺材之谜》和《荷兰鞋子之谜》，契斯特顿的《布朗神父探案》，莫里斯·勒布朗的《侠盗亚森·罗平》，乔治·西默农的梅格雷探案系列，达谢尔·哈梅特的《马耳他黑鹰》和雷蒙德·钱德勒的《长眠不醒》、S. S. 凡迪恩的《菲洛·凡斯探案》等。世界侦探小说的第三个黄金时代则被认为由日本作家开创②：从20世纪20年代江户川乱步的“本格派”推理小说发端，到横沟正史为代表的“变格派”；再从松本清张创立的“社会派”，到森村诚一等发展的“新社会派”和赤川次郎为代表的“青春幽默派”，日本推理小说流派纷纭、创作鼎盛③。西方世界之外，前苏联、前东欧、拉美、韩国等国也诞生了一批有影响的侦探小说作家和作品，如阿·阿达莫夫的《形形色色的案件》、

---

① “二战”后日本进行文字改革，汉字“侦”在日本被废除，在小说家木木高太郎的提议下，此类小说被称做“推理小说”，并袭用至今。

② 三个黄金时代之说，参见曹正文：《世界侦探小说史略》，上海文艺出版社，1998年，第65页。

③ 李德纯：《从侦破案件到揭露黑暗——日本推理小说一瞥》，秦弓、孙丽华选编：《富士山风韵——日本书话》，江西教育出版社，1999年，第302~304页。

金圣钟的《最后的证人》等。经过一个多世纪的演进，从欧美到亚洲，侦探小说几乎占据了现当代西方通俗小说的半壁河山，并逐渐确立了其在西方通俗文学中的主导地位。侦探小说的题材范围、人物塑造、情节建构、艺术手法等也在这百多年的创作、革新中向多元和纵深拓展，形成了诸多具有代表性和影响力的侦探小说流派和类别，呈现出“古典侦探小说”、“心理悬念侦探小说”、“硬派侦探小说”、“推理小说”、“幽默派侦探小说”、“间谍小说”、“警匪(或警察)小说”等的丰富格局。

在中国，则另有一类更为久远的文学传统，即公案小说，可与西方侦探小说比照对应。在犯罪的题材、扬善惩恶的主旨、设疑解谜和推理断案的过程等方面，二者多有相似之处。此外，晚清侠义小说与公案小说合流，侠义小说的某些情节要素似乎也与西方侦探小说相呼应，因此清末中国的“翻译小说中，外国侦探小说之翻译占有相当重要的位置，一则因为它的曲折紧张的情节与书中主要人物的机智与冒险行为，可谓与中国的武侠小说异曲同工，加以结构布局之巧妙，深为读者所迷恋，因之翻译种数起初虽不是太多，但发行数量却是惊人”①。但这里需要特别指出的是，在基本的小说观念、精神指向、道德伦理、人物塑造、审美心理、情节铺排等方面，西方侦探小说与中国侠义公案小说，其实差异甚殊。如1903年《新小说》刊物上《小说丛话》中侠人所论：“唯侦探一门，为西洋小说家专长，中国叙此等事，往往凿空不近人情，且亦无此层出不穷境界，真瞠乎其后乎”；定一则言：“吾尤喜泰西之侦探小说，千变万化，骇人听闻，皆出人意外者”②；“侦探”一词的译者周桂笙也称：“吾国视泰西，风俗既殊，嗜好亦别。故小说家之趋向，迥不相侔。尤以侦探小说，为吾国所绝乏，不能不让彼独步”③。因而，虽与中国古代侠义公案小说有某些传承联系，近现代中国的侦探小说仍应视作舶来品，是通过“刺激-反应”而带来的自外而内的“模仿-借鉴”的产物，主要缘于对异域文学“横的移植”。这种移植首先在清末民初，通过大规模翻译的热潮，将欧美侦探小说介绍至中国。当时侦探小说的译者颇多，经由翻译传入的侦探小说数量庞大，据阿英推测：“当时译家，与侦探小说不发生关系的，到后来简直可以说没有。如果说当时翻译小说有千种，翻译侦探要占五百部以上。”④让人眼界大开、耳目一新的侦探形象及故事，一经引入就激发了国人的阅读兴趣；其新异的叙事模式、人物刻画、情节构造，也刺激了译者(和读者)模仿和创作的欲望，促使他们纷纷着手尝试侦探小说的写作。随着创作的深入、艺术的摸索、理论的探讨，中国作家笔下的侦探小说，数量不断增加，声势慢慢浩大，影响也日渐深远，直欲与外来译作分庭抗礼，艺术上也趋向成熟。传统的公案小说至此与武侠小说分野，并被西化色彩浓厚的侦探小说所取代，进而确立了通俗小说界侦探小说与武侠小说、社会言情小说、历史小说的鼎足而立之势，成为20世纪上半叶中国四大通俗小说类型之一。民国侦探小说不少取法于欧美，以“探案”为名，

① 魏绍昌：《鸳鸯蝴蝶派研究资料》，上海文艺出版社，1984年，第328页。

② 转引自范伯群主编：《中国近现代通俗文学史》，江苏教育出版社，1999年，第771页。

③ 周桂笙：《歇洛克复生侦探案弁言》，载《新民丛报》1904年第7号，转引自范伯群主编：《中国近现代通俗文学史》，江苏教育出版社，2010年，第766页。

④ 阿英：《晚清小说史》，东方出版社，1996年。

如陆澹安的《李飞探案》、张碧梧的《宋梧奇家庭侦探案》、俞天愤的《蝶飞探案》、赵苕狂的《胡闲探案》等，往往流行一时，引人入胜。其中声名影响最大，且成就最高的，是号称所谓“青红帮”的程小青和孙了红。程小青的《霍桑探案》效法《福尔摩斯探案》，孙了红的《侠盗鲁平传奇》则模仿法国的反侦探小说《侠盗亚森·罗平》，二者既与西方古典侦探小说严格对应，又呈现出某些传奇和浪漫的色彩。程、孙之作同时观照十里洋场，显示出对中国现代都市、家庭、道德、人性的社会批判价值，与日本的“社会派”推理小说同调。程氏、孙氏等的侦探小说，与现代西方侦探小说的发展轨迹几可同步，“实属世界侦探小说的一个分支，须随世界潮流而动”①，虽缺乏原创的色彩，但仍可视为中国现代侦探小说的代表。

然而，从1949年末直到20世纪80年代中期，侦探小说在中国大陆的命运发生了巨大变化。作为一种已较成熟的小说类型，“侦探”的名称被有意取消或遮蔽，而被冠以“反特小说”、“肃反小说”、“惊险小说”、“公安文学”、“法制文学”、“纪实文学”等名称，这些小说已不能被严格称为“侦探小说”，只能说保留了一些侦探元素，可称做“类侦探小说”。虽然对各类案件的侦破、推理、缉凶的文学描述从未停止，并在很大程度上传承并变易了公案、侦探小说的某些文学质素，但公案早已终结，而在政治、经济、文化、社会心理的复杂变迁中，这些小说也逐渐丧失了许多侦探小说恒定的文学特征和类型因素，由欧美古典侦探及后续流派所创立的情节模式、人物形象、文类特征，除一些文类因素尚被保留，其余大部分皆被潜藏、变异、泯灭、改写。“私人侦探消失了，取而代之的是代表国家意志与利益的公安司法人员，原来的警察、侦探、罪犯之间的三角关系变成了公安人员与罪犯的二角关系，变成了国家利益与罪犯危害性的两极对抗。侦探小说所特有的私人角度变成国家角度”②，纯粹意义上的传统侦探小说类型因此在中国大陆消亡了30多年，这种缺失，直到20世纪80年代后期“侦探”、“推理”、“悬疑”等名目的小说重新进入读者视野才得以改变。

新中国成立初期至“文革”前（即通常所说的“17年”），中国大陆的“类侦探小说”，是所谓“肃反小说”或“反特小说”（或“惊险小说”）。这些小说多由部队或公安作家撰写，主人公往往是公安干警、边防官兵、复员军人、治保人员、人民群众，围绕着特殊时期反特、剿匪、除奸、惩罪、擒凶的政治任务和历史使命，突出新政权的意识形态中心，笼罩着浓厚的政治气氛，从创作宗旨、情节主题、写法技巧等各个方面显出“社会主义文学”的特征。其中较有影响的作品有白桦的《山间铃响马帮来》和《无铃的马帮》、公刘的《国境一条街》和《祝你一路平安》、史超的《擒匪记》、林予的《森林之歌》等，它们将故事放在民俗风情浓郁的边疆，叙事写景有一种别样的神秘情调，引人入胜。而后此类小说仍以“反奸除特”为主题，将题材领域扩展到农村、海疆、工矿企业、机关学校、军营、经济领域，出现了史超《黑眼圈的女人》、沈默君的《荣军锄奸记》、叶一峰的《一件杀人案》、寒星的《四〇七号图纸》，陆石和文达的《双铃马蹄表》，林欣的《“赌国王后”牌软糖》、国翘的《一件积案》、张明的《海鸥岩》、张万林的《黑头火柴》等在当

① 孔庆东：《超越雅俗：抗战时期的通俗小说》，北京大学出版社，1998年，第160页。

② 汤哲声：《中国当代通俗小说史论》，北京大学出版社，2007年，第239页。

时为人耳熟能详的作品。从群众出版社1959年出版的《肃反小说选(1949—1959)》中，可以看到这类作品的大致面貌：围绕“抓特务”的情节核心，呈现出革命英雄主义的主旋律，深刻烙下“群众路线”的意识形态模式，宣扬“正义必定战胜邪恶”的乐观主义信念……这些特征，深受前苏联文学的影响。苏联文学作品在当时中国被着力引进，在社会上广泛流传，并且在文艺政策的规定下，“一边倒”地要求作家学习仿效，使得中国作家的创作多以苏联作品为蓝本。而苏联“肃反”小说，就是其中的重要一类，包括阿·阿达莫夫的《形形色色的案件》、别列耶夫的《水陆两栖人》、沃斯托柯夫和施美列夫的《追踪记》，以及影片《侦察员的功勋》等，均在20世纪50年代的中国广为人知。令人遗憾的是，比较中苏的“反特”(“肃反”)作品，明显可见中国“反特”小说亦步亦趋的僵化模仿痕迹，缺乏原创色彩，更无前苏联此类作品深度的人性思考。同时遵循“政治标准第一”的标准，将国家意识形态作为至高准则凌驾于艺术的创作和想象之上，又受制于“社会主义现实主义”创作原则的一元独尊，情节架构和人物塑造的公式化、概念化、脸谱化倾向严重，因而总体成就显得不高。

“文革”爆发，中国文学整体遭受了灭顶之灾，各种题材和类型的小说创作如万马齐喑。侦探小说原产于西方资本主义国家，被认为是宣扬所谓“资本主义法权”与“私有财产神圣不可侵犯”①的观念、塑造资产阶级“密探”的文学，在17年后其名目就被遮蔽，此期更无复苏和重写的可能。而“文革”时期公、检、法等司法系统被捣毁砸乱，政法公安战线17年的工作成效也被全面否定，中国的司法体系陷入瘫痪，社会全面处于动乱无序的状态，因而连17年间的“反特”、“肃反”等“类侦探小说”也销声匿迹，但某些侦探的因子仍然变形曲折地显露于某些作品中。八个“革命样板戏”中，《海港》中就贯穿有揭露、反击阶级敌人破坏的情节，依然与17年“反特”文学有所承袭，类似的样板戏还有《龙江颂》。而浩然，作为“文革”时仅有可大量出版小说的当代作家，其《金光大道》在贯彻所谓“三突出”创作原则，塑造“高大全”的英雄形象，展现“两条路线的斗争”的同时，还是借用过往“反特”小说的元素，加入了暗藏破坏的反革命分子范克明的形象。而在政治风云动荡的特定时段，辅以某些政治需要，出现了以伍兵的《严峻的日子》为代表的“阴谋文艺”，其故事也烙下“惊险”的斗争色彩。此时还有适应当时政治气候，强化阶级斗争理念，表现公安战士、工人群众反特防奸斗争的所谓“夹缝文艺”，如龚成的《红石口》，李良杰、俞云泉的《较量》，尚弓的《斗熊》等，虽打下偏狭的政治烙印，艺术成就有限，也仍是“反特”故事的延传。值得注意的是，“文革”带来了总体的文化禁锢和文化荒芜，在民间却促生了新的口传文学出现，这就是所谓的“手抄本”文学。作为民间欲望的宣泄和民间趣味的顽强表现，“手抄本”文学继承中国古代话本、评书等的技巧，又加入时代特色，融入惊险甚至情色元素，在民间很受工人、知青、市民等阶层的喜爱。“文革”时期的地下“手抄本”很大部分是讲述反特战线的侦破故事和敌我斗争，离奇诡异，动人心魄，代表那个时代对僵化的“样板文学”的反叛，也激发了文化贫乏时代无数普通读者的兴趣，成为别具特色的“类侦探小说”。“文革”时期的地下“手抄本”文学，广泛流行、影响较大的侦破故事，多围绕神秘的敌特组织“梅花

① 阿·阿达莫夫：《侦探文学和我——作家的笔记》，群众出版社，1988年，第3页。

党”展开，代表作主要有张宝瑞创作的《梅花党》、《绿色尸体》、《叶飞三下江南》，以及《一双绣花鞋》、《第十三张美人皮》、《地下堡垒的覆灭》等。这些作品烙下了深刻的口传文学印迹：一味追求故事的曲折惊险，往往故弄玄虚、刻意造奇，忽视情节的合理性和逻辑的严密性；叙事也是疏漏断续，枝蔓交叉，有时线索混乱，前后矛盾；语言粗糙轻率，缺乏锤炼的文采；加之叙述中不时有意点缀殊不必要的血腥、情色描写，还有故作高深、实则浅薄的议论，以及带有“文革”印迹的浮泛政治抒情、生硬政治影射……因而使得这些作品的意义，大多只在于展现特定时代的心理印迹，显示清浊并存的民间文学传统和侦探文类特征的地下潜藏和未曾斩绝，而文学的价值阙如。

“文革”结束后的20世纪80年代初，在“拨乱反正”的政治转折期和“新时期”的文学复苏期中，虽“侦探”之名尚未恢复，但一些“类侦探”小说作品重又开始出现。首先享有盛名的是王亚平的《神圣的使命》、张一弓的《犯人李铜钟的故事》，还有丛维熙的“大墙文学”(《大墙下的红玉兰》、《第十个弹孔》)，加上后来王亚平的《刑警队长》，彭荆风的《爱与恨的边界》。虽然这些作品汇入当时“伤痕文学”、“反思文学”的潮流中，亦显示出政治变迁期、社会转换期、文学革新期，传统侦探题材某种程度上的回归，具备独特的意义，但其受制于时代的局限，离传统侦探小说达到的文学高度距离也是显而易见的。到20世纪80年代中后期，中国社会的改革开放进一步深入，社会经济领域发生着深刻变化，民众呼唤民主法制的要求日益强烈。而世界侦探小说的众多流派和作家作品以前所未有的声势被引入中国，除柯南道尔、克里斯蒂等代表的“古典侦探小说”反复被翻译、引发阅读热潮、促使中国作家借鉴外；前苏联的此类文学也继续产生影响，尤其是马卡连柯的《教育诗》和维·阿斯塔菲耶夫的《忧郁的侦探》，更对中国的“类侦探”小说起着导引的作用；而日本“社会推理小说”、美国“硬派侦探小说”、伊恩·弗莱明的“007系列”间谍小说、乔治·西默农的“心理悬念侦探小说”等广泛引进，更激发了中国的“类侦探”小说创作发生新的变化。加之此期通俗文学创作繁盛，通俗类杂志热销，如《啄木鸟》、《警坛风云》、《法制文学选刊》、《中国法制文学》等，各类侦破探案的故事以“公安文学”、“法制文学”、“纪实文学”为名纷纷问世发表，形成潮流。这形形色色名目的“类侦探小说”虽鱼龙混杂，泥沙俱下，也有许多作家显示出对这一题材及样式的创作实绩和深广探寻，如李迪(《傍晚敲门的女人》)、李建(《她在歌声中死去》、《女性的血旗》)等。其中，出身公安系统或具备公安背景的作家们的创作引人注目，如海岩、张策和张卫华(“民警系列”小说)、魏人(《刑警队长的誓言》)、孙丽萌(《血象》)、胡玥(《墨吏》)、胡祖富(《地火》)、子虚(《大司马传奇》)、尹曙生(《魂断夫差河》)、彭祖贻(《天堂梦旅》)、修莱荣(《刑警的隐秘》)等。而声名最著、影响最大的作家是海岩，从《便衣警察》到《永不瞑目》、《玉观音》、《深牢大狱》等，其创作跨越“新时期”以来20多年的经济社会转换、文化思潮变迁，从小说到据此改编的影视剧，以杂糅多种通俗文类、突出爱情至上的倾向，赋予中国“类侦探”小说新的质素，包含此类小说的多种文类路向，从而造成了持久的畅销效应。

正统的“侦探”之名的恢复，是自20世纪90年代中后期开始的。随着文艺观念的进一步开放，除外国翻译作品外，以“侦探”或曰“推理”冠名的小说在中国大陆重新出现。一些作家在西方侦探小说各个流派的影响下，对侦探小说的模式创新和类型完善进行了多方面的探索。如钟源的《夕峰古刹》对探案逻辑和科学原理的强调；蓝玛的“神探桑楚”系列致力于对古典侦探小说规范的回归与坚守；何家弘的“洪钧律师系列推理小说”将法学精神贯注推理故事之中，展现中国当代的人情百态；叶永烈的“金明系列”侦探小说，蓝玛的“蓝叔叔神秘系列”小说，严霞峰的《大侦探鼻特灵》等将侦探与童话、科幻相结合，建构独具趣味的儿童侦探小说；还有曹正文的“心理推理”小说等。这些作家的创作，除继承侦探小说的传统模式和主导规范外，还将视角倾注于中国当代的社会变迁，关注现实生活的错杂多样，并从题材样式上加以拓展，渐与世界侦探小说潮流相合，虽在艺术上不尽成熟，但仍显示出可贵的探索精神和文类自觉。而从20世纪90年代后期至今，特别在所谓“70后”或“80后”作家的笔下，中国当代侦探小说开始发生更新的类型变化，体现出新的文学特征，如对设置“悬疑”的强化，对严密的逻辑推理的重视。特别是结合古今中外久远的文化渊源和现代科学技术，将神秘主义现象、神秘主义文化和神秘主义观念加入侦探推理小说，大大强化此类小说的恐怖、惊悚、神秘的气氛，让中国当代侦探小说显现出浓厚的文化意味和心理思考的意义，提升了自身的文学品格。出现的代表作品如冯华的《迷离之花》、《虚拟谋杀》、《如影随形》，以及《驱魔人》系列、《红缎》、《心中有鬼》、《午夜娶新娘》等恐怖悬疑小说，《公墓—1996》、《无法呼吸》等惊悚小说。尤其是世纪之交以来互联网的普及，网络成为侦探推理小说爱好者交流探讨的重要平台，而新锐的作者也以网络为平台，创作了许多融汇多元、新异奇特的当代侦探推理小说，让人耳目一新，更颇受青少年读者喜爱。互联网上重要的侦探、推理、悬疑类的网站或论坛有“推理之门”、“神秘联盟”、“黑猫悬疑惊悚小说创作社”、“莲蓬鬼话”等。而重要的网络原创侦探推理悬疑小说，以蔡骏的《荒村公寓》、《荒村归来》、《地狱的第19层》、《病毒》、《猫眼》、《天机》等作品为代表，其注重渲染惊悚恐怖的气氛，追寻玄异深邃的命题，铺陈中西神秘文化的奥妙，渐为读者所熟知。网络原创悬疑、推理、惊悚类小说较有影响的作者还有周德东、麦洁、七根胡、莲蓬、大袖遮天、胡西东、老猫、若花燃燃等。不过，此类在网络上流传的“悬疑”、“惊悚”、“恐怖”小说的作者多为“70后”，甚至“80后”，其知识背景虽丰富多元，但文学积淀尚显薄弱，艺术沉潜不足，多数作品的背景安排过于神秘诡异，气氛营造过于玄异恐怖，情节设计过于荒唐离奇，因而流入“装神弄鬼”的误区；而人物关系的混乱、叙事的凌乱、文字的粗糙等弊病，也让这些网络原创“悬疑”类小说短期内难以获得较高的文学品质。而在期刊领域，除传统的《啄木鸟》、《金盾》等公安法制期刊继续刊登公安文学、侦探小说外，一些专门冠名为“侦探”、“推理”的期刊也出版发行，如《大侦探》、《推理》、《推理世界》等。它们主要面向青少年读者，大量刊登新的侦探推理作品，显出这一文类在21世纪一些新的变化。

20世纪80年代中后期以来，侦探类的题材和样式也为一些当代纯文学作家所借用，这些小说被评论界拿来与西方侦探小说的新变、发展相比照，称之为中国“玄学侦探小说”①。介入“玄学侦探小说”创作的纯文学作家，可列出一长串名单：马原、余

① 此名由袁洪庚从西方翻译引入，见袁洪庚：《转折与流变——中国当代玄学侦探小说发生论》，《文艺研究》2002年第2期，第71~82页。

华、王朔、格非、苏童、残雪、叶兆言、方方、范小青、刘醒龙、陈染、北村、潘军等，还有当前声名鹊起的麦家。这个名单，涉及 20 多年来中国当代先锋小说和带有先锋色彩的其他小说流派的许多作家。在一段时期里，这些作家似乎特别钟爱侦探题材，他(她)们常常通过侦探小说的外壳，去构筑或荒唐诡秘，或可笑无常，或偶然机巧的故事，去揭示神秘的人生之谜，去探求奇妙的命运之匙，去摸索前卫的叙事之法，显得别具一格，不光增加了中国侦探小说创作的思维深度和艺术品位，亦成为中国当代小说中的一道特殊风景。在另一些纯文学作家笔下，对“设谜—解谜”也较为热衷，如孙甘露(《请女人猜谜》)等。他们的相关作品中透露出的小说观念、小说技巧、哲理思索，有着和传统公案、侦探、反特、公安法制不一样的意蕴。在这方面，他(她)们显然借鉴了法国“新小说”派的理论和罗布·格里耶的《橡皮》、《窥视者》等作品，并且深受拉美作家博尔赫斯的哲学理念、叙事手法、重要作品的影响，也仿效马尔克斯的某些小说：将对历史和现实的荒诞感，对世界形而上的哲理思索，采用颠覆性叙事、设置“迷宫”等先锋的小说技法，融入“探案”的题材中(如马尔克斯的《一桩事先张扬的凶杀案》、博尔赫斯的《交叉小径的花园》就为中国作家所熟知)。不过，当代中国的“玄学侦探小说”的艺术成就也是高下不齐，一些作家视自己的此类作品为游戏之作，并未在此领域继续自己的着力尝试。纯文学界对侦探小说的轻视也未得到根本改观，如王朔就曾对自己的“单立人探案”系列作过自我嘲弄和自我批评。

侦探小说的类型特征及其变异、延展

爱伦·坡创立侦探小说，也奠定了其基本的人物特征、情节模式、艺术手法，成为后世的侦探小说家所仿效和沿用基本套路：(1)聪颖睿智、观察入微、料事如神的私家侦探形象，还有其才智平平、相形见绌的助手，作为侦探的衬托和整个案件的讲述者，再加上头脑愚钝、屡犯错误的警探作为对比；(2)侦探所面对的案件往往奇特隐秘，线索复杂；(3)侦探的探案过程，则采用严谨的逻辑推理和精密的心理分析进行，有条不紊、抽丝剥茧地揭示案件真相，揭露犯罪真凶；(4)最后，以侦探或助手解释案件的全过程而结束。在上述特征中，案件的推理探查过程则是侦探小说的主体和核心特征。虽然，爱·伦坡之后世界侦探小说的发展繁荣呈现出多种流派和风格，但是侦探小说习惯被归入通俗文学的范围，视为一种具备恒定陈规的通俗小说类型，呈现类型化、模式化、规程化的文类特征，则为世所公认。“类型特征是其生命线，没有侦探，没有疑案的侦探小说是不能成立的”①，以柯南道尔、阿加莎·克里斯蒂所代表的“古典侦探小说”的类型化特征，一直是世界侦探小说写作的主流，仍然为很多侦探作家奉为小说创作的圭臬。它以探案为中心，将侦探置于小说的核心地位，着重展现侦探的智慧及其探案的逻辑推理过程。

沿袭古典侦探的类型模式，英国作家 S. S. 范达痕(又称凡达恩)的《侦探小说二十准则》进一步明确：侦探小说是作者与读者之间所玩的智力游戏，应循规蹈矩，遵守规

① 孔庆东：《超越雅俗：抗战时期的通俗小说》，北京大学出版社，1998 年，第 233 页。

则，合乎情理。为此他列出了侦探小说作家应该遵循的 20 条创作规则，及该放弃的“用滥了的十条，一个稍有自尊而勇于创新的作者都会不屑采用”，这些规则太过严格、具体和细微，详尽得近乎烦琐、十分苛刻①。依据此规则，当代许多侦探推理小说的流派和作品如“硬派”、“变格派”都应摒除在外，更遑论中国大陆 1949 年后的那些“类侦探小说”了。显然，对于侦探小说的类型化特征的提炼，更应着眼于其最本质的“核心符码”、“恒定因素”、“核心场面”、“主要手法”、“基本技巧”等，其应是凝固于小说类型深处的概括与抽象，轻易不变，而非仅仅是表象的雷同与差异。后来，形式主义理论家托多罗夫则在《侦探小说的类型学》中，将 S. S. 范达痕的 20 条简化为 8 条基本叙事语法：“(1)小说中最多只有一个侦探，一个罪犯，最少有一个受害者(一具尸体)；(2)罪犯不应是一个职业犯罪者，不能是侦探，而是为私人理由杀人；(3)爱情在侦探小说中没有位置；(4)罪犯在生活中不能是仆人，在小说中是主要人物之一；(5)一切都须以一种理性方法来解释，幻想作品不能被接受；(6)心理描写与分析并不重要；(7)必须遵循连续的同一性；(8)必须避免平庸的境况与结局。”②这一概括仍然流于僵化和琐碎，不能全面涵盖世界侦探小说的多元风貌。此后，西方侦探小说作家和批评家对侦探小说文类特征的解读阐释，仍显得歧义丛生，各有侧重，莫衷一是，然而，侦探小说的某些主要的文学规范和类型特征，则在各自评说中越来越凸现，渐渐表现出一致。

侦探小说应属于通俗文学的范畴，发展至今已形成特有的定型和模式，类型化特征鲜明。对其文类特征应该以抽象程度很高的概括、归纳来提炼，同时又应该不断在其文类的发展变迁中，不断地界定并不断地修正，既需要在纷繁复杂、流派多样的作品中发现共性和规范，又应该注意研究个性与特异的“新质”。因为一个文类往往“不只包含一个或两个文体规范，而是包含一组规范……在一组文体规范或因素中并不是大家都平分秋色，扮演同等重要的角色，而是其中一二个特征或规范处于核心地位，起支配性作用，而另一些则处于边缘地带，起次要作用”③。支配性规范一般恒定不易，它们具有模型(mode)或(pattern)的意义，雅各布森称这样的支配性因素为艺术作品的中心部分，它们常常也是文类确立、演变的重要标志。所以对文学类型的概括、分类和评介，须先立足支配性规范或“主因素”，防止无所不包的文类的无限膨胀；又要警惕新古典主义的“类型纯粹说”，“切忌将某一小说类型‘独具的个性’绝对化，‘纯粹’不是文学应有的色彩……正是不同类型间的杂交与变形，保证了类型的永久生命力与独特的魅力，而某种程度的不守规则，也使得作家的才华得以充分发挥”④。把握侦探小说类型特征及其演变，就应首先立足它的“支配性规范”和“主因素”，兼及次要规范或其他因素的移动，并注意其他文类与侦探的交汇、变形与延展。

---

① 曹正文：《世界侦探小说史略》，上海译文出版社，1998 年，第 169~173 页。

② 转引自陈平原：《千古文人侠客梦》，新世界出版社，2002 年，第 202 页。

③ 陶东风：《文体演变及其文化意味》，云南人民出版社，1994 年，第 56 页。

④ 陈平原：《小说史：理论与实践》，北京大学出版社，1993 年，第 156 页。

关于侦探小说的“支配性规范”或“主因素”，英国女侦探小说家多萝西·塞耶斯认为，“侦探小说是由逻辑推理和犯罪心理学两个基本因素构成的”①，这一表述比较简约和精当，虽忽略了人物要素，但抓住了侦探小说叙事的核心符码和情节推进的基本动力——罪案为中心，展现逻辑推理的过程和犯罪心理及动机。《不列颠百科全书》则称，侦探小说重在描写刑事案件(通常为凶杀案)的调查和破案过程，其传统要素为，“(1)似乎毫无破绽的刑事案件；(2)旁证所指的遭误控的嫌疑犯；(3)愚笨警察的拙劣工作；(4)侦探更敏锐的观察力和更强的思维能力；(5)令人惊奇和意想不到的结局，侦探告诉人们，他如何查明谁是罪犯。侦探小说常用的一条原则是，表面上看来令人信服的证据，其实是毫不相干的。同时，通常的套数是：那些可推导出问题的符合逻辑的答案的线索，在侦探得到它们并通过对这些线索的符合逻辑的解释而推断出问题的答案的同时，也清楚地呈现在读者面前”②。这里强调了侦探小说的人物构成、情节构思和接受心理，也属于其特有的一些“mode”和“pattern”。前苏联的阿·阿达莫夫则指出：侦探小说的情节特点是“揭开秘密”，题材范围属“城市小说”，叙述指向是反映“社会上最尖锐、最敏感，通常是隐藏很深的问题”，是醉心于科学的“思想变革”的产物。③ 此论从另外的角度强调了侦探小说的故事背景、社会意义、思想价值，不乏精辟洞见。而在当代英国出版的 Brenda Downes 著的《101 个文学关键词》中，侦探小说(Detective Fiction)如此被定义：“叙述者遵循类型限定的一整套规范，尽管不是所有因素都会出现在每一部作品中，但读者期待在作品中发现复杂的阴谋、罪案，其中为侦探设置了智力之谜，作者有意设置安排的一系列线索却对读者解谜的阅读企图形成误导。而侦探，通常作为‘局外人’，对罪犯和其他人物持客观的立场”；这一定义还将侦探小说与另两种小说类型“互见”(see also)，即“犯罪小说”(Crime Fiction)和“惊险小说”(Thrillers and Adventures)④。此处，又从读者的期待视野、审美心理、中心人物立场等方面突出了侦探小说的一些主导因素，同时也提及侦探和另一些通俗文类的交叉互渗。日本侦探小说之父江户乱川步则将侦探小说概括为，“运用推理逐次拨开疑云迷雾，去疑解惑，描写侦破犯罪案件的过程，并以情节引人入胜”。⑤ 这突出了推理在侦探小说创作思维中的核心地位，也强调了对情节性的追求。其他的日本侦探小说名家松本清张等也对侦探小说的文类特征进行了总结探讨，深化了对侦探小说的文类确认。

沿袭西方的理论探讨，当代中国论者对侦探小说文类特征的概括也未脱离上述范围，这里介绍三种有代表性的论述——范伯群主编的《中国近现代通俗文学史》称，“侦

① 曹正文：《世界侦探小说史略》，上海译文出版社，1998 年，第 6 页。

② 《不列颠百科全书·国际中文版》(基于 *The New Encyclopedia Britannica*，1998 年 15 版)，中国大百科全书出版社，1999 年。

③ 阿·阿达莫夫：《侦探文学和我——作家的笔记》，群众出版社，1988 年，第 7~9 页。

④ Brenda Downes. (2002) *101 Key Ideas of Literature*, First Edition, Hodder Headline Plc 338 Euston Road, London.

⑤ 李德纯：《松本清张论——兼评日本推理小说》，载《中国社会科学院研究生院学报》，2001 年第 5 期。

探小说的矛盾核心是生与死……它最能够引动人类最原始的好奇本能……参与性……推理和思辨是侦探小说最基本的特征”①，较为简洁地点出了侦探小说的情节核心、接受心理、基本叙事等“支配性规范”。《中国大百科全书》则视侦探小说为“供读者娱乐消遣的作品”，称其是“通俗文学的一种体裁，与哥特式小说、犯罪小说以及由它们衍生出来的间谍小说、警察小说、悬疑小说同属惊险神秘小说的范畴。侦探小说主要写具有惊人推理、判断智力的人物，根据一系列的线索，解破犯罪(多是凶杀)的疑案。它的结构、情节、人物，甚至环境都有一定的格局和程式，因此它也是一种程式文学。由于传统侦探小说中的破案大多采取推理方式，所以也有人称它为推理小说”，列出了传统侦探小说构成的四个模式化特征，“(1)神秘的环境；(2)严密的情节，包括：①介绍侦探，②列出犯罪事实及犯罪线索，③调查，④宣布案件侦破，⑤解释破案，⑥结局；(3)人物和人物间关系，主要有四类人物：①受害者，②罪犯，③侦探，④侦探的朋友，牵涉进罪案的好人；(4)特定的故事背景。这四部分的次序可以根据需要排列组合，但它们是传统侦探小说的结构基础”②。也是将侦探小说的“主因素”与其他的衍生演变结合，提炼出其文类特征。当代论者栾梅健也有类似的论点，称侦探小说具有“四义”：(1)通过侦破推理的手段破除重重谜团，“开发阅者的心思”；(2)取材难得，情节曲折，富有趣味；(3)具有生活的基础(“生活的真实”)，合乎情理；(4)文学性强：浸透作者对原材料的“选择、取舍、想象与补充”，熟练运用“小说笔法”。③ 这里尤其强调了侦探小说的情节性特征，以及与纪实性文学的区分，对于认识侦探小说的文类特征亦有启示。

综上所述，本书将侦探小说的“支配性规范”和“主因素”大致总结为以下几个方面：(1)“侦探(主)—案犯—助手(辅)”的人物设置；(2)悬念设置下“设谜—解谜”的情节模式；(3)曲折故事的讲述，神秘紧张气氛的营造；(4)“罪案—侦查—推理—破案”的故事结构；(5)行使道德劝诫、进行社会批判、补法律之缺的创作意图；(6)宣扬科学精神、进行智力游戏的小说立场。在此之外，侦探小说(或“类侦探小说”)中体现的其他创作手法、艺术风格、美学特征等，也代表了“各种文类之间的交叉、渗透、综合、汇通”④，如新中国成立后17年的“肃反小说”与007系列的“间谍小说”的交叉，如海岩小说浓郁的言情化倾向，如“硬派侦探小说”与“西部文学”的交融，如叶永烈等人的“侦探小说”贯穿的科幻因素，如蔡骏的“心理悬疑小说”所笼罩的浓厚神秘气氛等，笔者认为，这些“交叉、渗透、综合、汇通”其实代表了侦探小说类型、流派的演变、交融、拓展。毕竟，一种文学类型的生命线就是在不断突破成规、打破界限的创新中才得以延续的。

---

① 范伯群：《中国近现代通俗文学史》，江苏教育出版社，1999年，第740页。
② 王逢振：《中国大百科全书・外国文学》，中国大百科全书出版社，1982年。
③ 栾梅健：《纯与俗的变奏》，山东友谊出版社，2006年，第214页。
④ 陶东风：《文体演变及其文化意味》，云南人民出版社，1994年，第67页。

中国的侦探小说研究概况

在中国，侦探小说传入中国之初，通俗文学界就进行了颇多的理论探讨、为其定位，评说其文学功能(如科学、启智)，总结其小说技巧、叙事模式，比较中国古代公案和外国侦探的差异。如周桂笙论到西方世界具有产生侦探小说的社会土壤而中国殊无，“盖吾国刑律狱讼，大异泰西各国，侦探小说，实未尝梦见。互市以来，外人伸展治外法权于租界，设立租界，亦有包探名目。然学无专门，徒为狐鼠城舍，会审之案，又复瞻循顾忌，加以时间有限，研究无心，至于内地案，动以刑求，暗无天日者，更不必论。如是，复安用侦探之劳其心血哉！至若泰西各国，最尊人权，涉讼者例得请人为之辩护，故苟非证据确凿，不能妄人入罪。此侦探学之所作用所由广也”。① 其他文章还有中国老少年的《〈中国侦探案〉弁言》、吴趼人的《〈中国侦探案〉凡例》、陈熙绩的《〈歇洛克奇案开场〉叙》、林纾的《〈歇洛克奇案开场〉序》、半侬的《〈福尔摩斯探案全集〉跋》等②，也各有说法。但对于刚刚起步的民国侦探小说，各家却来不及系统研究。同时新文学界对侦探小说态度淡漠，戴着有色眼镜将其归入“鸳蝴”一派，在对“鸳蝴”基本否定的前提下，对侦探小说往往一笔代过，大多数时候不予置评，如魏绍昌主编的《鸳鸯蝴蝶派研究资料》所收入的多数评论即是如此。倒是程小青，在20世纪三四十年代一直未终止对侦探小说的理论研究，撰写了《侦探小说在文学上之位置》、《侦探小说的多方面》、《谈侦探小说》、《科学的侦探术》、《侦探小说史》等一系列的理论文章，分析侦探小说的艺术价值和美学特征，总结侦探小说的创作规律与发展历史，努力为其“叙历史，谈技法，争位置，说功利”，希望新文学界能重视侦探小说，给予侦探小说在文坛应有的地位，但这种希望并未得到应有的回应。随着1949年后，“反特”、“惊险”小说取代“侦探”小说，以及1957年后，程小青停止侦探小说的理论探讨，对民国侦探小说的理论研究，在各类文学史、小说史著作及评论文章中近乎销声匿迹。即便本是“鸳蝴”圈中人的范烟桥等，在后来的评述中，对侦探小说作家作品也只是简单的现象描述。

忽视和遮蔽直到新时期才得到根本的改变，20世纪八九十年代，通俗文学的出版和研究掀起了热潮。在诸多研究中，苏州大学范伯群主持的民国通俗小说的作家、作品、流派及小说史研究最为全面。他们合众人之力，出版了《中国近现代通俗作家评传》和《中国近现代通俗文学史》，将“鸳蝴-礼拜六”派文学看做中国现代文学的两翼之一、市民文学的代表，为其正名，其中自然也包括了侦探小说。汤哲声在这一团队中专事“侦探推理编”的撰写，其总结整合了以往对侦探小说的研究，梳理了侦探小说从域外到中国的翻译、评价、译述 、模仿、创作、定型的过程，重点评述了程小青、孙了

① 周桂笙：《歇洛克复生侦探案弁言》，《新民丛报》，1904年，第三年第7号，转引自范伯群：《中国近现代通俗文学史》，第834页。

② 陈平原、夏晓虹：《二十世纪中国小说理论资料》，北京大学出版社，1989年，第192~195，195~196，327~328，328~329，519~523页。

红、陆澹安、张碧梧、俞天愤、赵苕狂民国侦探小说名家及其作品。特别是提出从“包公到福尔摩斯的交接班”，延续了“公案”与“侦探”，剖析古典与现代的碰撞，探索了民国侦探小说形成发展的双重动因。汤氏的一些研究还对侦探小说在当代中国的命运进行了思索，富有洞见。除苏州大学这一通俗文学研究团队外，其他涉及侦探的著作还有曹正文的《世界侦探小说史略》、陈平原的《中国小说叙事模式的转变》、王先霈、於可训主编的《80年代中国通俗文学》、卢润祥的《神秘的侦探世界——程小青、孙了红小说艺术谈》、孔庆东的《超越雅俗——抗战时期的通俗小说》，以及任翔的《文学的另一道风景——侦探小说史论》、黄泽新和宋安娜著的《侦探小说学》等。曹正文的著作视野开阔，纵横勾连，可在大的框架之下，一窥世界侦探小说的概貌，也为中国侦探小说提供了参照系。陈平原、孔庆东虽不专论侦探，但明晰的行文线索、严谨的理论构架、翔实的材料考证，使得他们论及侦探，具备学理的启示。卢润祥以印象式的文字，主要评说程小青、孙了红作品的人物形象、情节模式、艺术特征，并且提供了难得的人生史料。王先霈、於可训之作在20世纪80年代通俗文学的大框架下，观照了“新时期”侦探小说的复苏与繁荣，尤对近10年间的侦探作品、侦探论文编撰了详细的索引，史料丰富。黄泽新、宋安娜的著作是中国第一部侦探小说研究专著，在梳理中外侦探小说的发展历程中，试图建构所谓“侦探小说学”的理论框架，当时具有别开生面的开拓性的意义。任翔之作也试图进行理论的探索，但全书的体例较为混乱，诸多内容与上述著作重复，新见不多。此外，新中国成立后，“侦探小说”的称谓被弃用，代之以所谓“公安文学”、“法制文学”的名称，因而一些相关专著虽未名涉侦探小说，但仍可视作对侦探小说的研究，如高洞平、张子宏、于奎潮三人合著的《中国当代公安文学史稿》，杜元明主编的《中国公安文学作品选讲》等。

然而，中国作家和评论者对侦探小说的研究和评价，遗憾与缺失也是显而易见的。首先，民国时期论者过于强调侦探小说的“启智”作用，揄扬其科学精神，赋予其社会改良与民族精神新生的使命，就略显言过其实。其次，大概因为“公案”和“侦探”都不被纳入正统的纯文学的范畴，而常被归入通俗文学一类，并且公认的一流佳作较少，所以对古代“公案”和中国“侦探”的研究，前者习惯被放到古典小说的总体系之中，关注重点多在晚清乃至更前；后者则被习惯于放到世界侦探小说的总格局中，或者用所谓“公安文学”、“法制文学”取代“侦探”，无论古代“公案”，还是中国“侦探”，对这两种文类的研究缺乏应有的理论深度。最后，民国时期“公案”的消失、“侦探”的出现，明显有延续、交汇、变化、替代的过程，它隐含了社会与文学的双重变迁，对此学界的研究还不够深入。特别是1949年之后，由于意识形态的规约，文艺政策的一元独尊，“侦探”名目的泯灭和变异，加上政治运动、文化清洗的频仍，对中国当代侦探小说(或“类侦探小说”)的理论探讨还略显薄弱，可供开掘的余地很大，体现在以下几个方面：(1)1949年后直到“文革”结束，以“反特”、“肃反”、“惊险”为名，中国大陆究竟是否存在纯粹意义上的侦探小说？它们与传统侦探小说有什么相同，又有哪些差异？而新时期以来，以所谓“公安文学”、“法制文学”、“纪实文学”为名的“类侦探小说”，究竟与中国传统的“公案”及西化的“侦探”存在怎样的传承、接续或变异的关系？它们能否也被单纯地归入中国当代的“侦探”小说之列？它们对传统“侦探”小说有哪些继承和变异、延展？对这些问题，尚未有人作出全面的比较与理论的澄清。(2)在新时期揭露“伤痕”、反思“历史”的文学潮流中，许多作品涉及一些案件，如丛维熙、王亚平的作品，它们是否具备与“侦探”类似的文学内涵和艺术特性，其区分又在何处？尚未有人作出辨析。(3)对于当代擅写侦探推理题材，又有着巨大影响的一些作家，如海岩，学术界的关注一直较少。而近年来崭露头角的一些作家及其作品，号称“悬疑”，如麦家的《暗算》、《解密》，蔡骏的《荒村公寓》等系列，与《达芬奇密码》等世界悬疑小说主流同步，已激起反响，但评论界未能予以应有的关注。(4)对于中国当代侦探小说(或“类侦探小说”)与其他文类，如言情、社会、神秘、纪实小说的交叉融合，以及由此带来的侦探文类的衍生、拓展，评论界亦缺乏应有的研究。(5)对于纯文学作家如余华、马原、王朔、格非等人创作的中国“玄学侦探小说”，评论界或单纯视为“先锋”的文类实验，或草草将之归入侦探一脉，缺乏对二者超越雅俗界限、共通而恒久的文学元素的鉴别和剖析。这些问题集中到一起，就是如何系统、深入地总结当代中国“侦探”小说的经验，尤其是其不同于西方“侦探”小说的特质？

考察中国侦探及小说发展及演变的历程，既要承袭侦探小说的西方本源，又要立足中国侦探小说自身的特点，对此，日本现代推理小说可以作为很好的参照。推理小说在现代日本极为发达，常被视做开创了世界侦探小说的第三个“黄金时代”。日本的推理小说大致可分为以下几个发展阶段及代表流派：首先在20世纪20年代自江户川乱步发端，形成了仿效爱伦·坡模式、注重逻辑推理的“本格派”，其代表作有江户川乱步的“明智小五郎探案系列”(《阴兽》、《地狱中的滑稽大师》等)。进而以横沟正史为代表，在推理小说中注入科学幻想、变态心理，讲述阴森恐怖、荒诞不经的侦探故事，刻画诡秘奇崛的气氛，一改欧美古典侦探小说的风格，被称为“变格派”。横沟正史的重要作品有：描写“美男子侦探”探案故事的《人形佐七捕物帐》、“金田一耕助推理系列”、《八墓村》、《犬神家族》等。第二次世界大战后，松本清张的《点与线》、《隔墙有耳》、《零的焦点》、《砂器》等作品，以现实主义的视角，全方位揭示社会矛盾，披露美军占领给日本带来的社会隐患，批判政府高层的腐朽及黑社会集团的恐怖残暴，创立了推理小说的“社会派”。其后的森村诚一等作家则深入开掘人性，全面反映日本社会在经济高速情况下的黑暗侧面，刻画人们的物欲横流和精神空虚，发展了所谓“新社会派”推理小说。森村诚一的代表作包括《人性的证明》、《青春的证明》、《野性的证明》系列，及《腐蚀》、《新干线杀人事件》、《东京空港杀人案》、《密闭山脉》、《超高层饭店杀人案》等。20世纪80年代以来，以赤川次郎为代表的后起作家登上推理文坛，创作了《三色猫福尔摩斯》、《三姐妹侦探团》、《华丽的侦探们》、《“灰姑娘”的殉情案》、《失踪的少女》、《神秘的诱惑》等小说，它们用奇特有趣的构思、幽默俏皮的笔墨，展现推理探案故事背后青年一代的浪漫幻想和人生情趣，被称做“青春幽默派”。① 可见，日本推理小说的进程完整、流派纷呈、创作鼎盛，它虽以西方侦探为母体，但却展现了日本社

① 日本推理小说的发展、流派及特征，参见曹正文：《世界侦探小说史略》，上海文艺出版社，1998年，第65~147页；李德纯：《从侦破案件到揭露黑暗——日本推理小说一瞥》，秦弓、孙丽华选编：《富士山风韵——日本书话》，江西教育出版社，1999年，第302~304页。

会复杂的面貌，打下了日本社会转换的烙印，见证了现代日本民族心灵的变迁，勾画了几代日本人的精神特征，因而让侦探小说在本国的土壤中开出了日本风味的奇花。而中国大陆20世纪80年代中期以来的侦探小说发展脉络和整体面貌，与日本推理小说也有着很多相近之处，虽然，艺术成就和社会影响与日本推理小说相去甚远。

因此，本书的论述，将对象定为1949年新中国成立至今的中国侦探小说和其他名目的“类侦探小说”，以世界侦探小说的整体格局和流派变迁为背景，以外国侦探小说的重要流派、重要作品为参照，立足于侦探小说文类特征的“支配性规范”和“主因素”，解读本时段各期此类小说的代表作品，提炼出其文类特征的共性和特异，剖析其发展演变、衍生融汇的线索，发掘其思想文化背景，总结出当代中国侦探小说的概貌，尤其是其中的文类变迁和文化流变。

第一章　17年"类侦探"小说："反特"小说

第一节　从"侦探"到"反特"

——从程小青的创作转换这一个案说起

一

1949年之前，中国侦探小说的创作，主要受西译侦探小说的影响，直接从异域"拿来"现成的人物关系、情节构架，遵循西方侦探小说的文类特性，使自己带有浓重的西化色彩。在西译侦探小说的过程中，一些名侦探的形象也逐渐为中国人所熟知。其中，尤以柯南道尔笔下的福尔摩斯最为中国译者关注，最为中国读者热情追捧，影响最为广泛；而莫里斯·勒布朗笔下的"反侦探"亚森·罗平，也因其不拘正统的传奇色彩在中国吸引了许多读者。正是在外来的影响之下，促生了中国现代侦探小说的代表之作，即程小青的号称"东方福尔摩斯"的《霍桑探案》，和孙了红的号称"东方亚森·罗平"的《侠盗鲁平》系列。

在当时，"对新小说家及其读者最有魅力的，实际并非政治小说，而是侦探小说。晚清文坛最走红的外国小说人物，一是福尔摩斯，一是茶花女"。① 程小青，即是《福尔摩斯探案》最主要的译介者。1916年4月，中华书局出版《福尔摩斯侦探案全集》的文言译本12册，程小青是十位翻译者之一。1927年，程小青又主持用白话重译了《福尔摩斯探案大全集》，由世界书局出版。正是由于了解柯南道尔的笔法，熟谙福尔摩斯的形象，程小青的《霍桑探案》深深地打下了《福尔摩斯探案》的烙印，二者相似之处颇多。霍桑的声名远播、拥趸众多，某种程度是沾了福尔摩斯的光。《福尔摩斯探案》作为西方侦探小说的经典，对其写法的成功模仿，也使得《霍桑探案》呈现出现代通俗小说"类型化"的艺术特征。不可否认，"中国作家自己创作的侦探小说始终被翻译过来的外国侦探小说所压住，始终是在外国侦探小说的巨大阴影下行走"②，一味地借鉴与模仿，往往也束缚了中国侦探小说自身的艺术创新和类型的成熟，"平心而论，霍桑探案有模仿福尔摩斯探案的痕迹，不如柯南道尔的作品精彩、诡异"③。但是，程小青的独树一帜，却在于他打破了单纯模仿的束缚，以中国社会为背景，塑造现代中国的侦探形象，

① 陈平原：《中国小说叙事模式的转变》，上海人民出版社，1988年，第50页。

② 范伯群：《中国近现代通俗文学史》，江苏教育出版社，1999年，第781页。

③ 王火：《心香一瓣——忆我的老师》，《人民日报》2003年12月27日，第7版。

展现现代中国的都市、家庭、道德、人心，创制了具有“中国味”的侦探故事。那游走于上海滩的侦探霍桑、包朗，那一个个侦破奇案真相的揭露，那一幕幕家庭伦理和社会的悲剧，都让读者印象深刻。程小青对侦探小说可说是情有独钟，多年来志向不移。到 20 世纪三四十年代，他继续创作并修订《霍桑探案》，尝试在精神内核、小说观念、情节模式、表现手法等方面，对侦探小说作进一步的艺术建构与艺术创新。他还接连翻译了其他许多欧美侦探小说作品，如美国范达痕的《斐洛凡士侦探案》(今译菲洛·万斯)、英国杞德烈斯的《圣徒奇案》、美国艾勒里·奎恩的《希腊棺材之谜》、英国克里斯蒂的《波谲云诡录》等。在翻译与创作的基础上，程小青还一直坚持对侦探小说的理论探讨，他撰写了《侦探小说在文学上之位置》、《侦探小说的多方面》、《谈侦探小说》、《科学的侦探术》、《侦探小说史》等一系列的理论文章，分析侦探小说的艺术价值和美学特征，总结侦探小说的创作规律与发展历史，评说侦探小说的文学地位，力图使侦探小说进入研究者的视野。所以，综观 20 世纪上半叶程小青的文坛历程，将其称为“中国侦探小说的第一人”，似乎并无不当。

然而，若以 1949 年为界，将程小青的创作分为前后两期，则他的侦探小说之路在后期最终令人遗憾地没有延续下去。首先是《霍桑探案》的无疾而终及其新创小说的名称变异。据《程小青生平与著译年表》①所述，1949 年中华人民共和国成立后的六七年，程小青继续在东吴大学附中(后合并入苏州市第一中学)任语文教师，其间并无新的侦探小说问世。1956 年，他响应关于专业作家归队的号召，离开教职，专职从事写作，并于 1958 年 10 月加入中国作家协会江苏分会。1956—1957 近两年间，程小青的小说创作呈现出井喷状态，《她为什么被杀》、《大树村血案》、《生死关头》、《不断的警报》先后由上海文化出版社、江苏人民出版社出版，但这些作品不再被称做侦探小说，而是冠名为“惊险小说”或“反特小说”。至于霍桑，这位“东方的福尔摩斯”，在以上新作中已销声匿迹。从 1958 年到 1976 年 10 月去世，程小青的小说创作基本终止。另据《程小青作品小考》②考证，自 1949 年起，霍桑的名字也被出版界遗忘了 30 多年。直到 1986 年群众出版社、吉林文史出版社、中国文联出版公司、漓江出版社不约而同地再次出版《霍桑探案》系列，“中国的福尔摩斯”才重新回到读者的眼前。其次，他对欧美侦探小说的翻译也全面中止。据不完全统计，程小青前期的翻译作品，仅出版发行的单行本，就多达 20 余部(系列)，70 多集，此外还有报纸杂志上散见的大量单篇译作，真正可称高量多产。后期的程小青几乎再无一部(一篇)译作问世，两相比较，实在有天壤之别。此外，后期程小青对侦探小说的理论探讨也难以为继，无法与前期相比。1957 年 5 月 23 日，他在《文汇报》“笔会”栏目发表《从侦探小说谈起》，这是后期程小青唯一论及侦探小说的理论文章。

作为民国侦探小说的标志性作家，程小青后期从侦探到“反特”(或“惊险”)的转换，宣告了其在侦探小说创作、翻译、理论研究上的全面终止。这不是一个特殊的个

① 引自卢润祥：《神秘的侦探世界——程小青、孙了红小说艺术谈》，学林出版社，1996 年，第 131~155 页。

② 侦探小说专题网站——神秘联盟：http：//www. mysterybbs. com/.

案，而是普遍代表了民国侦探小说作家在 1949 年后创作生命、探索历程的终结。“反特”(或“惊险”)小说取代以往的侦探小说，更意味着纯粹意义的、类型化的中国侦探小说，在几十年(1949 年至 20 世纪 80 年代中期)的时间内，已消失在中国大陆的文学世界和文学史进程中。

二

侦探小说在文坛的泯灭，最直接的表现就是作家创作的中断、作品的消失、文类特征的变化。虽然，程小青在 1957—1958 年这一二年间创作了《大树村血案》、《她为什么被杀》、《生死关头》、《不断的警报》四部小说，但这些作品无一例外地被抽去“侦探小说”的精髓，而变成“反特”或“惊险”小说。若细细将此类作品与西方侦探小说经典及程小青的前期创作相较，则它们严格说来已不算侦探小说，只是“类侦探”而已。

在西方，侦探小说是一种成熟的现代通俗小说类型，若论侦探小说在文坛的最终确立者，也是这一小说类型的集大成者，则要首推“侦探小说之父”——柯南道尔。柯南道尔及后来的阿加莎·克里斯蒂所代表的“古典侦探小说”的类型化特征，长期被奉为世界侦探小说的圭臬。其居于主导的文类规范，是以断案为中心，立足于侦探的核心地位，展现侦探的智慧及其探案的逻辑推理过程，表现为“侦探(主)—案犯—助手(辅)”的人物设置、“设谜(悬念)—解谜”的情节模式、“罪案—侦查—推理—破案”的故事结构，以及科学精神的贯穿、法律补缺的意图等方面。以程小青的《霍桑探案》为代表的民国侦探小说，正是以欧美“古典侦探小说”为主要仿效对象，在人物设置、情节构筑、线索安排、气氛营造上，开始多方呈现与“古典侦探小说”相似的类型化特征，如霍桑鲜明的个性展现及探案过程、“霍桑-包朗”的主次关系、一个案件布置多条“歧线”设谜、特别善造悬念和渲染紧张气氛等。同时，程小青又对外来资源加工改造，“添入了不少有关海上风情的‘调料’，特别是那个时代的市民意识和市民生活，使小说中的人物、场景、事件无不打上中国的印记，‘盛入’了旧上海十里洋场‘中西合璧’的种种怪异之事。中国——半封建半殖民地社会生活中的混世魔王、市民心态、变异了的家庭、扭曲了的人的关系、传统积存的神佛鬼道社团，处处散发着浓厚的国俗风味”①，这也与西方侦探推理小说的社会批判、人性剖析的发展方向形成呼应，《霍桑探案》(也包括孙了红的《侠盗鲁平》、陆澹安的《李飞侦探案》等其他民国侦探小说)因之融汇中西，又形成了侦探小说“中国化”的类型特征。

但 1949 年后程小青后期的小说创作，却被取消了“侦探”之名，代之以“反特小说”或“惊险小说”的指称。这不是简单的名称变换，侦探小说这一文类特有的“主因素”和“支配性规范”的淡化、潜藏、变异也就从这两个概念得以显现。“惊险”与“反特”概念的立足点虽然不大相同，但都疏离了“侦探”这一侦探小说的核心。“惊险”是侦探小说重要的情节元素，但显然并非全部，塑造侦探的个人形象才是其第一要务，也是整部小说发展、推理演进的主体。杜宾、福尔摩斯、波洛、霍桑等名侦探，既坚定敏锐，机智果敢，有胆有谋，又不大受传统的思维礼法约束，各自具有独特鲜明的个性化特征。

① 卢润祥:《神秘的侦探世界——程小青、孙了红小说艺术谈》，学林出版社，1996 年，第 21 页。

他们在侦探小说中绽放最闪亮的光彩，读之只觉栩栩如生、令人难忘，甚至使许多读者相信确有其人，推崇备至。但侦探往往是个人英雄，不属于现代国家的正统法律体制和执法系统，"私家"的身份隐隐对司法体制、警察机器形成批判和嘲弄。福尔摩斯、霍桑身边的中外警察们，虽不是贪腐昏聩、蠢笨无能，但大多才智平庸、循规蹈矩，在众多谜雾重重的案件前一筹莫展，只能依靠那些名侦探抽丝剥茧、侦查探访、破谜解疑、揭示真相，最后才由国家司法机器来结案，即"警察总是最后才知道(赶到)"。甚至侦探的助手华生、包朗都显得比警察有智慧、有胆略。以私家侦探为主角的人物模式，虽不悖于国家秩序，但在合理合法的前提下，突出了"个人性"的智慧和勇气，彰显了不能被规范压制的个性，表达了个人主体对体制的某种超越。然而，这样的个人英雄主义主题显然难以为社会主义的主旋律所容。1949 年之后程小青创作的所谓"惊险小说"，以及新起作家创作的"反特"小说，只能在惊险离奇的情节表征和紧张诡秘的小说气氛中，取消了侦探的"个人性"光彩，代之以国家意志和专政机器完全支配下的"人民性"力量——公安机关及革命群众。在这些小说中，侦破案件依靠国家专政力量的强大，依靠公安机关的集体智慧和组织力量，还有人民群众的支持协助。公安人员往往是以群像出现，其个人的性格特征、心理体验被弱化。他们在小说中和工农兵群众都属于"人民"的范畴，"人民"的思想意识、行为方式高度一致，区别只在于是否穿着警服，所以个人往往被群体淹没，人物缺乏鲜活独特的光彩，甚至连职业特点都不突出，形象模糊，千人一面，后来日益走向"脸谱化"。因此这些小说几乎没有留下让人印象深刻的正面人物形象，更不用说出现福尔摩斯、霍桑这样"个人性"魅力突出的名探。这些小说以"惊险"命名，是以情节表征来遮蔽侦探的核心地位，以群体性征来取代主体的个性光彩，其真正意图是在小说领域，表现新生政权领导人民群众，与反动势力和阶级敌人展开剑拔弩张、隐秘诡谲、紧张激烈、惊险万分的斗争的主旋律。

而所谓"反特"的命名，更显示了此类小说创作的政治基点，立足于 1949 年中华人民共和国成立这一特殊的历史背景，受 20 世纪 50 年代至 20 世纪 70 年代复杂的政治环境影响，文学作品必须突出浓厚的阶级对立色彩和强烈的政权保卫意识，表现更鲜明的意识形态指向，这与《霍桑探案》的创作立场和价值标准显然大不相同。古典侦探小说擅长以家庭(家族)为中心辐射社会，描述遗产、金钱、婚姻、血缘、伦理、误解、仇恨导致的各种案件，借侦探和叙述者(华生或包朗)之口表明作者对家庭、伦理、社会的评价。在推理侦破的过程中，法律并非唯一的准则，案件的水落石出并不纯然意味着司法体系的胜利，侦探个人的机智勇决、缜密推理、道德准则、价值判断才是作者肯定和褒扬的重点。侦探，是读者心中"民间英雄"的化身，他有着高尚的道德、悲悯的情怀、高超的智慧、敏锐的思维。其所作所为往往不受官方制约和指派，不屈从官方意志，而是遵循个人的道德信条，作"公理"的代言，为弱者伸冤，向"民间正义"的立场靠拢。程小青前期的侦探小说具有很强的平民意识，所涉及的多是小人物，通过展现案件背后的家庭及社会问题，剖析社会的险恶及中下阶层的人生悲苦，表达对恶势力和现有统治秩序的不满。他曾借霍桑之口表白了"民间正义"的立场："你瞧我几时曾向人家讨过功？我所以这样孜孜不息，只因顾念着那些在奸吏、土棍、刁绅、恶霸势力下生活的同胞们。他们受种种不平的压迫，有些陷在黑狱中含冤受屈，没处呼援。我既然看不过，怎能不尽一份应尽的天职？我工作的报酬就在工作的本身”(《逃犯》)。此外，作为流行的通俗文类，“中国侦探小说存在着显隐两条价值标准，显的一条是法律原则，隐的那条标准，就是中国传统的伦理道德标准”①，《霍桑探案》也是如此。它既认同广泛的民间意识和普遍的道德伦理，肯定大多数读者所持的价值观——如善恶、悲喜、真假、美丑、正邪等，又把对体制、对逍遥法外的恶势力的批判作为人物塑造和评价的中心。甚至在《毋宁死》一文中，霍桑言道，“凡是暴戾阴险之徒，我必加以揭发，使他们受到应有的惩罚，如果是不合时代的制度礼教，我也要加以抨击而摧毁它！对于有反抗封建的精神像慧侠、黛影那样的人，我们也应该表示同情。包朗，今天和你约定，以此为目标，作为我毕生服务的准则”。“道德准则”(或“道德评价”)联系着作者、作品人物(侦探)、读者三者之间的关系，并不表现出明显的政治意味，因而更富于民间意味。

1949年后，侦探小说“民间正义”的写作立场却被“政权安危”的官方话语所掩盖，“道德准则”也让位于“阶级立场”和“冷战意识”。《她为什么被杀》等小说中的故事，除表现了对人民革命战争胜利、新政权建立的自豪之情外，大多以国内外敌对势力、阶级敌人、犯罪分子对新生社会主义政权的颠覆与破坏为焦点，反映了新中国成立以来系列政治运动中对敌对势力和反动分子的打击镇压，揭示了维护新生政权的严峻性和紧迫性。而军队和公安机关的侦查人员为维护新生社会主义国家，与敌对分子进行了殊死的斗争，也决定了作家以塑造新的军队官兵、公安干警和人民群众的英雄群像为宗旨。这些小说中敌我双方的斗争攸关国家安全，显现出不可调和的“阶级立场”。那些敌对性力量，大多为旧政权效命，有些更来自境外其他敌对势力，如“美蒋”和“苏修”。这些小说不仅是中国国内政治、阶级斗争的文学反映，而且还牵涉更为复杂的国际政治环境，和全球政治的“冷战”格局相关，其“冷战”思维不言而喻。来自海内外各种势力的敌对分子，或潜藏，或渗透，或潜入，狡诈阴险，伺机而动，意图破坏，危及新生的社会主义政权；他们有着特定时代专门的称谓——“特务”，革命的政权、阶级、组织、人民必须与之坚决斗争，将之彻底摧毁。所以“反特”，关乎“政权安危”，着眼于政治斗争与阶级对立，准确地传达国家意识形态，比诸“惊险”，更具有政治色彩。除“特务”外，新社会伊始，对政权安宁及社会稳定形成威胁的，还有各类刑事犯罪分子。他们一般被称为“反革命”和“坏分子”，在当时猖獗破坏，危害人民，而且常常与敌特相互勾结，沆瀣一气，也必须坚决镇压。当时，对“反革命”和“坏分子”的打击斗争，还包括有关部门通过组织作家撰写各类“反特”、“防奸”、“镇反”题材的小说、戏剧等，揭露敌特、反革命、坏分子的险恶面目，提高人们对国内外敌特和反动分子的警惕，宣传人民群众的坚定立场、如炬眼光，显示无产阶级专政的强大力量，达到无产阶级专政下反特、惩治犯罪斗争的震慑、警示、宣传的目的。后期程小青的小说创作，据称多是由公安机关提供素材，在公安机关的协助下完成；而后其他创作“反特”小说的新起作者，大多与公安部门关系紧密，有的就是公安机关的“笔杆子”。他们皆通过对现实政治斗争中各种“反特防奸”、“镇反”斗争的了解、加工、创作，让“反特”小说被纳入到维护新生政权、保障国家安全的主题之中，旗帜鲜明地展现出革命阵营的“阶级立场”。

① 范伯群：《中国近现代通俗文学史》，江苏教育出版社，1999年，第787页。

因此，“反特防奸”(包括镇压“反革命”)，既是较长时段内国家政权的中心意识形态之一，是公安机关现实的迫切任务、人民群众的现实使命，也成为一段时期内文学(文艺，含影视、戏剧等)表现的主题之一。在这一主题规约下，属于侦探小说的民间立场和道德准则也在“反特小说”中慢慢逝去。

纯粹的侦探小说还具有“城市文学”的风味，“完全是城市小说，它是在高度发达的国家产生的”①，具有用理性审视的眼光，展现城市生活的复杂面貌，揭示都市人群的内心隐秘的功能。早年，《霍桑探案》以描摹社会生活的“繁杂百态”、勾画现代都市的世态人心而著称，特别是全面展现了 20 世纪上半叶上海的“都市风俗”，使之具备与“新感觉派”相似的现代色彩。从掮客、商贾、船工、舞女、瘪三、盗匪，到白相人、小市民、老妈子、堂倌、学人、官吏，三教九流纷纷登场。霍桑探案事涉遗产争夺、家族情仇、走私贩毒、买卖妇女、商界欺诈、豪夺巧取、狂赌滥舞，其间形形色色的都市风貌、社会怪象、世态人情一一呈现。那黄浦江畔的赌窟舞场、旅舍影院、里弄街巷、石库门、亭子间等，深深印下了当年上海滩的都市风俗。然而，1949 年后的“反特”小说在意识形态的主导下，小说的情节因为被简化为“阶级斗争”和“敌我较量”，案件背后丰富的社会面貌和世态百相自然也渐渐模糊。虽然多数案件的发生背景仍然放在大城市，但原有的“十里洋场”的各色人等被简化为二元对立的两个阶级，不再表现城市生活的丰富多样，不再深入都市各类人等复杂的道德冲突、人伦关系、恩恩怨怨、人性纠结，因而社会批判、人性剖析的意义被弱化，随之而来的是“都市风俗”也被淡化。虽然《大树村血案》等将故事放在民俗风情浓郁的农村，叙事写景有一种别样的情调，但这种背景设置更看重其“反特”斗争最前线的地域特点，强化反特防奸的紧迫性和严峻性，具备更突出的政治意义，而自然淡化了侦探题材特有的城市化色彩。

侦探小说又是一种具有科学精神的文类。程小青称侦探小说是一种“化装的通俗科学教科书”，大力倡导侦探小说“科学启蒙”的作用，他认为，“侦探小说的成因和存在，就根据人们的好奇心即求知欲”。但在“素不注重科学的我国”，“因着家庭的教育，传统的迷信，和社会的影响，种种势力前后夹攻，往往把好奇心压迫得无由发展”，大多数的中国人“因着科举的流毒，缺乏启发性的教育，谈鬼说怪的著作的普遍流行，数百年来他们的好奇心早已降服在重重宿命、颓废、迷信势力之下……长此以往……我们民族的前途，未免太危险了”②。而侦探小说则可以通过传播科学知识，经由逻辑推断的理性思维，破除这些因循的宿命论和迷信观，培养理智的头脑，强化对自然和社会的观察、认识、分析、思考能力，增强社会经验。所以阅读侦探小说，并非单纯地收获阅读愉悦，还可取得“启智”的效果，关乎国民的科学“修养”和理智训练。为写好侦探小说，程小青专门向美国某大学函授修习“犯罪心理学”和“侦查学”的课程。他笔下的霍桑，和福尔摩斯一样有着开放的科学头脑，孜孜不倦地研习哲学、心理学、化学、物理学、经济学、法律等知识，不拘新旧。他探案时冷静敏锐，“察微知著”，善于发现人所未见的线索和证据，并用渊博的科学知识寻踪探迹、细心求证、严密推理，给人以科学的

---

① 阿·阿达莫夫：《侦探文学和我——作家的笔记》，群众出版社，1988 年，第 8 页。

② 引自程小青：《论侦探小说》，上海艺文书局《新侦探》创刊号，1946 年。

启迪，案件最终的侦破结果也让人可信可佩。如《血手印》中用化学方法鉴别刀痕上的渍斑，《江南雁》中借脚下泥土推断包朗的行踪等多部作品中的情节，均表现了科学的精神。此外，中外的侦探小说也在一定程度上推动了对“司法完善”的追求。程小青批评当时中国司法界的黑暗，除执法人员“智识程度”和“科学方法”的不足外，“办案的缓急，往往视事主的阶级高下而定”①，司法不公的现象比比皆是，但他认为侦探小说可作为中国司法界的借鉴。小说中的侦探，通过破案来恢复社会秩序的稳定和平衡，维护法律的尊严。他们与官方警探相比，更高超的智慧、更高明的手段、更不拘一格的行为，往往更能切中现有法律的缺陷，尤其是他们“惩罪”的重点是为“拯弱”，是为救助得不到法律保障、蒙受冤屈的弱势群体。在《白纱巾》中，程小青曾借霍桑之口评论当时的法律，尖锐地指出当时法治精神的弊端，同情下层百姓在法律面前的弱势地位，“在正义的范围之下，我们并不受呆板的法律的拘束。有时遇到那些因公义而犯罪的人。我们往往自由处置。因为在这渐渐趋向于物质为重心的社会之中，法治精神既然还不能普遍实施，细弱平民受冤蒙屈，往往得不到法律的保障，故而我们不得不本着良心权宜行事”。霍桑用“良心”补法律之缺，将评判案件的标准人性化，以维护弱者，对抗社会的不公，正是所谓“守法律而重人权”，虽说是不得已而为，但也提出了对于法律制度、法律缺憾的思考。

“科学精神”和“法律意识”，是中国社会走向“现代”、国民素质更新不可忽略的重要元素，也可以作为中国文学迈向“现代性”的两个重要表征。但从古典文学(包括“侠义公案”小说)直到“五四”以来中国新文学的主流，一直都匮乏这两种内质，程小青的《霍桑探案》等侦探小说凸现这两种精神，一定程度上也体现了中国通俗文学的某些“现代性”特征。然而，新的国家政权建立之初，百废待兴，法律初创，这些“现代性”的因素不免被弱化。特别是在“冷战”思维主导下的“反特小说”，科学与法律的色彩逐渐被阶级对立的主题、敌我斗争的模式所掩盖。以程小青后期最著名的作品《她为什么被杀》为例(后改编为电影《徐秋影案件》，曾轰动一时)，其事件原型，就是新中国成立初期震惊全国的哈尔滨邵玉魁姐弟谋杀赵洁珊的“反革命杀人案”。然而，这部作品展现的并不是案件的真相。1987 年 7 月 6 日，此案已由最高人民法院核准、黑龙江省高级法院改判而平反。冤案的造成恰恰是在“反特”的历史背景下，办案人员在证据不全的前提下，置检察机关、法院的质疑于不顾，主观臆断，随意联想，将一件可能单纯的刑事案件定性为“反革命”的“特务组织潜伏案”。此案被枪毙 2 人，株连 100 多人，沉冤 30 余年，应看做是新中国法治史上最初的污点之一。《她为什么被杀》作为这一案件的文学表现，只是被动地记录了案件的侦破过程，依据既定的错误结论作了“反特”斗争的传声筒。作者无法对案件的细节作科学分析，也不能依据自己的经验进行逻辑推理，刑侦过程中的种种不合法行为也不容置疑。作者大概只能在案件卷宗的基础上，加上一些文学想象，极力表现邱涤凡(以邵玉魁为原型)等特务的狡诈残忍，突出“反特”斗争的惊心动魄。以往崇尚“科学”、追求“法治”、秉持“良心”的《霍桑探案》，变成了以后被证明是非科学、反法治、不真实的文字记录，这种尴尬恐怕为程小青难以预料，也非

① 引自程小青：《论侦探小说》，上海艺文书局《新侦探》创刊号，1946 年。

他所能左右。

此外，当年与程小青齐名的《侠盗鲁平》的作者孙了红，此期几乎中断了小说创作。据金箭的《孙了红追踪》回忆，孙了红于 1952 年、1953 年及稍后，分别在上海东山越剧团、天鹅越艺社任编剧，编写历史剧《万古忠义》（据忠王李秀成事迹改编）、《三不愿意》、《谪仙怨》。后“因病无法编写大型剧本，与剧团若即若离，经济更受影响，适有《新闻日报》副刊请他编写连载惊险小说，他即以《绿色之烛》应之。他写得较为拘谨，不似过去写侦探小说时的豪放”①。而他在 1958 年完成的《青岛迷雾》，也不过是当时盛行的所谓“反特小说”的勉强之作，全无《侠盗鲁平》的传奇浪漫，几乎无人知晓。晚年孙了红因患严重的神经衰弱症而搁笔，后因结核病复发去世，终年 61 岁。

从“侦探”到“反特”、“惊险”，从《霍桑探案》到《她为什么被杀》，直至程小青完全终止小说创作，属于正统侦探小说的精神内核、写作立场、情节模式和艺术特征逐渐异化——“个人性”被“人民性”取代，“道德准则”让位于“阶级立场”，“民间正义”服从于“政权安危”，题材由“繁杂百态”变得“单一”，“科学启蒙”、“司法完善”、“都市风俗”等“现代性”的色彩逐渐淡出……作为中国现代侦探小说第一人的程小青，其后期创作的转换和终止可作为一个代表性的个案，这一个案表明：民国侦探小说原有的诸多类型化表征，特别是一些“核心符码”或“支配性规范”，在 1950—1970 年代的中国小说中日益衰微，类似《福尔摩斯探案》、《霍桑探案》的西式侦探小说几乎再难得见，纯粹的侦探文类自然也在这一时段内走向消亡，这削弱了中国当代文学的丰富性和现代性，也为中国当代通俗小说的整体性格局留下了一段令人遗憾的空白。

第二节　政治选择：从内生逻辑到外来影响

一

从“侦探”到“反特”，“十七年”中国大陆西式古典侦探小说的消亡，很大程度上取决于特定的政治、历史、文化背景下，中国文学的发展逻辑和内生的整体变迁，其中，政治的决定性影响，使得中国侦探小说消亡和变异，主要表现为一种政治选择，而不是纯然的小说文类自身的流变。从 1949 年到 20 世纪 50 年代中国文学的基本格局，如洪子诚所言，是“以延安文学作为主要构成的左翼文学，进入 50 年代，成为唯一的文学事实；20 年代后期开始，左翼文学为选择最理想的文学形态、推进文学‘一体化’的目标所做的努力，进入一个新的阶段；毛泽东的文艺思想，成为‘纲领性’的指导思想；文学写作的题材、主题、风格等，形成了应予遵循的体系性‘规范’；而作家的存在方式，写作方式，作品的出版、阅读和批评等文学活动方式也都出现了重大变化。”②这一段历史时期的文化环境、文学发展，是在国家意识形态的主宰下，彰显强烈的政治意识。在这一意识形态中心主导下，1949 年前民国侦探小说独特的题材内容、创作准则、

① 卢润祥：《神秘的侦探世界——程小青、孙了红小说艺术谈》，学林出版社，1996 年。

② 洪子诚：《中国当代文学史》，北京大学出版社，1999 年，第 3、24 页。

文类探索，也服从于政治主导下新的文学政策，被加以改造和规范，做出了自己的选择和换转。此外，1949 前后国家政权在思想、人身、创作各方面强化了作家的政治依附性，包括侦探小说家在内的“鸳蝴”作家也被净化、纯化、组织化。这种文学基本格局的形成过程，可以追溯到 20 世纪 40 年代以来一系列的文学运动。西式中国侦探小说在 1950 年代的消亡和变异，某种程度看，也是这些运动影响的必然结果。

1940 年代中后期以来，左翼文学逐渐成为文坛的主流，特别是毛泽东文艺思想，在 1942 年的“延座讲话”后确立了其纲领性、方略性的地位，成为延安文学、解放区文学的思想指引，决定了延安文学、解放区文学的发展方向，影响了 20 世纪 40 年代中后期中国文学的整体走向。而不论中西侦探小说，都与这一文艺思想的理论核心形成很大差异。侦探小说以市民阶层(小资产阶级)为主要阅读对象，具备浓厚的现代都市通俗文学色彩，显然与毛泽东文艺思想所倡导的“为政治服务”的文艺方向不符。程小青毫不否认侦探小说“主要的使命还是在给读者们一种娱乐、兴趣和消遣”，认为“消遣”功能“并不辱没”①侦探小说。这种文学功能观，曾被新文学界以“思想上的一个最大的错误，就是游戏的消遣的金钱主义的文学观念”②予以痛斥。侦探小说的内容及形式，有着极强的西化色彩，毛泽东的文艺思想则要求“民族的形式、新民主主义的内容”是中国文学应走的道路。侦探小说往往暴露社会的黑暗，抨击司法的不公，剖析人性的缺陷，但毛泽东的文艺思想号召文学要多写“光明面”，要“以歌颂为主”……随着新的国家政权的建立，毛泽东文艺思想被奉为整个国家的主流文化意识形态，纯粹西方式的中国侦探小说只能一步一步走向末路。

20 世纪 40 年代后期，左翼文艺界的有关领导还对文学类别、作家身份进行了强制性的清算和归类。1948 年 3 月，《大众文艺丛刊》在香港出版，其主要作者大多是当时或 1949 年以后执政党或中央政府主管文艺工作的文化官员，即后来国家文艺政策的制定者和执行者，如冯乃超、胡绳、林默涵、夏衍、邵荃麟、郭沫若、茅盾、丁玲和乔冠华等人。刊物第一辑发表了署名“本刊同人、荃麟执笔”的《对当前文艺运动的意见》，指斥鸳鸯蝴蝶派为色情的、趣味恶劣的文艺，需无情打击和揭露，其中恰恰包括被归为鸳蝴一派的侦探小说。同期还发表了郭沫若的《斥“反动文艺”》一文，侦探小说同样被归入“买办性”的“反动文艺”，要对其作家和作品“毫不留情地举行大反攻”。这两篇文章分类的标准，已不是文学观念的差异，而是界限分明、非友即敌的政治立场和党派意志，因此侦探小说及其作家被贴上“反动”的标签，进一步被列为异类，排斥在未来的“文艺新方向”之外。

在新的国家政权即将建立之际，第一次文代会召开。会议正式将毛泽东文艺思想确立为新中国文艺发展的唯一方向，延安文学和解放区文学也被指定为中国当代文学发展的主要方向，并且以这两个方向为标准，为不同的文学类型划分等级——“新文学”与“旧文学”、“左翼文学”与“自由主义文学”、“解放区文学”与“国统区革命文学”。这种

① 程小青：《论侦探小说》，上海艺文书局《新侦探》创刊号，1946 年。

② 沈雁冰：《自然主义与中国现代小说》，引自魏绍昌：《鸳鸯蝴蝶派研究资料》，上海文艺出版社，1984 年，第 38 页。

划分以阶级立场为核心，兼及既往的门户之分、宗派利益、党派亲疏乃至地域差异，决定了各种文学类型在当代文学中的地位。而侦探小说来自"国统区"，又往往被归入鸳蝴一类"旧文艺"的范畴，其作为"反动文艺"早已被定性，应被彻底揭露打击，"与之作战"。但对于侦探、言情、武侠等民国"鸳蝴"派作家，新的文艺领导机构及其领导人，也出于统一战线的策略，给这些"旧文人"思想和艺术"改造"的机会，大力促使其转换思想立场，通过他们将整个市民阶层的趣味转换到新的意识形态规约下来，这从新中国成立之初文艺界重要领导对京津旧文人的一次座谈会可窥见端倪。丁玲在这次座谈会的总结发言称，"这些小说(引者注：旧文艺、章回小说)爱写的是些无意义的琐事，趣味低级，好像也在暴露社会黑暗，但这些黑暗并不使读者憎恨，却使人津津有味，津津有味地去讨论汽车夫和姨太太的恋爱，津津有味地去谈那些放白鸽，那些赌经、嫖经。那些小说里也写洋车夫的悲哀，但也并不使读者同情。一切是酒后茶余的无聊的谈资。仅仅是这样也还好，可是它还在教人如何去调情，去盯梢，去赌，去嫖，侦探小说就告诉人们如何杀人灭迹，武侠小说就诱人说道。这种文学是奉命去迎合一些人的低级趣味而写作，但同时又以这种闲聊的低级趣味的东西去影响人，教育人，养成人们一种爱以闲谈而消永昼的人生享受。因此，我们今天须要和这些东西作战。我们要用正确的人生观改变这种小说读者的思想和趣味"①。作为新政权的文艺领导之一，丁玲这个发言对侦探小说作了完全否定的评价，为清除"低级趣味"，对小市民读者施以"正确的人生观"教育，对旧式(西式)侦探小说的清剿与改造势在必行，首先自然从"鸳蝴"派侦探作家开始。在这样的文化背景下，有些以往钟情于侦探的作家也转向了对侦探小说的批判，如范烟桥就称，"由于侦探小说产生于资本主义社会，客观上暴露了这个社会混乱腐败的一面，反过来讲侦探努力的结果，是维护了贵族和资本家的利益以及封建社会和资本主义社会的秩序，所以思想上没有什么特殊意义"②。这些对侦探小说的贬斥与批判，不能不深刻影响身为"鸳蝴"中人，又是侦探作家翘楚的程小青，其后期创作自是难以为继。

第一次文代会被称为各界文学艺术人士的"大团结，大会师"，与绝大多数鸳蝴作家一样，程小青没有参会的可能，此期的他回归教坛，侦探小说的创作暂时中止，连他作为作家的身份也暂时消失。第一次文代会的另一结果，是成立了"专管文化艺术部门"的组织机构，即"中华全国文学艺术界联合会"及其下辖的各级协会。通过这次大会和"文联"各级组织的成立，国家政权建成了延续至今的文学体制，在思想、人身、创作各方面强化了作家的政治依附性，包括侦探小说家在内的"鸳蝴"作家也被净化、规范化。在当时，以国家意志、政党意识来规训作家思想，靠组织原则来规定作家身份，用政治任务来安排和规约作家的创作已成大势所趋。从20世纪40年代以来文学的类别及等级划分，到第一次文代会后全国性的文学体制确立，许多所谓"反动作家"或"自由

① 杨犁：《争取小市民的读者》，《文艺报》1949年9月，第1卷第1期，见洪子诚：《二十世纪中国小说理论资料》第5卷，北京大学出版社，1997年，第15页。

② 转引自(日)中野美代子：《从小说看中国人的思考样式》，十月文艺出版社，1989年，第86页。

主义作家”被迅速推到文坛“边缘”。他们或被迫终止创作，或受到诸多限制，逐渐远离文坛的中心，淡出读者的视界，程小青最初也遭到这样的冷落。当他在1956年响应专业作家归队的号召，离开教职恢复作家身份从事专门写作时，首先加入的是民主党派，后当选为苏州市政协委员。这是许多“旧艺人”或“民主人士”惯常的去处，他们被赋予了新的政治身份，被纳入国家政治体制的外围组织加以规约，当然也必须担负一定的政治职责。程小青的政治职责是通过文学创作来履行，此时他写作那些“惊险”、“反特”小说，是在完成国家政权和党群组织规定的政治任务。1958年10月24日，程小青又加入中国作家协会江苏分会，正式成为文学体制中的一员，其人身存在经历了从(政治、文学)体制外到(政治、文学)体制内的转换。但之后在程小青笔下甚至连“惊险”、“反特”小说也再难得见，更毋论侦探小说了，所见的只是一些新旧体诗词、散文和少许回忆文字(《我和世界书局的关系》)，以记亲友相聚、游赏名胜之趣，追思前尘往事。和许多“旧文人”、“反动作家”、“自由主义作家”的遭遇一样，作为民国侦探小说的代表性作家，程小青最终还是不能适应新的政治化、规范化的文学体制，不再创作和发表自己擅长的侦探小说，其作家身份名存实亡。

其实，后期程小青小说创作的变化，也和他主动参与思想改造、改变写作立场有关。1949年后，成名于民国时“国统区”或“沦陷区”的老作家们都希望在政治运动中“趁机改造自己”、“从运动中取得材料”，但“政治和意识形态上的隔膜，使相当一些老作家对他们本来久已熟悉、运用自如的小说艺术失去了把握”①。程小青真心拥护新生的国家政权和政治体制，中华人民共和国成立之初，他积极参与各种社会活动，如苏州解放的庆祝游行、土改政治学习等。在重拾小说创作前后，程小青还陆续发表了一些歌颂新社会、新气象的诗文，如《天堂在人间》(载《新苏州报》，1959年4月)、《苏州变化说不尽》(载政协《资料》，1959年4月)、《管教凯歌奏春雷》(载苏州市文教“群英会”会刊，1960年4月)等。在国庆十周年大典时，他应文化部之邀登天安门观礼，受到颇高的礼遇。1963年，当其70岁生日之际，作《七十叙怀》三首分赠诸好友。诗的小序云“行年七十，历经忧患，伏枥忘骥，欣逢盛世，抚昔感今，情不能已，付诸吟咏，感求郢政”，并有“变革玄黄感万端，阴霾扫尽兆民欢”等句，对“盛世”的欣悦溢于言表，表达了主观感情上对新政权、新社会的衷心拥戴。从这些经历不难理解，程小青向“惊险”、“反特”的转向，并非被迫，而是主动为“盛世”、“扫尽阴霾”。对于新的文艺方针和文学体制，他也真诚地希望通过思想改造，完成精神上的皈依；他在努力转变自己的创作的立场、心态和模式，体验新的生活，认识新的对象，自动地归附于新的文学规范，以追随新的文学形势。然而，在创作了四部“惊险”、“反特小说”后，也许是年近七旬、力有不逮，程小青的文学转向却没有持续下去。但从中国作家的整体转换来看，在“旧文艺”、“自由主义作家”、“反动作家”甚至“五四”作家身上，以往的生活经验和文学观念，已烙入作家的精神深处，其所擅长的创作理念和艺术手法，已侵入作家的文学血脉，靠主观愿望和思想改造根本无法决然割断。“他们中的大多数，与‘文艺新方向’所规定的创作观念和创作方法之间的关系，始终处于紧张的，难以融合、协调

① 李洁非：《中国当代小说文体史论》，陕西人民教育出版社，2002年，第10页。

的状态。既不能继续原来的创作路线，又难以写出充分体现‘新方向’的作品……其艺术生命，在进入 1950 年代之后已经结束”①。程小青的侦探小说创作，在紧张艰难的转换与选择中，从改弦易辙直到最后终止，也正是如此。

二

此期中国侦探小说从“侦探”到“反特”的变化，除左翼文学发展的必然逻辑和作家的自身的文学(政治)选择外，还牵涉更为深刻的文化环境、历史渊源，如中国自古就缺乏民主法制和科学理性的传统，如新中国成立之初法制意识的淡薄、法律建设的滞后等。但新中国成立初期特定的国际政治环境，新中国政权的政治立场，及受上述政治因素影响的重要因素——如文艺政策、文学体制、创作原则等，皆深深烙下外来“苏联模式”的印迹，这一点，是考查中国侦探小说此期消亡和变易不应忽视的关键。实际上，20 世纪 50 年代在中苏政治联盟的格局下，很长一段时期内苏联文学界在侦探小说上采取的态度及文学实践，基本决定了中国文坛对待侦探小说的态度；而苏联“肃反小说”在中国被广泛地介绍并流行的潮流，也深刻影响了中国侦探小说在 20 世纪 50 年代的命运，催生了与苏联类似的“反特”小说的流行。

在俄罗斯的文学传统中，侦探小说是从未有过的小说类型，俄罗斯的文学大师们无人对侦探小说予以关注，更遑论创作了。列夫·托尔斯泰虽注重刻画犯罪现象，却不是用侦探小说体裁去表现社会内容。对西式侦探小说的轻视和偏见，到苏联建国后的 30 多年的时间中一直没有太大的改变。苏联的文艺家们最初都把侦探小说视做“纯资产阶级的体裁”，对它的整体评价不高，如斯·季纳莫夫在 1935 年认为，“侦探体裁是文学体裁中唯一在资本主义社会内部形成，并被这个社会带进文学中来的。对于私有财产的保护者，即对密探的崇拜，在这里得到无以复加的程度；不是别的，正是私有财产使双方展开较量。从而不可避免的是，法律战胜违法行为，秩序战胜混乱，保护人战胜违法者，以及私有财产的拥有者战胜其剥夺者等等。侦探体裁就内容来看，完完全全是资产阶级的”。1952 年出版的苏联大百科全书，也从官方的立场对侦探文学作出了界定，“侦探文学是惊险、冒险文学的一种……侦探文学的主角通常是追踪罪犯、历经冒险之后获得了成功的至高无上的密探(侦探)，归根结底是表现资产阶级法权的胜利……恐怖、惊险、凶杀的场面，庸俗的内容，现代资产阶级各国的侦探文学是为了满足低级趣味”②。新中国成立之初的社会主义中国，有着和肃反时期苏联相似的国内外政治环境，阶级对立十分尖锐，“冷战”思维凸现，文化领域也须进行革命性的文化建构，肃清资产阶级(美蒋、旧政权)的余孽和流毒。当时对各种文学体裁的归类和价值评价，以阶级划分和政治意识为主要标准，因此看待侦探小说的态度，也亦步亦趋地跟随苏联文艺界，深受苏联文艺界的理论影响，中国作家的创作也就割断了与西方侦探小说主潮的联系。此期一篇名为《美国是反动文化的大本营的文章》，就言辞激烈称美国文学为“色情

---

① 洪子诚：《中国当代文学史》，北京大学出版社，1999 年，第 24 页。

② 引自任翔：《文学的另一道风景——侦探小说史论》，中国青年出版社，2001 年，第 91～92 页。

的毒品”，“符合战争贩子屠杀人类的胃口”①。而程小青等民国侦探小说家的创作，就是基于对欧美资产阶级作家如柯南道尔等的译介模仿。而到了新的社会主义政权建立，福尔摩斯及其中国式化身——霍桑，这些资产阶级“密探”的命运在此已到末路。他们的形象是如此异类，他们的故事如此不合时宜，《霍桑探案》之类的西式侦探小说，自然被主流意识形态主宰的文艺体制、文艺政策所排斥，不可能继续创作和发表。

新中国在诞生之初，属于苏联为首的社会主义阵营，新政府旗帜鲜明地反对美国为首的资本主义阵营，奉行“一边倒”地向苏联学习的政策。如毛泽东在《论人民民主专政》中所论：“我们在国际上是属于以苏联为首的反帝国主义战线一方面的，真正的友谊的援助只能向这一方面去找，而不能向帝国主义战线一方面去找。苏联共产党就是我们最好的先生，我们必须向他们学习。”以“苏联模式”作为学习的榜样，这是新中国成立之初的主导选择，无论在政治、经济，还是文化(文学)上。在几乎整个20世纪50年代，中国文坛集中展开对苏联文学的学习和模仿，全方位地涉及文学领域的各个方面，这一取向主导着中国20世纪50年代的文化环境，也决定了20世纪50年代中国文学的整体面貌。而首先，一个重要的背景被确立，即此期中国文艺政策的制定和调整、文学体制的建立和规范，苏联经验被放到极为重要的位置。1949年7月第一次文代会召开，大会宣言提出了“反对美帝国主义及其帮凶”和“坚决站在以苏联为首的世界和平民主阵营里”②的政治号召，也据此确立了新的社会主义文化的发展方向。到了1952年，时任文艺界领导人的周扬指出，“斯大林同志关于文艺的指示，联共中央关于文艺思想问题的历史性决议，日丹诺夫同志的关于文艺问题的讲演，以及最近联共十九次党代表大会上马林科夫同志的报告中关于文艺部分的指示，所有这些，为中国和世界一切进步文艺提供了最丰富和最有价值的经验，给予了我们最正确的、最重要的指南”③。1953年第二次文代会召开，则进一步要求作家的创作，要满足“国际上对于中国文艺的需要”，适应“苏联和各人民民主国家对于中国文艺的发展”④的期待。而第一次文代会所建立的中华全国文学工作者协会及其在1953年所更名的中国作家协会，作为新中国基本的文学体制，其在组织方式、基本纲领、机构设置、内部运作及党组负责的权力结构等各个方面，大致也是脱胎于苏联的作协体制。第二次文代会还通过决议，宣布“中国文学艺术界联合会及其所属会员团体加入中苏友好协会为团体会员”，以“巩固和发展中苏两国人民在保卫世界和平的共同事业中的神圣的友谊”⑤，从而在体制上密切与苏联的同盟。

此期通过翻译领域的译介，中国文学界对外国文学资源(含文艺理论和文艺作品)

① 刘尊祺：《美国是反动文化的大本营》，《文艺报》1950年12月，第三卷第6期。

② 中华全国文学艺术工作者代表大会“大会宣言”，丁景唐：《中国新文学大系：1949—1976》(史料·索引卷1)，上海文艺出版社，1997年11月版，第713页。

③ 周扬：《社会主义现实主义——中国文学前进的道路》，《人民日报》1953年1月11日。

④ 中华全国文学艺术工作者代表大会“大会宣言”，丁景唐：《中国新文学大系：1949—1976》(史料·索引卷1)，上海文艺出版社，1997年11月版，第727页。

⑤ 《中国文学艺术工作者第二次代表大会两项决议》，丁景唐：《中国新文学大系：1949—1976》(史料·索引卷1)，上海文艺出版社，1997年11月版。

的借鉴和学习，也是“一边倒”地以苏联文学为主，这对《霍桑探案》等西式侦探小说在中国的终结有着深刻的影响。20世纪50年代，中国大规模掀起译介苏联文学的热潮，苏联文学位居外国文学资源引入的首位。1949年10月《人民文学》的“发刊词”曾对翻译作品提出要求，“我们的最大的要求是苏联和新民主主义国家的文艺理论，群众性文艺运动的宝贵经验，以及卓越的短篇作品；其次是资本主义国家的革命的进步的作品和文艺批评以及欧美古典文学的批判的现实主义的作品”①，周扬则在1952年指出，“摆在中国人民，特别是文艺工作者面前的任务，就是积极使苏联文学、艺术、电影更广泛地普及到中国人民中去”②。到1953年，茅盾为《译文》创刊撰写“发刊词”，首先以鲁迅当年创办《译文》偏向于“苏联及其他国家的革命的和进步的文学作品”为旗帜，进而规定当代中国翻译工作者的任务，是使新中国的人民“从文艺作品上更亲切地感受到苏联和人民民主国家的劳动人民在建设他们的美好生活，从事于创造性劳动时所表现的奋发和喜悦，也要求从文艺作品上更真切地看到资本主义国家的和殖民地半殖民地的人民如何勇敢而坚定地为和平为民主而斗争”，要求翻译作品应该是“苏联及人民民主国家的社会主义现实主义的优秀文学作品”以及“外国的古典文学和今天各资本主义国家以及殖民地半殖民地的革命的进步的文学”③。一系列来自高层及文艺界领导人所作的指示，为当时的外国文学译介确立了对象、规定了方向。据统计，新中国成立后的7年中，仅人民文学出版社翻译出版的俄苏作品就达196种。为强化苏联文学的指导和借鉴意义，中国作家协会主席团会议在专门讨论通过的“文艺工作者学习政治理论和古典文学的参考书目”中，将34种“苏联和俄罗斯”的书目单独列出，可见重视。当翻译界奉苏联(及人民民主国家)的文学为主要对象，以“革命”、“进步”、“古典”作为主要标准时，“外国文学译介从一开始便是排拒西方资本主义文学，译介社会主义阵营文学，是政治意识形态对作家的一种要求，一种给定性的任务。这样，译介何种外国文学不再是一种个人兴趣的问题，而是一种政治行为”。④ 在将苏联文学作为单一外来文学资源加以借鉴的背景下，侦探小说，这种由近现代英美法作家创立并发展完善，流行于资本主义社会的小说类型，自然也在政治视野的严格限制下，较长时段内被有意地排斥在中国译者的翻译视野之外，正如程小青后期译作上的空白所显示的。这也斩断了中国与西方主流侦探小说的横向联系，加速了纯粹性的西式侦探小说在中国的消亡。

苏联“社会主义现实主义”的创作原则，主导了此期中国的文艺思想，成为17年中国文学创作的主导规则，这也是中国侦探小说变易的动因之一。1952年，冯雪峰在《文艺报》发表《学习党性原则，学习苏联文学艺术的先进经验》，称“社会主义现实主义”是“苏联文学艺术的先进经验中的最先进的东西”，“经过社会主义现实主义的方法，为实践党性原则而努力，这是我们文学艺术创造的唯一正确的道路”⑤。同年，周扬撰写了

① 茅盾：《人民文学》发刊词，《人民文学》1949年10月第1卷第1期。

② 周扬：《社会主义现实主义——中国文学前进的道路》，《人民日报》1953年1月11日。

③ 茅盾：《译文》发刊词，《译文》1953年7月创刊号。

④ 方长安：《论外国文学译介在十七年语境中的嬗变》，《文学评论》2002年第6期。

⑤ 《文艺报》1952年第21期。

《社会主义现实主义——中国文学前进的道路》一文，指出，“社会主义现实主义，现在已成为全世界一切进步作家的旗帜，中国人民的文学正在这个旗帜之下前进。正如中国新民主主义革命是无产阶级社会主义世界革命的组成部分一样，中国人民的文学也是世界社会主义现实主义文学的组成部分”。1953 年召开的第二次全国文代会，更以国家权威正式确认“把社会主义现实主义方法作为我们整个文学艺术创作和批评的最高准则”。如前所述，中国“反特小说”的创作，主要受“冷战”格局制约，服从于实际的阶级斗争和政治任务，巩固新生社会主义政权是其核心的意识形态，“社会主义现实主义”，正是表现这种政治使命与意识形态的最高准则，也是最可靠的创作准则。以“现实主义”为指归，“反特”被归入“重大题材”，也被作为后期程小青及新起作家创作此类小说的核心命题。他们往往直接从现实案件中取材，纪实性地记录特殊(公安)战线的“反特防奸”斗争。同时遵循“艺术描写的真实性和历史具体性必须与用社会主义精神从思想上改造和教育人民的任务结合起来”的准则，努力在现实题材中挖掘政治意味，对“抓特务”的情节进行集中化、典型化的提炼，塑造敌我势不两立的人物形象，由此激发对“反革命”和“特务”的阶级仇恨，唤起对特务的警醒，强化人民捍卫革命政权的思想觉悟。如上所述，程小青后期的代表作《她为什么被杀》取材于新中国成立初期哈尔滨轰动全国的一件真实案件，虽然此案 30 多年后已被认定为冤案而改判，但受当时的文艺政策规约，程小青依据已有的侦破结论和错误的判决来创作，用“反特”的主旨来构筑《她为什么被杀》的情节主线，却遵循了“社会主义现实主义”创作原则的“教育和改造”的必然要求。其他如张志民的《赵全一案件》、俞林的《并非虚构的故事》等作品，也皆是以当年在全国较有影响的几桩重大案件为蓝本，反映现实的犯罪形势。

然而，侦探小说在苏联文学中的地位、发展和影响，却呈现出复杂性和变化性。虽然，基于俄罗斯文学缺乏侦探文学的传统，以及早期苏联文学偏狭的政治视野等原因，以惩治犯罪为由，展现推理智慧，勾画社会万象的西式侦探小说类型长期被苏联文学所排斥，这样的态度一直延续到 20 世纪 50 年代。但是，1917 年之后新生的苏维埃政权长期面临着国内外反对势力的多方挑战，肃反成为主要的政治任务和文学表现的主题。以“反特”、“防奸”、“卫国”为主要的思维模式，苏联文坛也出现了一批反映“肃反”斗争，展现无产阶级专政机器、国家安全部门谍报人员以其智慧和勇敢，与敌对势力和敌对分子的较量，粉碎敌人的颠覆、渗透和破坏活动的“反特”小说，这些其实可以被看做“类侦探”小说。而到了 20 世纪 50 年代末，苏联文学界对侦探小说的态度也开始发生转折性的变化。首先，文坛开始承认侦探小说的地位，指出其对犯罪现象的揭示，在社会主义国家同样具有重要的意义。苏联的文艺理论家们肯定“侦探题材中的优秀作品具有神秘和奥妙的错综复杂的情节，其特点是：内容生动，从多方面指出事件的进程，它充满了侦缉罪犯和建立功勋的浪漫主义色彩”，并且敏锐地指出“在这些作品中，聪明才智和勇敢行为同神秘而不寻常的犯罪活动进行对抗，那些犯罪行为是由于社会原因，而并非病态所造成的”①。其次，同样是出于国际、国内政治的需要，苏联作家也大力赞颂秘密战线的反谍反特人员对敌斗争的功勋，表现执法部门的侦察员们打击形形

① 任翔：《文学的另一道风景——侦探小说史论》，中国青年出版社，2001 年，第 92 页。

色色的犯罪，“为苏维埃道德的胜利而斗争”(《形形色色的案件》中沃洛霍夫对谢尔盖所说的话)的智慧和勇敢，起到激染对敌斗争的意志、维护国家政权的宣传作用。最后，侦探小说惊险的故事、新异的情节、对社会现象的展示、对道德的拷问及对思维的启发，也引发了苏联读者对侦探小说不可抑制的热情，转变了对侦探小说的态度①。在这样的背景下，大量的苏联侦探小说随之问世，它们大致可分为两类：一类延续了以往以肃反为背景的创作模式，描写白匪残余、德国特务等敌对分子对苏维埃政权的破坏和颠覆，仍然可以称为“反特”(或“反间谍”)小说，代表作有阿·阿达莫夫的《形形色色的案件》、米哈依洛夫的《冒名顶替》、斯·阿列夫耶夫的《红色的保险箱》、列夫·奥瓦洛夫的《一颗铜纽扣》等；另一类作品则学习西方侦探小说的创作思想和技巧，描写社会原因及人性之恶导致的道德问题、经济犯罪，代表作有阿·别祖格洛夫的《侦察员的良心》、维·普罗宁的《自杀》等。苏联文学界的转变，在中国的文艺政策调整时期适时影响到中国，从而影响到中国的类侦探小说的命运。此期《形形色色的案件》、《冒名顶替》、《红色的保险箱》等小说被翻译进来，《侦察员的功勋》等反特影片也被介绍进来，在中国读者和观众中激发了广泛的阅读和观赏兴趣，也让中国作家在类似的“反特防谍”主题下，对苏联的“肃反”小说安全地加以仿效和摹写，创作出大量以“反特”为主旨的类侦探小说。中国作家对苏联“肃反”小说等的模仿，其实也在不断促使自我创作质量的提升。其中的代表作也呈现两类面貌：其一，以《双铃马蹄表》(陆石、文达)、《第四者》(尾山)、《黑眼圈的女人》(史超)等作品为代表，充分模仿上述苏联的肃反题材小说，“抓特务”的情旨模式如出一辙。其二，《一件积案》(国翘)、《一件杀人案》(叶一峰)等作品，则短暂地背离了“反特”模式，将视角投向社会、人性、道德层面，可以看出苏联另一类侦探小说的影子，也显示了略略向正统欧美侦探小说回归的迹象。在20 世纪 50 年代后期，中国翻译界也打破了借鉴外国文学资源的单一视野，少量的欧美侦探小说也得以引进。如上海出版公司 1955 年翻译出版的《汤姆·莎耶侦探案》，收入马克·吐温的两部侦探小说；次年，作家出版社也翻译出版了英国作家菲尔丁的侦探故事《大伟人江奈生·魏尔德传》。而柯南道尔的侦探小说译本《巴斯克维尔的猎犬》、《四签名》、《血字的研究》、《珂拉柯深渊》相继由群众出版社和中国青年出版社译介出版，引起轰动②。这些变化，不能说与苏联对侦探小说的态度转变无关。由此可见，只要政治气氛稍有松动，侦探小说的幽灵就会复活。但 20 世纪 60 年代后中苏交恶，苏联的影响被斩断，中国的政治氛围再度趋紧，直到“文革”爆发，几乎一切的外国文学皆被扫荡，纯粹性的侦探小说在中国文坛可能复苏的一点火苗很快熄灭了。

从中国文坛内生的文艺思想变化、文艺制度规约、作家身份转换，到外来苏联文学的影响，在内外的双重作用下，“十七年”中国侦探小说的文类消亡和变易，符合特定时期的历史逻辑和文学逻辑，尤其是政治逻辑。

---

① 见曹正文：《世界侦探小说史略》，上海译文出版社，1998 年，第 149 页。

② 见王先霈、於可训：《八十年代中国通俗文学》，湖北教育出版社，1995 年，第 32~33 页。

第三节 “反特”小说：归类、特征与比较

以程小青为代表的民国侦探小说家中止侦探创作，并逐渐停止的“反特”、“惊险”小说写作之际，十七年“类侦探”小说的创作在中国大陆却没有停止，众多的“反特”小说在这一段时期内问世，并汇成一股不小的潮流，形成广泛的受众层面。不过，考察这些小说的文类归属、作者身份、写作目的、社会影响，特别是观照其文本所主要呈现的具体文类特征，当不难发现，冠名“反特”的这些小说，其在十七年的整体发展变迁的面貌，还是处处烙下浓厚的政治烙印，由此也决定了“反特”小说的主流意识形态文学的基本性质，及与西式传统侦探小说、苏联“肃反”小说相较下，有限的艺术成就。

一

从“文化研究”的视角出发，学界倾向于将现当代文化的格局划分为三个范畴：“国家意识形态文化”（或主导文化、主旋律文化、主流文化）、“精英文化”（或高雅文化、知识分子文化）、“大众文化”（或通俗文化）。这三者中，“国家意识形态文化”受国家政权支配，依据主流意识形态，制定文化政策、建构文化组织、指导与规约文化的创造，参与者居于文化权力的上层，其文化行为和文化产品呈现鲜明的政治性、强制性色彩，是这类文化的主要特征。“精英文化”的精神核心是理性良知，诉诸对历史现实、社会人生及人类终极命运的人文探寻和哲理反思，执著于对艺术、审美和人类理想的追求，并“以天下为己任”，对社会承担教化使命，对民众灌输社会理想和理性精神，确立价值尺度和审美趣味的标准。它往往由知识分子阶层中的人文知识分子创造传播，以学术机构、大学讲坛、精英书刊为阵地，先锋性、超越性、批判性是其文化行为和文化产品的主要特色。“大众文化”的母体应是工业革命前的“民间（通俗）文化”，但在大规模工业生产的背景下，迅速发展为现代“商业文化”、“消费文化”，20世纪以来逐渐成为最具影响力和普及性的文化。其以利润追求为核心，遵循适销对路原则，在“文化工业”的格局下力求打造最大受众喜爱的文化商品，刺激大众的感官享乐，并反复“复制”，以获取利益的最大化。其通过现代传媒的技术手段不断更新，日益将大众抛入愉悦和快感之中，却消解了理性的反思和审美的超越，无深度、模式化、复制化、商品化、技术化是其文化行为和文化产品的显著特点。在这三种文化的参照系下，100多年来的中外文学也大致可划入三个范畴：“主流文学”（或主旋律文学）、“精英文学”（或高雅文学、纯文学、先锋文学）、“通俗文学”（或俗文学、大众文学、流行文学），它们的精神内涵、行为方式、类别特性也与上述三类文化基本相符。

在世界文坛的格局中，侦探小说被归入“通俗文学”一类，其从诞生之日起，就属于“通俗文学”的范畴。当年爱·伦坡开侦探小说先河的五部作品，并未得到作者自己的衷心首肯，只被视作“游戏之作”，即是因为侦探小说的通俗身份，当时并不被主流文坛认同。即使侦探小说发展至今，流派纷呈，名作繁多，大师辈出，如福尔摩斯让“天下谁人不识君”，阿加莎·克里斯蒂的小说与《圣经》、《莎士比亚作品集》共为世界畅销书的前三位，但在西方文坛，侦探小说仍然是作为通俗文学的重要一类来看待，与

英雄传奇、言情小说、恐怖小说、科幻小说等同列。在阅读对象上，侦探小说"一向被视为知识阶层的消闲文学，与多半以低下阶层为对象的小说显著不同"①，它产生于"对科学普遍发生兴趣的时代"，属于"最伟大的思想变革的"②产物，其读者上有帝王将相，如英国玛丽女王、美国总统如林肯和罗斯福、法国总统戴高乐等，还包括毛姆、葛兰西、钱锺书等思想哲人和文学宗匠，因为它可做"脑力体操"，通过推理智慧的游戏，给智识者以"头脑的按摩"。然而，侦探小说的读者更涵盖社会的其他各个阶层，直至贩夫走卒、妇女孩童，因侦探小说也属于"市民社会的精神食粮"，如英国侦探小说家刘易斯所言，它是"当代社会的神话传说，侦探也就是拯救家庭罪恶的圣母"③，普通读者对侦探小说的阅读，也是通过"白日做梦"，解决日常焦虑情感的释放和生活未解之谜的诱惑，这种文学功能通过四个方面完成，"一是对力量的喜爱，二是诉诸读者的恐怖，三是满足读者解决疑难时理智的兴奋，四是发挥了读者对冒险的渴望"④。因此，作为西方通俗文学的重要一类，侦探小说的"主题往往表达了社会大众群体普遍的心理欲望和梦想，具有广泛的性和连续性……形式其固定的含义往往大于创新……惯于采用大众读者所熟知亲切的叙事模式，以减少阅读欣赏的障碍"⑤。可见，同所有通俗文学一样，侦探小说的社会功用主要是迎合读者对犯罪事件、生死之谜强烈的"好奇心"，它在作者和读者间玩着智力的游戏，满足以下一些"娱乐"心理和"休闲"趣味：窥视犯罪隐秘、推断科学理性、解读罪案悬疑、体验智力优越等，这是作家创作与读者阅读侦探小说最根本最广泛的心理动因。侦探小说因此成为雅俗共赏的文学。但由于侦探小说的通俗文学性质，常常有情节的模式化和叙事的俗套化等类型特征，也难免使有的精英文学作者和评论家嗤之以鼻，W. H. 奥登就曾不无嘲讽地论道，"一起凶杀案发生了，许多人受到怀疑。除凶手外，其他人都被排除。结局是凶手被绳之以法或死去"⑥。

但当侦探小说在晚清被引入中国之时，情况却有所不同。后世的文学史家不约而同地将侦探小说归入"通俗文学"一类，实属习惯的分类法，并不符合晚清民初的历史现实。从梁启超等倡导"小说界革命"开始，"在晚清这个时期，翻译的动力完全是非文学性的，提倡、译介西方小说的人只是为了知识传输和文化输入"，西方小说广泛译入，是作为传播现代文明和科学的工具、"启发民智"的良药，被寄予了厚望，其中又以侦探小说为人看重。因为对当时的中国人来说，"侦探小说不论内容和形式都是新奇的；它是西方受过教育的人所偏爱的读物，侦探故事中经常提及新科技——火车、地铁、电报等——全是19世纪中国人羡慕的事物；侦探小说这个品种是和现代生活密切结合在一起的，故事主人公以逻辑推理和有规律的行动屡破奇案，表现出当时国人被视为欠缺

① 孔慧怡：《还以背景，还以公道——论清末民初英语侦探小说中译》，见王宏志：《翻译与创作——中国近代翻译小说论》，北京大学出版社，2002年，第92页。

② 阿·阿达莫夫：《侦探文学和我——作家的笔记》，群众出版社，1988年，第10页。

③ 王晶：《西方通俗小说——类型和价值》，云南人民出版社，2002年，第97页。

④ 罗宾·乔治·科林伍德：《艺术原理》，中国社科出版社，1985年，第88页。

⑤ 王晶：《西方通俗小说——类型和价值》，云南人民出版社，2002年，第147页。

⑥ 转引自袁洪庚：《旧瓶中的新酒：玄学侦探小说论》，兰州大学学报(社科版)，1998年第1期，第128页。

的素质——坚强的体能和智能（科幻小说和冒险小说的主角也有这两种素质）”①。从被译介引入的那刻起，如“政治小说”一般，侦探小说就被赋予了“启发民智”、“改造精神”、“传播科学”、“倡扬法律”、“清明政治”等使命，这本是“精英文学”一贯所应担负的严肃职责。所以中国最先译入侦探小说，是将其当做“经世致用”的“精英文学”看待，希望借侦探小说拯救中国的世态人心，改善中国人的思想，施以现代科学、理性、法制的影响。在1903年《新小说》第15号的《小说丛话》中，定一秉持了梁启超的观点，提出，“必自输入政治小说、侦探小说、科学小说始。盖中国小说中，全无此三者性质，而此三者，尤为小说全体之关键也”②，强调的是侦探等小说的现代科学理性、民主政治的精神，而非技巧。周桂笙论道西方世界具有产生侦探小说的社会土壤而中国殊无，“盖吾国刑律狱讼，大异泰西各国，侦探小说，实未尝梦见。互市以来，外人伸展治外法权于租界，设立租界，亦有包探名目。然学无专门，徒为狐鼠城舍，会审之案，又复瞻循顾忌，加以时间有限，研究无心，至于内地案，动以刑求，暗无天日者，更不必论。如是，复安用侦探之劳其心血哉！至若泰西各国，最尊人权，涉讼者例得请人为辩护，故苟非证据确凿，不能妄人入罪。此侦探学之所作用所由广也”③，以侦探小说强调对人权和科学法制的重视。林纾也曾经言及，“近年读海上诸君子所译包探案，则大喜。惊赞其用心之仁。果使此书风行，俾朝之司刑谳者，知变计而用律师包探，且广立学堂以毓律师包探之材，则人人将求致其名誉。既享名誉，又多得钱，孰则甘为不肖者！下民既免讼师及隶役之患，或重睹清明之天日，则小说之功宁不伟哉”④！希望能通过侦探小说的译介、阅读，能教化人心，影响风气，改良中国的司法体系，昭雪过往讼狱之黑暗。刘半侬为1916年5月中华书局出版的《福尔摩斯侦探案全集》作跋，倡言侦探小说“托诸小说家言”，“启发民智之宏愿”，“虽非正式的教科书，实隐隐有教科书的编法”，“不失为20世纪纪事文中唯一之杰构”⑤，更是将侦探小说的启智教化的功用推到很高的地位。至于民国侦探小说的代表，亲身大量创作侦探小说的程小青，其后更不遗余力地在多篇文章中反复强调“侦探小说是一种化装了的通俗科学教科书，除了文艺的欣赏外，还具有唤醒好奇和启发理智的作用”⑥。他阐明“侦探小说的质素是侧重于科学化的，它可以扩展人们的理智，培养人们的伦理头脑，加强人们的观察力、想象力、分析力、思考力，又可增进人们辨别是非真伪的社会经验”，并认为可以“对于

---

① 孔慧怡：《还以背景，还以公道——论清末民初英语侦探小说中译》，见王宏志：《翻译与创作——中国近代翻译小说论》，北京大学出版社，2002年，第93页。

② 转引自陈平原：《小说史：理论与实践》，北京大学出版社，1993年，第199页。

③ 周桂笙：《歇洛克复生侦探案弁言》，《新民丛报》，1904年，第三年第7号，转引自范伯群：《中国近现代通俗文学史》，第834页。

④ 林纾：《神枢鬼藏录·序》，转引自郭延礼《中西文化碰撞与近代文学》，山东教育出版社，1999年，第203页。

⑤ 陈平原、夏晓虹：《二十世纪中国小说理论资料》第1卷，北京大学出版社，1989年，第519~523页。

⑥ 程小青：《侦探小说的多方面》，载吴福辉：《二十世纪中国小说理论资料》第3卷，北京大学出版社，1997年，第224页。

我国司法界做一种借镜。我们的司法情形……委实距离理想的鹄还很远”①。程氏的这些文章，自然仍是沿袭最初引入侦探小说的精英化立场、“载道式”目的，试图将侦探小说放在与精英文学同等的文学主流地位。此外，侦探小说的新异写法，也对中国新小说影响颇大，如恽铁樵所言，“吾国新小说之破天荒，为《茶花女遗事》、《迦茵小传》，若其寝昌寝炽之时代，则本馆所译《福尔摩斯侦探案》是也”②。徐念慈也称道侦探小说“布局之曲折，探事之离奇，于章法上占长，于形式上占优”③。西译侦探小说的叙事模式和艺术手法，不光被中国侦探小说亦步亦趋地加以模仿，更成为中国近现代小说整体的叙事技巧和创作手法全面走向现代性转折的催化剂，像倒装叙事、第一人称叙事的使用，对故事性的强化等。对此，陈平原的《中国小说叙事模式的转变》有着全面的阐述，本书不再赘述，然而从这一角度亦可看出，西方侦探小说传入中国，其写法最初也是以“精英”面目出现，并深刻影响了中国现代小说的转变及发展。这一有趣的现象足以使人对侦探小说的“通俗性”产生新的认识。它是“通俗”的，又常常为雅俗所共赏，并在特定的历史阶段，成为知识分子“启蒙”的有力武器。

总之，晚清翻译侦探小说的立足点，以及程小青等后来创作侦探小说的出发点，相当程度上都是殷殷希望：以侦探小说作为改良“群治”的教化工具，传播西方现代的科学知识、推广西方先进的政治法律思想，拓展国民的狭窄视野，解脱国民的精神奴役。所以在近代中国，侦探小说最初在一种“高度政治化的期待视野”中引入，承担了“精英文学”的教育工具的功用，肩负着涤荡人心、淬炼意志、激昂情怀、改良社会的“精英”使命，这是在西方社会未曾有过的，也是侦探小说在近代中国负有的特殊使命。

然而，民初之后侦探小说在中国的境况与早年译介西方侦探小说的初衷却大大相悖，尤其是中国本土的侦探小说，始终被置于新文学的忽略和淡漠之中。虽然，“新文化运动”以来 30 年以“五四”新文学为主导的中国文坛，其文学精神的核心也是“启蒙”，其叙事方法和艺术技巧也是从外国“拿来”借鉴的，与侦探小说应该姻亲密切。但是侦探小说一直难入新文学界的法眼，其根本原因是“五四”新文化运动前后，西方的各类思想潮流及文学样式已大量涌入中国，中国人对西方文明、西方小说的了解更为广泛，侦探小说“启智”的作用已不似“社会小说”那么更贴近现实生活，其文类也回归了“通俗文学”的身份。此时侦探小说基本的文学观念，其“娱乐”、“消遣”的文学功能观，其模式化的文类“支配性规范”和“主因素”逐渐展现，已与受西方批判现实主义文学和现代主义文学影响的新文学界主流背道而驰、激烈冲突。这里又回到了长期纠缠于文学界的一段公案：泾渭分明的“高雅文学”与“通俗文学”的分界，其中蕴涵了文学等级的划定、文学类别的高下之分，以及新文学界自居正统的优越感等因。不过此期新文学界对待侦探小说的态度，和对待其他民国通俗小说的态度不大相同，当新文学界的评论家们对武侠小说、言情小说、黑幕小说展开深恶痛绝的抨击和全面清剿时，他们对侦探小说则采取了视而不见、不予置评的态度，只是忽略，亦或淡漠。大概因为侦探小说是自外部引

① 程小青：《论侦探小说》，上海艺文书局《新侦探》创刊号，1946 年。

② 恽铁樵：《小说七人·序》，《小说月报》第 6 卷，1915 年第 7 期。

③ 徐念慈：《第一百十三案·赘语》，《小说林》1907 年第 1 号。

进，与“五四”新文学同源，整体的西化程度很高，碍于“转折亲”的关系，新文学界对其未作集中批判。1946年，姚苏凤在《霍桑探案袖珍丛书・序》中的一番话，倒是可以一探新文学界多年来对侦探小说的微妙态度：“说起侦探小说，在我们的‘壁垒森严’的新文坛上仿佛是毫无位置的。一般新文学家既不注意它们的教育作用，亦无视它们的广泛的力量，往往一笔抹杀，以为这只是‘不登大雅之堂’的小玩意；于是，‘宗匠’们既不屑一顾，而新进者们亦无不菲薄着它的存在。”①

在这种背景下，侦探小说在新文学界眼中失却了“精英文学”的地位，并且从“五四”开始，到后来的历次文学潮流中，以及相关文学史写作编撰中，皆被划入“鸳鸯蝴蝶派”一脉，即“通俗”文类。这种归类，出于对侦探小说的“游戏消遣”功能的反驳，也不乏政治视野偏狭的原因，概念有些混淆，如佩特・林克所言，“一般非共产党的著作里使用这个概念是指言情小说，而共产党的著作里则用它来概括所有旧派小说”②，其中更有微妙的门户之见使然。因为从引进之初到后来影响扩大，西方侦探小说的翻译始终掌握在“鸳蝴派”文人手中，如魏绍昌所言，“外国小说的翻译工作，自新文艺兴起之后，逐渐由旧派转到新派译者手中，但侦探小说一门，则自从以文言翻译《福尔摩斯探案》开始，直至以后的许多长短篇侦探小说的翻译刊载，都仍属旧派小说译者及他们所办的刊物所掌握”③。程小青、严独鹤、陈小蝶、陈冷血、周桂笙、刘半侬、包天笑、徐卓呆、周瘦鹃、孙了红等“鸳蝴派”众人，均是翻译侦探小说的好手。民国侦探小说的创作皆又深受翻译的影响，使得中国的侦探小说作家亦多为“鸳蝴”圈中人，或与“鸳蝴派”众人交往甚密、情趣相投，如程小青就是“鸳蝴派”文学团体“青社”、“星社”的主要成员之一。再者，无论翻译还是创作，中外侦探小说也大多发表于《侦探世界》、《新侦探》、《紫罗兰》、《礼拜六》等“鸳蝴派”的休闲消遣杂志之上，可以说侦探小说这一阵地，新文学家从未占据过。也许出于纯文学对俗文学的不屑，或者多少带有自居优越的意气，其结果是侦探小说被冷落的状况一直持续，20世纪三四十年代，中国主流的文学论争、文学运动、文学思潮皆与侦探小说无关。程小青等作家长期处于“无压力、无竞争、无批评、无引导”④的状态，侦探小说的创作和理论倡导不免寂寞。对此，程小青一直心中不平，他的一系列理论文章，如范伯群所言，一直在为侦探小说“叙历史，谈技法，争位置，说功利”，就是在希望新文学界能重视侦探小说，纠正对侦探小说的偏见，改变侦探小说的“通俗”身份，给予侦探小说在文坛应有的地位，但这种希望并未得到回应，显得收效甚微。

二

1949年后的17年，以程小青为代表的老派“鸳蝴”文人创作的民国侦探小说走向了

---

① 姚苏凤：《霍桑探案袖珍丛书・姚序》，见卢润祥：《神秘的侦探世界——程小青、孙了红小说艺术谈》，学林出版社，1996年，第127页。

② 转引自范伯群：《中国近现代通俗文学史・绪论》，江苏教育出版社，1999年，第15页。

③ 魏绍昌：《鸳鸯蝴蝶派研究资料》，上海文艺出版社，1984年，第328页。

④ 孔庆东：《超越雅俗——抗战时期的通俗小说》，北京大学出版社，1998年，第158页。

末路，其他的民国通俗小说如黑幕、言情、武侠等小说也逐渐在大陆文坛销声匿迹。但17 年的中国大陆兴起的“类侦探小说”即“反特”小说，却登堂入室，成为新时代一种主要的小说样式。不过“反特”小说已非知识分子立场的“精英文学”，也不是“通俗文学”范畴下的“娱乐性”小说类型，而是翻身一变为“主流文学”（或“主旋律文学”），归入了“国家意识形态文学”之下。此期的中国小说，背靠一系列特定的政治、经济、军事、文化背景，忠实围绕“延座讲话”以来确定的毛泽东文艺思想的核心，在党、政、军、警、群等政治机构或其附属文化机构的组织领导下，严格遵循执政党在 20 世纪 40 年代以来确立的各项文艺政策，采用一元独尊的“社会主义现实主义”的创作原则，通过“政治正确”的意识形态权威和文化权力主导来创作，行使统一的国家意识形态所赋予文学的历史使命。虽然也有一些作家在坚持总体创作方向不变的前提下，出于精英立场，尝试对人性地思考、对历史的深掘、对现实的批判、对审美的探索，但皆被斥责和打压，如对王蒙的《组织部来的年轻人》、宗璞的《红豆》、萧也牧的《我们夫妇之间》等作品的批判。严格来说，“17 年”的文学总体就是一种政治文学、官方文学、“国家意识形态文学”，又在“为工农兵服务”及“中国作风、中国气派”的方针指引下，渗透进“民间文学”的若干元素。以“反特”为主要题材的 17 年诸多“类侦探”小说，其创作意义和社会价值与其说是文学的，不如说也是政治的。总体而言，17 年“反特”小说忠实地实践了“为政治服务”的功能，表现出强烈的政治化倾向，以符合新生政权的政治需要为首要准则来构思，以立场鲜明的政治态度和阶级立场为创作根本，以表现你死我活、不能调和的敌我冲突和阶级较量为主要内容，以发挥捍卫革命果实的教育鼓舞作用、警示军民不忘阶级斗争为主要创作目的，以阶级划分作为道德评判标准，以维护新政权的激扬豪情和英雄主义为整体风格，从而成为当时“国家意识形态文学”的重要一支。这些小说，特别以鲜明的“阶级斗争”主题、情绪化的倾向、所谓“惊险、神秘、离奇、曲折”的风格为特色，在此期蔚为大观。

17 年“反特”小说主要以新中国成立以来的系列政治斗争和政治运动为背景，如土改、“镇压反革命”、剿匪防奸、“三反”、“五反”、美蒋特务破坏、“四清”运动等，其题材主旨、写作重点和思想意义，可从下述略显浮泛扬厉的评述得以体现，“作家们努力从现实斗争中撷取题材，加以艺术的提炼和描写，表现了新中国成立初期和进入社会主义建设时期之后，潜伏的敌特和国外反动势力对新生人民政权的猖狂反扑和颠覆阴谋，以及新生的反动分子对人民政权的破坏活动，突出地表现了颠覆与反颠覆、破坏与反破坏斗争的艰巨性和残酷性，反映了人民政权的强大，表现了全体人民万众一心、同仇敌忾挫败敌人一切阴谋的决心和豪情，歌颂了他们经历了严峻考验后的建设热情和勃勃英姿，较好地塑造了新政权和人民利益的忠诚捍卫者的形象”①。这些“反特”小说，更为自觉地围绕“政权安危”的创作主旨作文，可说是纯粹以意识形态为中心的“主旋律文学”，篇篇部部，几乎皆以“剿匪锄奸”、“反特缉谍”及挫败敌人颠覆破坏的阴谋为情节模式，展现了新政权领导的部队、公安、群众对旧政权残匪、潜伏特务、境外敌对势力的各种复杂的军事和政治斗争，其所涉及的题材范围和写作重心往往有四种，“（1）

① 高润平、张子宏、于奎潮：《中国当代公安文学史稿》，群众出版社，1993 年，第 15 页。

军队内部生活中的反特斗争描述；(2)以城市中工业生产为核心的反特侦破作品；(3)农村生活中的反特斗争展示；(4)边防海疆上的反特斗争”①。如史超的《擒匪记》，描写了建国之初贵州山区剿灭国民党残匪的战斗中，解放军战士深入匪穴，与敌斗智斗勇，擒获匪首的传奇经历。白桦的《山间铃响马帮来》和《无铃的马帮》则在描绘云南边陲的浓郁民俗和热带风光之中，讲述了边防官兵拨开迷障、识破匪特、保护家园的故事；公刘的《国境一条街》，同样以云南边境为背景，书写边防部队官兵细致调查、冷静分析，揭开潜伏敌特分子的伪装的故事；而张志民的《飞云港》、张明的《海鸥岩》、邵泽节的《发生在“威尔号”上的事件》中，公安人员、边防官兵侦破敌特诡计的战场，被放到了漫漫海疆之上。陆石、文达的《双铃马蹄表》和林欣的《赌国王后牌软糖》、尾山的《第四者》、陆长源的《蛛丝马迹》等则善于在紧张神秘的氛围中，反映了公安战士通过抽丝剥茧、周密侦查，破除重重谜团，粉碎了敌特妄图在重要时刻(国庆庆典、外事展览)或重要场所(桥梁、橡胶厂)制造爆炸事件的阴谋。寒星的《四〇七号图纸》和洪洋、刘岱的《伸向设计图的魔手》，将笔触切入敌特分子妄图窃取重要的国防、工业图纸的视角，表现了另一种机密战线的对敌斗争。至于沈默君的《荣军锄奸记》、克非的《阴谋》、张万林的《黑头火柴》等作品，则以农村的生产生活为背景，叙述农村干群、复员军人针对敌特的破坏阴谋所作的坚决斗争。即便是20世纪50年代中后期之后，“社会主义三大改造”基本完成，新生政权进入相对和平的社会主义建设时期，敌我斗争不再那么截然对立、剑拔弩张，“阶级矛盾”不再突出表现为境内外的颠覆破坏活动和尖锐的“冷战”对立，各种“类侦探小说”仍然烙下强烈的意识形态烙印，紧绷阶级斗争之弦，将“反特防奸”作为主要题旨。如叶一峰的《一件杀人案》，本在侦破凶案的故事中，以刻画人物的性格分裂和复杂心理、编织人物间的微妙关系、渲染军队生活气氛见长，但仍不脱给反面人物袁横戴上一顶潜伏特务帽子的套数。

17年中国的“类侦探”小说，片面以“反特”这一特定时期的“国家意识形态”为核心去确立主旨、讲述故事、构筑情节，显得题材相对狭窄，并不能真实反映17年中国在肃反、治安、犯罪、法制等社会生活领域的整体格局和发展变迁。据相关史料统计，即便在反特防奸的政治使命最为急迫、文学表现也最为集中的1949—1955年间，“全国除歼灭匪特武装240多万人，清查出一批混入党、政、军、群众团体内部的各类反革命分子以外，还逮捕了制造、运送、贩卖毒品的犯罪分子35000多人，处决重大犯罪分子800多人，查获鸦片3996056两，强制教育数以万计的吸毒者成功戒毒；另在大中城市封闭妓院达8400多所，教育改造和成功挽救了一大批妓女……还有户籍管理、道路交通、消防等其他的社会管理和服务工作”。② 这些领域，涉及现实生活中广泛的社会层面、丰富的历史变迁、错杂的心理转换，又是先天与“侦探”(或“类侦探”)文类血缘紧密的题材，本可让作家们汲取素材、大展身手，创制出“类侦探”小说的丰富格局，但是17年“反特”小说能突破“反特”的题旨窠臼，介入上述题材领域深入挖掘的却是寥寥

① 高润平、张子宏、于奎潮：《中国当代公安文学史稿》，群众出版社，1993年，第106页。

② 张玲燕、张国钧：《中国当代十七年公安文学溯源及其对当下的警示》，《公安学刊——浙江公安高等专科学校学报》，2007年第6期，第94页。

无几。换而言之，17年“反特”小说所尊奉的“现实主义”原则，依然只能受制于政治原则，为应对特定的政治任务而创作，从而对现实作出了有意过滤和单一选择，并不能对现实生活的进行全面观照和真实反映，它们掩盖了现实生活的多样性和复杂性，也使得自我的题材无法向广阔纵深拓展。

17年“反特”小说的“国家意识形态文学”性质，与这些小说作者的身份、经历、立场也息息相关。如前所述，西方侦探小说的正宗，“私家”是其显著特征，出于一种“个人化”的、非官方的写作姿态，往往揭露现有法律制度之缺、批评国家司法机关之误，对国家警察的无能和昏腐进行嘲弄。西方侦探小说的作者往往游离于国家的司法体系、统治秩序之外，持独立的思索、审视的立场，如柯南道尔、克里斯蒂、江户川乱步、松本清张等名家，很少有人的职业、身份属于官方的警察组织或司法机构。中国的民国侦探小说家如程小青、孙了红诸人，多入“鸳蝴”一圈，在各通俗刊物上以贩文维持生计，写作“为稻粱谋”，也没有为当时的某一政治集团而鼓吹，身份虽受制于商家，也算相对独立于政治之外。但1949年后，像前论程小青时提及的，老派“鸳蝴”侦探小说家们大多被推到文坛“边缘”，不被新的文学体制接纳而终止创作，即便加入官方文艺组织，当年擅长的题材样式也难以继续写下去。而新起的创作“反特”小说的作家们，身份已是大不相同，他们年轻，更重要的是几乎全部出身于无产阶级革命队伍，大多从解放区、人民军队、公安机关走向文坛。其中，从军旅中成长、隶属于部队文艺机构的有史超、沈默君、白桦、公刘、叶一峰、赵骜(《手电筒的秘密》)、张万林等；而从参加革命到转业到公安武警系统的则有李月润(《金色的盾牌》)、文达、陆石、张志民、寒星、国翘、张明等；其他如尾山、克非等也都在国家行政、宣传机构的文化部门任职①。这些“反特”小说作家的思想背景、文学渊源、创作生涯，几乎和西方侦探小说及中国“鸳蝴派”侦探的传统完全割裂。“政治标准第一”、“老百姓喜闻乐见”、“工具论”的文艺路线和方针深深铭刻于他们的脑海，主宰着他们的创作思想；解放区文学、革命战争题材文学、苏联反特小说等成为他们创作的母体和仿效对象，“抓特务”的过程时时都闪现着革命战争式的火光，是智慧更是勇气的较量；亲身经历的剿匪、反特、锄奸、防谍斗争，让他们的创作更能忠实运用“社会主义现实主义”的原则，铺展“另一个战场”的惊险故事，为社会主义的“政治”服务。17年间，“作者们排除一切极具个体性的犯罪动机等传统题材，将‘肃反反特’推上了‘前无古人，后无来者’的高度加以重视”②，造就了“反特”小说的繁荣，也带来了风格的整体化、同一化。从作家角度看，创作立场的“个人性”也被政治的“整体性”所遮蔽，从而使17年“反特”小说达到了国家意识形态规约和作家个人创作指向的高度“一致性”，不过对于这些年轻的作家来说，这“一致性”并非强迫，而是出于作家衷心的自觉自愿。

军旅或公安作者创作“反特”小说，目的性十分明确，就是在社会生活的各个领域进行教育、警示、宣传、鼓动，发挥政治功利性价值，充当政治的“传声筒”。作品时

① 张玲燕、张国钧：《中国当代十七年公安文学溯源及其对当下的警示》，《公安学刊——浙江公安高等专科学校学报》，2007年第6期，第94页。

② 汤哲声：《中国当代通俗小说史论》，北京大学出版社，2007年，第245页。

常告诫人们：当革命取得胜利，党的重心转向城市之后，须时时提高政治警惕和斗争觉悟，长鸣警钟，继续与更隐秘的境内外敌人进行较量，以捍卫新生的无产阶级政权；或站稳立场，增加防范，不受敌特分子的假象欺骗，不为潜藏敌人的物欲诱惑。作品也密切结合现实政治，开展对“反特”、“镇反”等运动的宣传和记录，讴歌部队官兵、公安战士、人民群众与敌特针锋相对的复杂斗争，塑造新的时代英雄的形象，显示无产阶级专政的强大威力。在某种程度上，“反特”小说还试图传达一种“震慑”、“劝降”的意图，所谓“再狡猾的狐狸也斗不过好猎手”。面目各异的各种匪特分子，不管怎样伪装、如何狡猾，最终都会在边防官兵、公安干警的缜密侦查下阴谋败露，走向末路，或“猛地歪倒在火塘旁，头靠着在桌子边失去了知觉……像一个伸着脖子瞪着眼的泥胎”(《无铃的马帮》中的魏福和萧五)，或化为“那具恶贯满盈的尸体”在水中消失(《国境一条街》中的唐殿选)，或“像一个疯人那样，瘫倒在汽车旁边，用两手狠命地去抓那水泥铺的地面”(《赌国王后牌软糖》中的李曼华)。这样的描绘，充分显示了在无产阶级专政的强大威慑下，有了部队及公安战士勇敢无畏、高超智慧，以及“人民战争的汪洋大海”的包围，一切敌特分子都将无所遁形，必定自取灭亡。这样的情节套路，还隐含着睥睨对手、居高临下的心理优势，洋溢着让敌人无所遁形、我方必将大获全胜的激情和自得，意图作出强势的宣告：与国家(或人民专政)为敌，死路一条，只有弃暗投明，才能获得新生。此期程小青的《生死关头》和吕锐白的《生路》另走一路，细致描绘台岛派遣特务尚贡烈、万一成基于专政力量的震慑，和新社会新气象的感染，经历曲折的心理斗争和复杂的情感变化后，投诚自新的过程，从题目和情节都昭示了这一主旨。“反特”小说正是在这样的心理强势和情感凌驾中，体现了其政治警示和精神专政的震慑性和劝服性。然而，如上述所引的描写所展示的，这种震慑和劝服不可避免地带有暴力性，“以时代的政治正义观念，甚至只是时代的政策正义观念为革命审美的准绳”①，使得“反特”小说也透出了“红色暴力”的味道，以及一种不由分说的情绪化的“施虐”快感。“反特”小说的宣传教育功能，从国家专政机构的官方表态中也清楚地得以显现。如 1950 年 10 月 16 日，当时的公安部长罗瑞卿在第二次全国公安会议上要求，“注意镇压反革命的宣传工作。新闻、社论、通讯，字要登大一点，放在显著地位。中央宣传部已发一指示，号召开展反对反革命的宣传，可以用各种形式宣传，如电影、演戏、唱歌等。公安部要当宣传员，处处去讲反对反革命，大家都应这样做，把反革命闹得‘过街老鼠，人人喊打’，我们镇压反革命就可以取得群众支持”②。专业作家、公安宣传人员甚至普通群众，都自觉不自觉地把对“反特”类小说的创作、阅读当作普及政治宣传的工具。因政治性严整的写作目的、被国家机器赋予的写作身份和写作权力、宣教震慑指向明确的写作意义，17 年的“反特”小说(及由此改编的“反特”电影)，自然不复民国侦探小说被官方文化机构无视的局面，而是取得了“主流文学”的地位，大量创作，广

① 余岱宗：《被规训的激情——论 1950、1960 年代的红色小说》，上海三联书店，2004 年，第 98 页。

② 罗瑞卿：《在第二次全国公安会议上的报告》，1950 年 10 月 16 日，转引自杜元明：《公安电影：半个多世纪的追寻与奉献》，《啄木鸟》2005 年 11 期。

泛流传。

对17年“反特”小说，过往论者皆注意到其叙事的鲜明的情绪化倾向，以及因之形成的所谓“以刚健、雄越、高昂、奔放为总的风格基调”①，这显然与西方古典侦探小说以及世界侦探小说的整体风格不符。这两种情绪、风格的差异，是源自不同的写作姿态、价值立场和道德评判的标准。以柯南道尔和克里斯蒂为代表的西方古典侦探小说，铺排智慧的游戏，用严谨科学的推理行文布局，笔调简洁畅达、老到沉稳，叙述层层推演却不动声色、暗藏机锋，风格冷峻，但科学思维、理性色彩却不时闪现。侦探在探案结束、揭示真相的讲述中，往往只见智慧之妙和心理之秘，很少有高昂的情绪抒发、洋溢的颂美赞叹，也不太显露激越的痛斥抨击、鲜明的爱憎指向。许多西方古典侦探小说的“关键在谜案本身，犯罪的存在仅仅是给侦探提供破案的对象，作者与读者对犯罪本身持超然的中立态度”②，侦探也常常不对罪案的当事人作价值判断和道德裁决，而是持一种客观中立的立场。在人物描写上，西方古典侦探小说是各具面貌、各显性格、各有心理隐秘，绝非简单遵循凶手必是恶行、恶相、恶德，被害者必是善良、可怜、无辜，警探必是高尚、正义、公平的写作逻辑；如探案如神，但长着鹰钩鼻，性格略显阴郁、冷漠，有时又注射可卡因的福尔摩斯，就是一个性格复杂的“人”，而非脸谱化的“神”。甚至有时罪案中的人物“善恶颠倒”，被害者作恶，杀人者无辜，如柯南道尔的《血字的研究》、克里斯蒂的《东方快车谋杀案》等皆是如此。即便是柯林斯的《月亮宝石》、艾勒里・奎恩的《希腊棺材之谜》等作品，呈现出较为鲜明的道德指向，也主要在鞭挞人性的贪婪和扭曲的欲望。程小青、孙了红代表的民国侦探小说“有两条标准，显的一条是法律，隐的一条是中国传统的伦理道德”，所涉的更多是“社会风气和家庭生计问题”③，其价值立场是对家庭人伦、社会道德、世态人心的剖析与批判，因之激发的悲喜情绪也非官方意识形态所能包容。至于横沟正史的“变格派”，松本清张、森村诚一的“社会派”等日本推理小说，虽有强烈的社会性批判意义，但其写作立场依然是独立于官方之外，细致冷峻地揭示犯罪的根源，矛头直指社会的黑暗、高层的腐化、政治的险恶、人性的畸态。其道德评判往往对国家意识形态形成尖锐抨击，如松本清张的《点与线》揭露上层统治集团的罪恶，森村诚一的《人性的证明》展现美据时期留给日本社会的深重隐痛，并非进行简单的情绪宣泄，而是在历史反思、现实的剖析、人性的揭示、道德的拷问中，达到了相当的思想与文学高度，成为同类文学中的精品。

中国大陆17年“反特”小说的强烈的情绪化倾向，因被简单化二分的政治倾向所支配，作者以不可调和的阶级对立、尖锐冲突的冷战思维为主要的写作立场，作品中对我、对敌的褒贬态度和情感好恶也是判然分明，这与欧美古典侦探小说诸多不同。其突出表现，首先就是人物形象描绘、人物性格塑造上的“脸谱化”。对匪帮、敌特、犯罪分子等反面人物，多数作品极力丑化其外形，将其刻画为秃头、麻子、斜眼、板牙、刀疤、瘸腿等形象，如《无铃的马帮》中的敌特分子魏福，就有着一张“发青的脸，恶狠狠

① 高涧平、张子宏、于奎潮：《中国当代公安文学史稿》，群众出版社，1993年，第113页。

② 黄禄善、刘培骧：《英美通俗小说概述》，上海大学出版社，1997年，第107页。

③ 汤哲声：《中国现代通俗小说流变史》，重庆出版社，1999年，第244~246页。

的斜眼和扁平的鼻子，他那右眼角的一条刀疤扯到耳朵根上”；《国境一条街》中的潜伏特务唐殿选，尚未暴露时给边防检查站政委张同的感觉，是“手指又滑、又腻、又冰凉，以致使得张同感到仿佛自己刚才是不小心摸着了一条蛇，一阵说不来的恶心的感觉立刻爬满他的全身”；《双铃马蹄表》中的何占彪长着一双“老鼠眉毛下”的“三角眼”等。以上种种描写，字里行间，作者厌恶、嘲笑、鄙夷、痛恨的情绪不加掩饰地充分外露，也力图激发读者类似的情绪。有的在貌似一本正经的形象下，刻意描绘敌特分子的狡猾、奸诈，即便像《赌国王后牌软糖》中故意将李曼华写得端庄美丽、活泼可爱，“不施脂粉，穿着也很朴素。一张白净的、鸭蛋形的俏脸上，两只眼睛黑白分明。黑得发亮的头发，在脑后松松地挽成一个长卷儿，前额的刘海直盖到弯曲的长眉上”。但前文已由一封群众来信，揭露了她正是携带伪装炸药、妄图进行破坏的敌特分子，这样的提示，让读者仍可一眼望穿其美女蛇的本质，自然更会泛起对其更深切的痛恨和厌恶。如此，读者不待读完全篇，就可知敌人、特务、真凶是谁，也会随着作者的情绪指向，预料到他们必将覆亡的结局。而对于边防官兵、公安战士、人民群众等正面人物，则勾画出一幅幅带有需要读者仰视的英雄脸谱：或极写其高大威武、相貌堂堂、精力充沛，力图构造对敌特斗争战必胜之的刚烈和豪情，如《一件杀人案》中的丁处长、《一件积案》中的侦查员陈飞等；或铺展其正义凛然、机警睿智、勇敢顽强，一切阴谋和罪恶在他们面前似乎都无所遁形，如《双铃马蹄表》中的公安人员顾群、《国境一条街》中边防政委张同等。即便表现打入敌人内部的侦查人员用恶相伪装自己，也只见沉着不见狡诈，如《擒匪记》中的指导员老蔡等。这里对正面人物的描画与叙述，又完全不吝赞叹、歌颂、称许的溢美之词，充满了作者另一种褒扬的情绪—— “强烈的英雄意识和感情的神圣化”①，即“神化”，也激发着读者的类似情感。政治倾向主宰下的情绪化写作，除带来人物形象的“脸谱化”缺陷外，还使得 17 年“反特”小说表现出单一的道德化倾向。不过这种道德已不是西方古典侦探小说弘扬的普遍正义和公理，也不是民国侦探小说宣扬的民间道义和家庭人伦，而是具有意识形态色彩的政治道德。比程小青在建国后的创作转变更甚，在这些类侦探的“反特”小说中，“阶级立场”完全是评判人物道德的唯一准绳。其鲜明的特色是“整体性”、“标签化”、“非个人化”，与人物外形描写的“脸谱化”相伴共生。公安民警、部队官兵、人民群众等正面形象几乎都具有崇高的道德，或是嫉恶如仇、不畏牺牲、正直无私；或是幽默乐观、热诚可亲、善良友爱；但小说中最为鲜明是他们被整体“纯化”的道德共性：皆心怀对新中国和新生活、对同志战友的热爱与至诚，皆满腔对阶级敌人、特务分子的痛恨与蔑视。而作为反面人物的各类敌特及其帮凶，往往是怯懦卑琐、贪婪好色、愚蠢浮荡，或者心地狠毒、残暴粗鄙、阴险狡诈，如上述“脸谱化”的外貌描写一般，敌特分子的道德也是整体性地被“污化”、“丑化”，他们的“生命卑劣”，“灵魂脏得像粪坑”②，让读者不禁如《无铃的马帮》中的小梨英看待魏福

① 高涧平、张子宏、于奎潮：《中国当代公安文学史稿》，群众出版社，1993 年，第 110 页。

② 见公刘：《国境一条街》，白桦：《无铃的马帮》，杜元明：《中国公安文学作品选讲》，警官教育出版社，1996 年，第 75 页、28 页。

和萧五一般，"对他们产生了一种不可调和的厌恶和忿恨"①。正反人物整体道德的美丑、善恶之间的对比，正所谓是"好人务使其好，坏人务使其坏"，也形成道德上的"脸谱化"，带来读者对小说人物道德评判的强烈反差，亦再次激发读者阅读情感的好恶，反过来还强化了此类小说的情绪化倾向。这种情绪化的道德指向，也使得"创作者在情节处理上，也往往设计我强敌弱、我勇敌怯、我慧敌蠢、我主动敌被动等人物行为、情状，而在小说最后结局上也必然处理成我胜敌败、我喜敌哀的圆满结局"②。在此，小说的情节安排和人物关系的高下、强弱之势，以及小说结局必然的胜负逻辑，好像是由道德的高尚、卑污的截然对立所决定。然而，17 年"反特"小说所表现的绝对的道德优越感，实际是取决于国家专政力量，依附于主流意识形态确立的权威，与个人道德无关，它是整体性的、强制性的、组织性的政治道德，带有不容质疑、不容挑战的意味。出于泾渭分明的阶级立场、不可调和的意识形态对立，大多数的 17 年"反特小说"将人物形象和道德评价双重"脸谱化"，以情绪化的政治倾向，改变了古典侦探小说最本质的客观理性的立场，也遮蔽了优秀文学作品应具复杂的人性剖析和深刻的社会批判。

在人物塑造、情节叙述之外，17 年"反特小说"的情绪化倾向还通过大量交织着描写性、议论性、抒情化的笔墨得以展现，如公刘的《国境一条街》中以作者和文中边防政委张同的视角交叉，铺叙了这样一段话，"这条界河和内地的任何一条小河一样，没有什么特殊出色之处；可是，因为对岸有着李弥残匪的碉堡和关卡，有着美帝国主义的铅弹和皮鞭，而这边却是我们的祖国、我们的身家性命和我们自幼珍爱的一切，这样，这条普通的小河就不能不被赋有神圣的意义。人们对于它，就不能不产生一种休戚相共的，愿意把命运托付给它的感情。可以抛开自己的肉体，可以停止自己的心脏的跳动，但是不能丧失它。这些一再激动过千百个战士的思想，此刻又像波涛一般在张同的心头汹涌。他的忧虑的眼光，落在界河的粼粼水波上，他看见阳光像碎金子一样在河上闪耀，热风沿着水面轻轻吹拂，渡口上的菩提树叶娑娑，清闲的船夫坐在沙岸上吹笛子……"但当敌特分子唐殿选仓皇逃跑，跳入界河被子弹击中时，文中又这样写道"水上浮起了一滩滩的污血，界河的水流立刻把这些污血挟走。在下游不远的地方，在河曲附近的浅滩上，波浪喷着愤怒的白沫，掷它、打它，这些卑鄙的罪犯的污血化为乌有了。"前后两段笔墨鲜明比照，作者的思想取舍、情感好恶不可遏止地洋溢而出，虽正义凛然、爱憎分明、昂扬激越，但不免单调矫情、虚饰生硬、浅薄浮泛。另如《双铃马蹄表》中描述公安人员顾群在观看人民广场时心中的情感涌动，"这是多么难以形容的动人而庄严的情景啊！北京的天安门前该又是多么壮丽宏伟的情景啊！不难想象，'五一'那天，会有多么伟大的场面在那里出现呢！难道人民容许暗藏的敌人破坏我们伟大的节日么？不，'无论在什么地方'，顾群心里向主席台上伟大领袖的像起了誓，'绝不容许！'"作品还把这种议论、抒情与顾群因槐花而泛起的乡思相呼应，"真奇怪，以前怎么没有注意到，槐花竟是这么香。槐树在自己的家乡是很多的，幼年时候对它已经很熟悉了，可是不记得槐花有这么可爱的气味。他现在感到周围的一切都很美丽，很和

---

① 杜元明：《中国公安文学作品选讲》，警官教育出版社，1996 年，第 28 页。

② 高洞平、张子宏、于奎潮：《中国当代公安文学史稿》，群众出版社，1993 年，第 110 页。

谐，很亲切……这一切美好的东西，都不容破坏，都不容许从我们手中失去……”此处，种种关于国与家、新与旧、善与恶、爱与恨的议论和抒情，皆传达出强烈的情感对立。不过这样的情感，依然不能摆脱刻意拔高、略显做作的窘境。正如袁可嘉当年论及中国新诗现代化进程所指出的，因为过于强调政治性，“将主题与情绪相连，无节制地宣泄”，使得作品的情感和语言不免陷入一种“虚伪、肤浅、幼稚”的“政治感伤性”①，17 年“反特”小说也显出这样的弊端。

17 年“反特”小说还有一大特征，即情节设置上的公式化和概念化。大多数作品的情节相似，故事重复，写法雷同，在艺术上缺乏突破和创新，可传诸后世的经典作品寥寥无几。本来，侦探小说从诞生之初，就是一种情节模式相对稳定甚至俗滥的小说类型，有着不易变动的情节规范和叙事流程，作家对其模式循规蹈矩地遵循，保证了侦探小说的文类确定和承传，但也带来了保守因循和束手束脚。侦探小说在其发展的一百多年间，如毛姆所言，“所有的这些背景，所有这些线索，所有这些谜案都被滥加运用到了极点。对这些情况，作者们当然已非常清楚并且他们企图使已经讲了 100 年的故事获得新的兴味，方法是用越来越离谱的创新。这一切都没有用。每一种谋杀方法，每一次侦探技巧，每一种想不让读者有所察觉的狡计，每一阶层的生活中的每一个行动场面，都已被一再使用过，纯粹靠推理的小说已经不新鲜了”②。突破传统侦探小说的程式规则，需要相当的文学才能和创新意识，然而致力于打破陈规的创作，也会给侦探小说带来新的气象，诞生新的杰作，如刻画侦探对立面——侠盗的《侠盗亚森·罗平》，切入心理层面剖析侦探故事背后细微人性隐秘的梅格雷探案系列，张扬强悍力量和不羁性格、强调动作性场面的“硬派”侦探小说等，皆因对传统模式的突破而获得了在侦探小说史上的地位。然而，17 年大部分的“反特”小说，比诸西方和民国侦探小说的一般作品，不光没有突破传统模式，在情节设置和叙事安排上反而显得愈加狭窄和更为僵化，所谓“抓特务”三字尽可道出此类小说的全部机巧。其情节公式大体不脱以下的叙事脉络：(1)案件发生：通过群众举报、公安机关侦查、我方内线告知等途径，获知潜伏敌特、派遣敌特妄图进行破坏或颠覆活动，如运送电台、枪支，对重要场所、重要典礼仪式实施爆炸，对重要人员实施刺杀，或窃取机密文件、情报等。(2)案件侦查：无产阶级专政机器的公安人员、保卫人员、边防官兵等根据案情，开始跟踪追击、缜密调查，经历某些波折后，逐渐识破敌特分子制造的种种假象，拨开层层迷障和阻碍，排除一个个可疑人员，案件真相即将大白。(3)案件终结：在人民群众的帮助、公安集体的群策群力、上级领导的睿智点拨下，案件从重要的线索霍然破局，最后敌特分子被一网打尽，还了新政权、新社会的一片安宁天空。多数小说遵循这样“案—查—惩”的公式，一个个的“反特”故事由此展开，情节、悬念、关钮、结局基本相近，久而久之读来令人心生倦怠。有时为了营造惊险气氛，强化案情急迫，表现敌特狡诈阴险，创作者们也是绞尽脑汁，刻意造奇，试图突破固定的公式，努力为小说增加波澜，提升可读性，一

① 袁可嘉：《论新诗现代化》，三联书店，1988 年。

② 毛姆：《侦探小说的衰亡》，世界文学丛刊第三辑《诺言》，中国社会科学出版社，1980 年，第 466 页。

些作品“总是不厌其烦地在作品中制造各种假象，以迷惑公安人员和读者，从而达到扑朔迷离、悬念密布的艺术效果”。作者和读者玩着近乎“捉迷藏的游戏”，“在各种突发事件的调查中，在寻找罪犯的过程中，公安人员走了不少弯路，但作者最终笔锋一转，锁定这其中真正的罪犯。在这捉迷藏的过程中，读者急于知道罪犯是谁，但他必须跟随着这个故事发展的必然趋势直到结尾才清楚，在故事发展的各个环节中，作者怕读者过早知道谜底，千方百计地设置迷魂阵，或施展其他诡计把读者的思路引向歧途”①。虽然，这样的情节设置也充满了悬念，增加了小说的曲折性，但一味地为了情节而情节，显得有些故弄玄虚，忽视了必要的逻辑推断和合理的情节布局，反而陷入新的情节套数，依然不可避免地走向了公式化、概念化。还有一些作品为了突出人民群众的力量，体现敌特分子陷身于人民群众的汪洋大海、必遭灭亡的命运，常常设计由少年儿童或小学生发现关键线索的情节。如《双铃马蹄表》写一个小学生捡到一封写给三个人的神秘信件上交公安机关，揭开敌特即将进行“五一”爆炸的阴谋；《赌国王后牌软糖》则通过小学生李小林警惕的眼睛和小心追踪，发现了敌特分子接头、转移炸药的行动。诸如此类的情节设计，明显巧合过多，逻辑性不够严密，但一时间在“反特”小说中也被反复运用，最后也成为一种缺乏新意的俗套。

三

综上所述，17 年“反特”小说大体呈现出以下特性：(1)主旨的政治化——取决于“阶级斗争”要求和“冷战思维”；(2)创作的功利化——出于革命的宣教、鼓动、警示、告诫目的；(3)立场的一致性——与作家的解放区背景和军队、公安身份相关；(4)题材的单一化——被“反特防奸”狭窄视域所决定；(5)人物(及道德)的脸谱化——在截然对立的阶级划分下塑造人物；(6)叙述的情绪化——受昂扬乐观但不免浮泛矫饰的情感所影响；(7)情节的公式化、概念化——由僵化的“抓特务”模式构架故事。上述各个方面的特征伴生共存、交互影响，造成了 17 年“反特”小说虽作品众多、广有读者，但整体艺术成就平庸、缺乏传世经典的局面。大部分的 17 年“反特”小说，不仅与西方古典和现代侦探小说全面疏离，在理性精神、科学思维、艺术创造等方面无法与之比肩，而且与自己所模仿的苏联“肃反”类小说等也有不小的观念和艺术的差距。苏联“肃反”小说和 17 年中国“反特”小说，虽然都是“为政治服务”，都不免某些刻意的拔高或矫饰，但前者投射出较为深入的社会思考，也不乏悲悯的思想情怀，人性刻画真实细致，人物性格鲜活生动、符合生活逻辑，加之娴熟自如的艺术表现，仍是继承了俄罗斯文学的优秀传统，成就明显高于后者。有论者曾总结苏联侦探(含“肃反”)小说的几大特点：第一是“正面的感染力与暴露性的有机统一”；第二是“作品中充满了人道主义精神”；第三是“将爱情作为情节发展的线索”；第四是反映了苏联社会的“生活、风俗习惯、社会心理和道德观念”②。此论的概括虽不甚恰切，仍指出了 17 年中国“反特”小说所匮乏的大部分质素。这里不妨略取此论，选取苏联作家阿·阿达莫夫的《形形色色的案

① 汤哲声：《中国当代通俗小说史论》，北京大学出版社，2007 年，第 247~248 页。

② 任翔：《文学的另一道风景——侦探小说史论》，中国青年出版社，2001 年，第 93~96 页。

件》为例，简要评析这部17年在中国享有盛名的作品，更能加深对17年中国“反特”小说的种种缺失的认识。

首先，《形形色色的案件》在“侦案惩罪”、“反特防谍”的常规主旨下，显出人物形象塑造的发展性和复杂性，合乎人性丰富微妙的生活逻辑。本书以卫国战争结束后的莫斯科为背景，以莫斯科刑事侦查局的青年侦查员谢尔盖为主人公，围绕着他所参与侦破一系列形形色色的案件，如盗窃、销赃、杀人、窃取机密情报、间谍破坏活动等，揭示了以神秘的“老头子”为首领的犯罪团伙及特务分子对苏维埃政权暗中破坏与颠覆，对社会秩序的扰乱，展现了斗争的艰险、波折，也塑造了苏联侦查人员的勇气与智慧。作为卫国战争归来的功勋战士，谢尔盖在面临新生活、新职业的选择时，也忐忑、犹豫、不安、期待；当他拿定主意听从组织安排做刑事侦查员时，却遭遇家庭、爱情、事业的多重窘境。父母希望他能进高等学校学习，干些“正经、体面的工作”，担心做侦查员会遭遇危险。美丽的女友莲娜不理解，厌恶地称侦查员为“低下而肮脏的工作”，“困难而危险的工作”；一个纨绔青年阿尔诺尔德借机对莲娜大献殷勤，她对美酒、糖果的喜爱，对自己发式装扮的在意，也让谢尔盖心生疑虑，两人发生隔阂。更让谢尔盖难堪的是，他怀着单纯的热情、自信投入对罪案的侦破，总想显出不凡，却经验不足一再判断错误、发生偏差，还为此受到处分；他和同事之间常常发生分歧，互不服气，经常被另一侦查员沃龙错夫冷嘲热讽，也愤懑不平，希望能侦破大案一泄怨气。阿·阿达莫夫将普通的人生中可能面临的一切境遇、苦恼、尴尬、困惑放在谢尔盖身上，塑造了真实鲜活的“人”而非“神”。谢尔盖的性格也在发展变化之中：随着探案经验的增加，自己不甘失败的意志，以及领导、同志的帮助，他逐渐改正了毛躁、冲动、自以为是的缺点，在与犯罪分子的斗争中变得沉着、机智、坚韧，最后在破获“老头子”犯罪集团时立下大功，成长为优秀的侦查战士。书中其他人物的性格塑造也符合这样复杂、发展的真实逻辑，如莲娜，心怀对谢尔盖的留恋、愧疚，又无意中看破了阿尔诺尔德肮脏、颓废的灵魂，在痛苦的反思后与之决裂，重新投入了有意义的生活，也与谢尔盖重归于好。谢尔盖的战友们也是各具性格特色：犹疑而爱抱怨的罗巴诺夫，严肃寡言、沉着冷静、善于诱导的格朗宁，和善宽厚、细致缜密的左托夫，爱说怪话却心地直率的沃龙错夫……让读者看到了各形各态、生动跃然的侦查员形象。至于作为反面人物的窃匪和敌特，作者也没有简单进行“脸谱化”的描绘：格列洛夫表面轻浮桀骜实则敏感脆弱，罗什金凶残狂妄、恶毒无耻、冥顽不灵，基特看似蛮横凶暴实则小心谨慎、机诈百出，而策划这系列案件的罪魁“老头子”，躲于幕后迟迟不露面，其黑手却处处游荡，透出迷雾般的阴森和狐狸般的狡诈……更让读者在紧张的阅读中印象深刻。《形形色色的案件》对人物的形象塑造和性格刻画，无论是正面的侦查员还是反面的谍匪，形象之真实性和丰富性，性格之多样性和复杂性，比诸中国17年“反特”小说总体上对正面人物的塑造简单“神化”，对反面人物的刻画极端“丑化”的脸谱化倾向，均要胜过一筹。

其次，在犯罪动机和犯罪心理的展现和剖析中，《形形色色的案件》隐含对人性的悲悯、对家庭和社会的批判以及道德的拷问，也显出了其深刻性，接续了俄罗斯文学一贯的人道主义传统和社会(道德)批判功能。“犯罪分子是从哪里来的？他们都是些什么人？”莫斯科刑侦局局长西兰契耶夫向谢尔盖阐述了这样的问题，并将答案引向家庭和学校的教育、社会不良环境及人群的影响、人性的弱点、道德的缺失，“假如家庭教育不好，方法不对，首先在孩子身上会产生轻视劳动、虚伪、自私、贪婪等恶劣品质的萌芽，继而养成不劳而获、坐享其成的心理……也许，一个青年在成长的时候，根本没有想去违犯国法。但在他的生活道路上，有可能偶然出现一个早已犯了罪的人。那人通常年岁较大，活动力强，时时刻刻企图影响周围的人，传染他们……如果一个人的品德尚未定型，则便有可能向这种影响让步，甚至屈服……那时，他身上的一切落后因素便会染上新的、犯罪的色彩……我们的学校工作，工厂和高等学校的教育工作也还存在着严重的缺点。集体还不善于坚持不懈地去影响青年，吸引他们参加一些有益而意义重大的活动”。这里传达了作者对犯罪根源的认识，而小说本身也通过展现、剖析诸多犯罪分子的堕落之路，为自己的观念提供了佐证：格洛列夫在父亲从军后遭母亲遗弃，在孤独和对母亲的仇恨中走向了与社会的对抗；罗什金狂暴地仇恨社会，源自他被“肃反”镇压的富农身份，以及对虚伪宣传、说教的看破；皮特在酷爱酗酒的父亲拳头下长大，变得孤僻、粗野、自私、狡猾，仇恨一切，靠扒窃为生，后被德国间谍机关收买；曾经混入苏联红军的库普采维奇，生性贪婪怯懦、好逸恶劳，惯于投机倒把、越货销赃，复员后靠救济金生活，最终蜕变成犯罪集团的帮凶；少年依果尔·别列斯维多夫被犯罪分子拖下水的原因，则是他热爱戏剧并极具才华，其父却一定要让他成为建筑师，在争吵离家后被“老头子”引诱利用。书中还写道了爱慕虚荣、为购买新大衣而处处撒谎扰乱办案进程的女工阿莫索娃，还有炫耀招摇、贪图小利开着公家轿车为犯罪分子运赃的查依契柯夫等枝节人物。小说时时穿插对各类犯罪分子人生经历的叙述，心理状况的刻画，人格道德的剖析，既全面观照又兼顾发展变化，深入细致，合情合理，令人信服地揭示了他们可鄙行为背后的多重原因和复杂动机：家庭的不幸、社会的不公、历史的遗患、人性的弱点、道德的缺陷、命运的偶然……当然，也有敌对势力政治阴谋的拉拢推动。这与当时苏联国内各类人群，尤其是青年在由战争转入和平时期，思想道德、观念志趣、生活方式、风俗习惯等方面遭遇的挑战与变动息息相关，它也是真实而丰富的。难得的是，阿·阿达莫夫在书写这些罪犯和敌特的生平、性格、心理、动机及行为时，常常流露出感叹与悲悯之情，也投入了思索与追问，这样的侦探(“肃反”)小说就具备了人性的深度、哲理的高度、社会的广度，体现出了社会批判、道德评价、人性反思的多重意味。而17年中国的大部分“反特”小说，片面以意识形态对立和阶级斗争来指认犯罪动机，以主流的政治准则来决定人物行动，以纯粹化的政治道德来将人物道德固化、人物心理僵化，使人物形象和故事展开陷入概念化、公式化的泥潭，亦违背了文学的真实，两相比较，苏联侦探小说要高明得多。

此外，《形形色色的案件》虽然以侦破匪特的犯罪活动为核心情节，同时却描绘了多样的社会画面、生活场景、风俗习惯、人情世态，宛如一幅20世纪50年代苏联社会的“风情画卷”。除侦查员和匪特外，形形色色的不同年龄、职业、身份的人物在小说中登场：工人、司机、工程师、售货员、咖啡馆女招待、大中学生、家庭妇女、颓废青年……人物活动的场所也是腾挪变化，在各具特色的描写中显出多样的气息和风貌：来去匆匆的车站，严肃庄重而不乏神秘的刑侦局，孩童奔跑玩耍的公寓大院，人流交织却潜藏轻浮和罪恶的咖啡馆，繁华喧闹的街道、广场，僻静幽深的别墅、小巷，表面宁静和谐实则各怀心事的邻舍，充满欢乐朝气的中学校园，还有公园、剧院、音乐厅……这些看似“龙套”的人物和看似闲笔的背景，却并非可有可无，而是小说有机的组成部分，各自承担衬托主要人物形象、推动情节主线发展、转换故事场景的重要角色。小说聚焦于对“老头子”犯罪集团的侦破，以谢尔盖的成长经历为主线，却以此为轴，建立了一种“辐射式”的故事结构，在有限的笔墨中展现苏联社会的种种世相情态：有卫国战争胜利的自豪和建设社会主义的热情，也有和平时期对安逸享乐生活的追逐；有单纯明朗、积极向上的生活态度，也有自私沉沦、市侩功利的堕落人生；有正直善良的人们为幸福和谐的生活而欢歌，也有卑劣险诈的匪特为龌龊肮脏的目的而杀机隐现……这样的结构设置和笔触施展，使得小说在主旨凝炼、情节集中的同时，内涵容括和生活涵盖也大大拓展，故事的丰富性和生动性也得以提升。从这些方面加以比较，中国17年“反特”小说大多拘泥于“抓特务”的故事本身，人物特性较为平面化（尤其是次要人物），在设置小说的故事背景、生活场面、社会文化环境上，也缺乏广阔、细致的建构，少有复杂化、风俗化的描绘，比诸《形形色色的案件》等苏联侦探小说，也是多有不及。

至于爱情，在西方古典侦探小说的传统中，常常被一些作家看做扰乱侦探小说智慧推理本性的大忌，他们排斥对爱情的描写，或者只是将爱情当做无关紧要的点缀，如SS. 范达痕的《侦探小说二十准则》的第二条就宣称，“侦探小说不应该扯上暧昧和爱情；否则就纠缠不清，使一场纯粹智力的竞赛复杂化。侦探小说的任务，是把罪犯绳之以法，而不是为了使有情人终成眷属”①。许多西方（或西式）侦探小说即便写到爱情，也往往与罪案纠缠。其后隐藏的往往是肮脏的金钱交易，或谋夺遗产的阴谋，及情色欲望的放纵和疯狂的占有；还有爱的背叛和欺骗，甚而是抛弃和谋杀。如爱·伦坡的《失窃的信》、柯林斯的《月亮宝石》、柯南道尔的《血字的研究》、克里斯蒂的《尼罗河上的惨案》、森村诚一的《青春的证明》、大薮春彦的《凶暴》、程小青的《舞后之死》等作品，均指向了人的贪婪、肉欲或病态的畸恋，实质上透出了对纯真、浪漫爱情的怀疑和否定，视角仍是聚焦于人性的“恶”与“罪”。然而，苏联侦探小说却大有不同，爱情时常是许多作品中的重要情节和重要线索。阿·阿达莫夫称，“对爱情描写是智慧把读者带入更为深刻的感情中去，而且它还会触及到极为尖锐的道德和社会问题促使人们去思考生活本身的意义，思考生活中的困难和矛盾……在道德和精神上丰富正面主人公的形象”②。《形形色色的案件》就将谢尔盖与莲娜的爱情作为另一条主要线索，自始至终贯穿全书。他们的爱情从萌动绽放到隔膜波折，确实触及了享乐生活、安逸思想对青年的侵蚀等“道德和社会问题”；再从反思警醒到复合相知，伴随了他们的性格发展和思想成熟，“丰富了形象”，也与全书的情节延伸相辅相成。尤具苏联特色的是，这爱情虽然不免有阴霾掠过，但总体基调却是真挚、纯净、明朗的，充满了阳光般的青春气息，带有俄罗斯童话式的浪漫，读来格外让人欣悦。反观中国17年“反特”小说，除叶一峰的《一件杀人案》书写了敌特袁横伪装进步、欺骗爱情、杀害妻子的情节外，几乎很难再于其他作品中找到重要的爱情故事。似乎公安干警、边防官兵们都置身于世俗的情思

---

① 见曹正文：《世界侦探小说史略》，上海译文出版社，1998年，第169页。

② 阿·阿达莫夫：《侦探文学和我》，群众出版社，1988年，第136页。

困惑之外，都是不被儿女情长的绕指柔束缚的铮铮铁汉，而浪漫的爱情，好像是消磨意志的资产阶级腐蚀剂，亦或美女蛇的糖衣毒药（如《赌国王后牌软糖》中李曼华对江南的诱惑）。如夏志清所言，为了纯化政治性的道德，坚定对敌意志，禁欲，成为“英雄信条的主要一项”①；爱情，也就不可避免地从绝大部分中国 17 年“反特”小说中走开。与苏联侦探小说相比较，这一点，似乎并不能看作 17 年“反特”小说引以为优长的特色。

第四节　侦探因素的潜藏和变易

以西方经典侦探小说的规范和苏联侦探小说的特色为参照，中国 17 年“反特”小说的文学创造和艺术特色，整体看来确实成就平平。毕竟，后生的文类仿效相较于原生创作及已经十分成熟的文学典范，相形见绌在所难免；再加上 17 年中国文学常被诸多复杂的非文学因素干扰，其中“反特”小说受到的负面影响尤甚。然而，17 年“反特”小说中，仍然有一些作品，即便今天看来也颇具特色，大有值得称道之处。而侦探小说的某些“规范”或“因素”，也通过这些特色，在潜藏和变易中曲折地显露，主要表现为：其一，通过展现特殊的边疆景色和民俗风情，铺叙独特的人文与自然环境，渲染小说的气氛，强化情节的悬念，增加故事的神秘性。其二，有限地摆脱人物刻画的“脸谱化”倾向，塑造出具有鲜明个性色彩的正反人物，在人格展现、心理描写、道德拷问上，也努力向真实、细微、复杂切入。其三，少数作品难得地背离“反特”模式，将视角投射于刑事犯罪案件，有意运用西方古典侦探小说的悬念设置、情节安排、推理过程，来探案究凶，显出逻辑推理的智慧。这些作品包括白桦的《无铃的马帮》、公刘的《国境一条街》、文达的《双铃马蹄表》、国翘的《一件积案》、叶一峰的《一件杀人案》等。

《无铃的马帮》在故事开端，就绘制了一幅云南边境的景物风情图，优美而又神秘朦胧：浓雾弥漫的热带森林，奇草异果丛生，藤萝密布，野兽奔走潜行。随着故事展开，山间驿道上，一支滇南边地特有的马帮，带着货物头马却未挂响铃，穿行在山岭密林间的奇怪山路上。马帮主人魏福、萧五的行径奇怪，他们带了什么货物？目的何在？通过被雇佣与之同行的彝族小姑娘小梨英的眼光，神秘感再次从文中激发。在另一条情节线上，边防战士得知情报、乔装改扮、查探追捕敌特的行动，也同时在这神秘的氛围中展开。而后，在这原始森林的幽静驿道的行进过程中，边防战士的乔装马帮与那无铃的马帮遇合，展开“双方的揣测和试探、摆脱与紧追、斡旋与暗斗”②。惊心动魄中，瑶、苗、彝各族的风物习俗也不时闪现，那林间马店，以及“开亮”（吃饭露宿）的说法……让小说溢满神秘奇异的气息，带给读者不可遏止的阅读兴趣。而这神秘的环境和氛围，始终紧扣一个悬念：魏福、萧五马帮第八匹马驮的筒盐里到底装的是什么特殊货物？它在文中萦绕不去，牢牢抓住读者的阅读心理。“设谜—解谜”的心理结构始终在

---

① 转引自余岱宗：《被规训的激情——论 1950、1960 年代的红色小说》，上海三联书店，2004 年，第 76 页。

② 高润平、张子宏、于奎潮：《中国当代公安文学史稿》，群众出版社，1993 年，第 85 页。

文中浮现，直至最后一刻，匪特的阴谋才被揭穿，“‘哗啦’一声巨响，简盐摔得粉碎。在白色的碎盐块中间出现了两个黑色的小型收发电报机和四支发着蓝光的长筒无声手枪”。白桦的这篇作品，风俗性、神秘性、惊险性交融，故事曲折，悬念丛生，却又不乏清新和诗意，是17年“反特”小说的佳品，后被拍摄为电影《神秘的旅伴》，放映后影响更广。类似的作品还有公刘的《国境一条街》，其也将识破潜伏敌特的故事，放到了云南边陲，尤其对傣族传统特有的“街子天”(赶集天)这一风俗，进行了绘形绘色的描写，浓郁的边地风情、特殊的人文景观，也增加了神秘感与风俗性，别具阅读的魅力。小说还以边防检查站政委张同的心理变化作为行文布局的主线，凸现了一个心理悬念：这个文书王健究竟是什么人？通过张同内心的不断怀疑、回忆、思索、审视，化名伪装的潜伏特务唐殿选最终无所遁形，在越境逃窜时被击毙。《国境一条街》在情节之外，还设置心理之谜，推演心理轨迹，解开心理之惑，虽然只是涉及心理表层，但将“设谜—解谜”的程式初步加以心理深化，在17年“反特”小说中也别具一格。

而《双铃马蹄表》超出17年大部分“反特”小说之处，首先是侧重于正面人物突破人物“脸谱化”套式的尝试。书中的公安人员顾群，已经不再仅仅具有严肃庄重、机智勇敢、认真细致等僵化的整体性性格，其最为鲜明的个性特色就是轻松的幽默感、浓厚的人情味，以及严密推理的智慧光彩。他讨论案情时显得幽默自如，在调查案情和普通群众交往时也很少板起脸孔、故作严肃，而是不时开开轻松的玩笑，让人愉快，西方的经典侦探形象如波洛、梅格雷探长、布朗神父等的影子在这里隐隐浮现，人物形象显出“个人性”。顾群追查案件，也不靠政治理念先行，而是更多依靠敏锐的观察和合乎逻辑的推理。他分析那封透露敌特阴谋在“五一”节大会制造爆炸事件的信件，“你看，信上的字写得这么工整，可又显得很幼稚。从字迹上看，这信是个文化水平不高的成年人写的，但是，信的文词却很通顺，标点符号用得也正确，末尾这个凭据的‘凭’字写作了平等的‘平’字，这是用的简笔字，并不是写了别字。要是依照这些现象来判定的话，起稿的人倒是一个文化水平较高的人了。很明显，这封信是一个人先写好了草稿，另一个照着抄下来的，参与这事的人起码是两个”。这样合辙合理的推断，显现出类似福尔摩斯、霍桑等侦探名家的智慧，而后故事的展开，敌特图谋被粉碎，主要也是通过顾群的调查、取证、分析的推理过程来完成，使得这部小说“成为一本充满逻辑色彩的推理作品”①。此外，《双铃马蹄表》的悬念设置，还采用了传统侦探小说惯常使用的“限时破案”模式。从发现信件到“五一”节大会开幕，只有短短35小时，公安人员必须争分夺秒，避免酿成大祸。紧迫的时间，使小说的节奏愈发紧张，悬念也大大被强化，公安人员何时能够拨开迷障，擒获真凶挽救危局，惊险和杀机、正邪较量，通过紧张的悬念，不断刺激读者的神经，取得了较强的阅读效果。

对于人物形象“脸谱化”的纠偏，《一件杀人案》、《一件积案》两篇作品，则注目于反面人物，进行人性的深层次刻画。叶一峰的《一件杀人案》的主要情节是：特务袁横假装进步混入解放军文工团，并且通过欺骗性的伪装和投机取巧，获取组织的信任与重点培养，居然成为颇有名气的作家。在骗取了文工团员刘玉的爱情后，又因秘密暴露，

---

①　杜元明：《中国公安文学作品选讲》，警官教育出版社，1996年，第78页。

勒死了自己的新婚妻子并嫁祸于他人，最终在保卫部门的侦察下，原形毕露，受到惩罚。但小说的重心不在罪案自身，而在于细致入微地刻画了袁横的双重人格：他表面上温良儒雅、才华横溢，骨子里却凶残反动、阴鸷狡黠，为掩盖罪恶面目不惜对枕边人下杀手。但他也并非一味地穷凶极恶、狡诈险恶，他的心理和行动，在潜伏特务和青年才俊的双重身份游走，体现出分裂的双重人格，一方面，谨言慎行、小心伪装；另一方面，冲动、爱逞意气之争；时而以笑待人，时而心怀惶恐；他对刘玉的感情，既有猥琐的色欲和自我掩护的需要，也不乏对美的欣赏、对爱的真诚追求；他也希望过美满的家庭生活，勒死刘玉，也经历了心灵的矛盾、痛苦，只是特务的身份使命使然，不得不为。对袁横这个有着双重人格、分裂心理的人物的塑造，体现了对复杂人性的真实剖析，虽“恶”，但却是一个性格复杂真实、鲜活立体的世俗凡人，读者阅及此篇，在痛恨、警醒之余，心中也会泛起一丝悲悯和感喟。国翘的《一件积案》在反面人物形象的塑造上，则更为复杂深入。吴济仁是奸污、杀害、肢解金雅静的凶手，而且他阴险老到地将罪案隐藏了十年之久，可谓卑污残忍至极。但他作为一名外科教授，却又医术高超、业务精熟，对专业执著追求，取得了相当的造诣；他的外表也是稳重沉着、温文尔雅，很有风度和修养。但作者并未在这里重复一个“披着羊皮的狼”的俗套，而是从人的欲望入手，展现吴济仁性格与心理深处的自私与兽性。他的专业追求、婚姻选择、犯罪行径，皆源自私欲而非阶级立场：他崇尚西方的生活，为了出国，与毫无感情基础的医院院长之女结婚；金雅静的美丽聪颖让他无法遏制冲动将其奸污，他又为了名誉、地位、留美前程杀死了怀孕的金雅静。吴济仁这个人物，简单的道德审判、善恶划分不能概括其全部；在他身上，人性深处潜藏的的“恶”，以及人物心底欲念的纠结、交锋，及自我内心的冲突，似乎微微透射出些许弗洛伊德式命题和西方现代文学的痕迹，尽管作者可能只是无心为之。

在17年“反特”小说中，《一件积案》还格外显出特异之处，严格来说，其已不能归入“反特”小说的范畴。它所探究追查的，是纯粹的恶性刑事案件，与“反特防奸”的通行主旨毫无关联。在情节模式、故事结构、人物设置等方面，其更近似西方古典侦探小说。如沉冤多年的积案再度翻出，启动了回溯性的笔墨，也突出了长久未解之“谜”，扣人心弦的悬念也由此被唤醒，这是英美传统侦探小说惯用的经典程式，如柯南道尔《福尔摩斯探案》中的《四签名》、《血字的研究》皆在追溯中探究案件之源。此外，作品刻意将真凶隐藏，而以另一有关人物——傅大为(吴济仁的学生、金雅静的未婚夫)为误导，强调智慧的挑战，让读者跟随公安人员和作者排除错漏，追缉真凶，揭开“谜底”，这也与古典侦探小说的情节推进类似。特别是《一件积案》设置了公安人员男女搭档、协同破案的人物关系，更与西方侦探小说同调。陈飞与赵颖，一男一女，前为主后为辅，个性也映衬互补，陈飞成熟稳重，赵颖聪颖热情但缺乏经验，侦破时常显出单纯与天真，需要陈飞的引导和帮助，二人共同努力，侦破了这陈年积案。这两个人物身上，自然有着福尔摩斯和华生的影子，但似乎更像20世纪80年代后域外域内的一些侦探故事中的男女侦探，如美国的亨特与麦考尔(热门电视剧《神探亨特》)。不过，作者没有让陈飞和赵颖向情侣关系发展，这也符合在17年中文学作品对革命男女进行思想、感情纯化的要求。

上述的几部作品，是17年“反特”小说公认的代表之作，在当年卓有声名，影响很大。通过对它们的解读不难发现：虽然，大部分17年“反特”小说与近现代西方侦探小说的文类传统、发展变化脱节（也与苏联侦探小说存在相当的差距），纯粹化的侦探小说文类在中国大陆暂时消亡，或发生文体变易，“侦探”的名目更是荡然无存，但是，在那些冠名“反特”的“类侦探小说”的创作中，特别是17年“反特”小说的个中翘楚，属于侦探小说特有的某些“规范”和“因素”并未完全泯灭，如“设谜—猜谜”情节模式的安排，缜密探案、推理缉凶过程的描写，神秘的环境气氛的渲染，悬念的设置，犯罪及探案心理的刻画……仍被作家有意无意地使用，屡屡在17年的“反特”小说中潜滋暗长，继续发挥叙事功用，吸引读者（观众），增加艺术表现力。许多文类中具有生命力的文学质素和文学传统，就是以这样一种有意无意的策略，得以保留和延续，侦探如此，一些表面上在17年销声匿迹的其他通俗小说样式又何尝不是如此（如《红旗谱》、《林海雪原》等革命英雄传奇中的武侠元素），这倒是颇值得玩味的一个现象。

第二章 “文革”时期的“类侦探”小说

第一节 独特的文化背景

“文化大革命”(以下简称“文革”)的爆发和10年持续，席卷政治、经济、文化、科技、法律、道德等几乎所有的领域，对中国社会产生了巨大的影响，后来被斥为“十年浩劫”。虽然，它“从一开始就以文学艺术作为其主要批判领域”，关涉长久以来更为复杂的政治背景、路线斗争及思想冲突。要考察“文革”时期中国文学中的侦探或“类侦探”因素，有必要观照在这段时期的总体社会秩序、治安形势及特殊的文化环境，为特定的文学分析提供背景参照。对此，海内外诸多治“文革”专史的论著皆有全方位的深入评述与剖析，本书不再赘述。

侦探小说的创作及繁盛有赖于一定的社会环境和文化背景。最初的侦探小说，诞生于赫胥黎所描述的“最伟大的思想变革”时期，那是“对科学普遍发生兴趣的时代，醉心于科学的时代，而侦探小说不仅是吸收这些成果，而且是在这些成果中诞生的”①。现代科学的思想理论基础，是在探索未知之谜时严密的理性思维和逻辑推断，而以“解谜”为第一要务的侦探小说，从创作到阅读，诉诸的主要也是科学的理性思维和智慧启迪。当然，科学理性最重材料确凿的“实证”经过，以此彰显公正，如当年民国侦探译者周桂笙所言：“泰西各国，最尊人权，涉讼者照例得请人为辩护，故苟非证据确凿，不能妄人入罪。此侦探学之所作用所由广也。”②此外，理性精神和公正原则，还是现代国家建立法律制度、保障公民人权的思想之源。科学的昌明与理性的凸现互为因果，也巩固了法律的权威，促使社会普遍的法律意识的形成。侦探小说恰是诞生于这样重理性、倡法制的思想背景和社会环境中，它“产生与西方的工业革命之中，宣扬的是法制，要求的是科学实证，讲究的是人权，科学民主时代是侦探小说产生的背景，也是侦探小说发育成长的土壤”。③ 但科学理性、法制精神及民主人权，在中国历史的传统中长久欠缺，一直是19世纪以来中国志士先驱们所追慕的现代文明中的几个重要目标，当年侦探小说的被引进，也出于此考虑。然而，1949年，中华人民共和国成立到“文革”爆发的17年，虽然在科技发展、法制建设、社会民主等方面也取得了相当的突破

---

① 阿·阿达莫夫：《侦探文学和我——作家的笔记》，北京：群众出版社，1988年，第10页。

② 周桂笙：《歇洛克复生侦探案弁言》，《新民丛报》，1904年，第三年第7号。

③ 范伯群、汤哲声、孔庆东编：《20世纪中国通俗文学史》，北京：高等教育出版社，2006年，第162页。

和进步，但在政治挂帅的大前提下，无视科学规律、轻视法律权威、漠视民主人权的情况也一定程度存在，并且带来许多重大失误，如“大跃进”、“反右”运动等。17 年“反特”小说盛行，而纯正的侦探小说数量寥寥，也是由这一背景所决定。等到“文革”爆发，在“砸乱公检法”的司法废弛和“文艺黑线论”的文化扫荡下，起码在公开出版和阅读的场合，中国侦探小说(或“类侦探小说”)所依托的思想背景及其创作实绩，连 17 年的局面都不复存在。

在极端的政治、文化背景中，母体来自西方古典侦探小说的民国侦探小说传统，以及借鉴苏联“肃反”(侦探)小说的 17 年“反特”小说样式，其赖以存活的文化土壤已是相当贫瘠。较为纯粹的西式侦探小说，早在 17 年就被剥夺名目，其文类的多数“主因素”被迫潜藏，只能曲折地通过变易，显现某些文类特征。及至“文革”，侦探小说更被当作西方资本主义腐朽颓废的文化“毒草”被彻底扫荡封存。民国时期译介、创作侦探小说的一些名家，也在“文革”爆发后遭受了灭顶之灾：程小青、范烟桥、周瘦鹃被打成所谓的“苏州三家村”，遭到批斗、抄家；范烟桥和周瘦鹃不久被迫害致死(一病故，一投井自尽)，程小青多次被批斗并软禁，直到 1971 年才被宣布“解放”。至于“反特”等“类侦探”小说，作为 17 年的“主流文学”中颇见繁盛、卓有影响的一类，它依托于 17 年以“反特防奸”为主的公安工作，总体归附于 17 年的文艺路线下，“文革”爆发后随着公检法的被砸乱，以及“文艺黑线专政”论的认定，其作家、作品自是无法避免被打击、被清洗的命运。需要指出的是，一些 17 年创作“反特”小说的作家，早在 1957 年的“反右”运动中就遭受人身的厄难，如沈默君、公刘、白桦被错划为“右派”。到了“文革”爆发，他们的“右派”身份让更为严酷的冲击和迫害加诸己身，文学创作被迫长期中止。除上述几人外，“文革”清洗“黑线专政”的狂潮，将 17 年成名的其他“反特”小说作家也大部卷入：文达、赵明被投入监牢，关押多年；寒星被打为黑爪牙，强制下放劳动；国翘也被下放农村……原本，17 年“反特”等“类侦探”小说依附于主流意识形态，阶级立场鲜明，政治色彩浓厚，以塑造“工、农、兵(警)”捍卫无产阶级专政的英雄形象见长，行使着维护新生政权的宣教任务，是遵循“政治标准第一”最有力的文学类型之一。但政治风云和路线斗争的翻覆剧变，及因此引发的激进狂乱的文艺运动，让这一类型的小说及其创作者，和整个文艺界一道遭受了巨大劫难，因而从 1966 年到 1971 年间，中国大陆没有一部反映侦破、反特、缉罪的“类侦探”小说问世。

1971 年后，林彪事件带来的政治激荡，影响到了一些思路和政策的调整。公安队伍开始恢复和重建，一批公安领导和民警重被任用；公安业务也逐渐开展，特别是加大了对流氓犯罪和间谍特务破坏的打击力度，一些刑事案件被侦破，社会治安秩序有所好转。此期的文化氛围也发生了一些转变，部分文学刊物复刊，少数作家有了(或恢复)写作和发表作品的资格，一些出版机构也恢复运作，陆续重印和出版了一些文艺作品，“文革”高潮期形成的严酷的文化环境，出现了某些“解冻”的迹象。在这样的社会、文化背景下，以“反特防谍”为题旨，塑造反特惩奸英雄的“类侦探”小说又重新被创作和发表。然而，文学的组织、领导及话语权力依然掌握在激进势力之手，整体的政治基调和文艺政策没有太大的改变，《纪要》所规定的僵化创作模式依然占据主宰地位。特别是当更大的政治图谋显出端倪，更激烈的权力争夺开始进行时，激进势力以文艺作品作为政治运动的象征物和突破口，这一惯用的方法在此期也就运用得登峰造极，出现了“文革”结束后被称为“阴谋文艺”①(或“帮派文艺”)的短篇小说《在严峻的日子里》(作者伍兵)。从题材看，这部作品可归入“类侦探”小说，它以“四五”运动为背景(这也可视作一个“案件”，当时被激进派定为“反革命事件”)，通过一个家庭内部不可调和的剧烈冲突，展现激进派的极端政治立场，对当时主持工作的领导人也展开疯狂攻击，为其篡夺国家权力的政治目的造势。而在此之发表的一些小说，如龚成的《红石口》、李良杰和俞云泉的《较量》、尚弓的《斗熊》、周振天的《斗争在继续》，因为涉及的题材情旨仍是“反特防奸”，表现了公安战士和人民群众在工业、国防等领域坚决斗争，粉碎了敌特分子意图破坏重要国防工程的阴谋，是17年“反特”小说的某些延续，也可视之为“类侦探”作品。这些作品，对当时荒芜禁锢的文坛格局有了些微的突破，不过，受总体的文艺环境和文艺政策的制约，它们依然依附于激进派的政治路线和创作原则之下，遵循“以阶级斗争为纲”的思想逻辑，情节粗糙雷同，人物单调僵化，语言干瘪乏味，公式化、概念化的倾向严重，比诸17年“反特”小说，其观念缺陷和艺术弊端有过之而无不及。它们“在夹缝中生存”，“自觉不自觉地迎合、适应当时的需要”，并为激进派的政治运动推波助澜，也是“高压政治气候下文学的畸形产物”②。这类小说在“文革”后期接连问世、颇为流行，其实是靠激进思潮和激进势力的默许、推动、借用，相对于其他题材样式的零落，它们不仅能在夹缝中求得生存的空间(公开发表)，而且有所发展，因而被形象地称为“夹缝文艺”。

有一点是需要注意的，即“文革”前期“反特”等“类侦探”小说的初被禁绝，后期又以“阴谋文艺”、“夹缝文艺”的面貌出现，不光是出于政治风云的变化，其因由和脉络也可上溯到17年“反特”小说自身的发展逻辑。虽然，17年文艺虽被认为是“文艺黑线专政”，但被激进派所攻击、清剿的一些17年通行的文艺理论和创作原则，并没有被彻底否定，“‘文革文学’否定的是这些命题、路线原来存在的内在矛盾，而推向某一极端”③。而17年“反特”小说原本就呈现一些鲜明特征，如强化阶级斗争的政治性主题第一，对正反面人物极端的“脸谱化”塑造，渲染神圣的英雄主义的“革命的浪漫主义”情感基调等。当“文革”中此类小说重被允许创作出版时，这些特征就被推到“某一极端”，这在所谓“阴谋文艺”中表现尤著：其一，阶级斗争的主题“极化”为对政治的完全图解，一味突出“反修防修”的路线斗争，“反特防奸”的主旨则退居次席。其二，在“三突出”的创作原则下，公安人员、正面群众的形象愈发单一呆板，化身为“高、大、全”的僵化神像，并被刻意塑造成路线斗争中无往不胜的“革命闯将”；而敌特、蜕变者等反面人物，则着重强调其知识分子、老干部的身份，从而表现出“无产阶级”对“走资派”、“臭老九”坚决的路线斗争。其三，小说的情感基调也继续着单薄的浮泛激昂，并

① 所谓“夹缝文艺”、“阴谋文艺”之说，借用高洞平、张子宏、于奎潮编《中国当代公安文学史稿》之论，北京：群众出版社，1993年，第130~143页。

② 高洞平、张子宏、于奎潮：《中国当代公安文学史稿》，北京：群众出版社，1993年，第132页。

③ 洪子诚：《中国当代文学史》，北京大学出版社，1999年，第189页。

显出某些无理批判和粗暴攻击的极端化情绪。而上述三点，恰好也是“文革”文学比较显著的特征。

有论者指出，“文革”文学不只是表面一端，当时“并非是真的文学寂灭。人们通常说的没有文学，指的是没有我们认可的那种常态文学。而失态的和非常态的文学却一直公开地或隐秘地存在着。这指的是包括公开、民间和地下的三种状态的文学而言。前者指公开的出版物所表明的一切，其余二者则指疏离舆论控制的接近自然状态的文学实践”①。极端化的政治运动、激进专断的文艺潮流，虽然造成了文艺面貌整体的萧条寂灭，但是在“文革”时期即引发了文学自身的疏离和反拨，只是严酷的政治文化环境，让这些疏离和反拨，只能潜身在地下，隐藏于民间，以手抄本的形式秘密传播，形成了日后被称为“地下文学”、“民间文学”、“手抄本”的文学样式。它们是“文化大革命中产生的一个新的文学类别，用以填充那一段书籍遭禁毁、作家被歧视和冷藏的匪夷所思的文化专制时期，整个一代人们文化生活需求空白的一种新类型的文学作品”②。除创作心理的政治性逆反原因③外，它们在地下的传抄流行，也源于人类对多样化的精神世界的心理需要，如抒发个性情感、表达自我思想、宣泄潜在人性欲望的需要。虽然，“地下文学”的大部分作品，因为文化浩劫造成了“传统继承的中断”而“先天的营养不良”；也因为政治环境的激烈变化，使其创作“充满了矛盾冲突，迂回曲折”，“在政治压迫下产生大大小小的畸变”，使其“总是站在歧途上被迫进行不断抉择”④，艺术上不免幼稚、粗率，但“地下文学”依然呈现出蓬勃的活力和多元的面貌，成就了“贫血的主流文学之外还有属于边缘文学的相当丰盈的世界”⑤。据不完全统计，1974—1976年短短三年间，社会上广泛流传的手抄本就达三百多种，七成以上的城市青年抄写，传阅过手抄本，影响殊大。在诗歌、小说、歌曲、舞剧、小说、旧体诗词、评书笑话等各种形式中，“地下文学”的作者们或表达正统的政治抒情，或进行大胆的政治反思，或书写自我的历练苦楚，或舒展彼此的情怀思绪，或寄托未来的人生希望，如小说《第二次握手》、《波动》、《九级浪》、《逃亡》，以及“白洋淀诗派”、“天安门诗抄”等诗歌创作，都或多或少与上述情旨相对应。此外，因为主流文化的“禁欲”桎梏，世俗的欲望发泄和世俗的趣味舒展，被迫在“地下文学”中偷偷显露，这就出现了以情色的性描写为主特征、激发感官刺激的《少女之心》、《曼娜回忆录》等，和以情节曲折诡异、惊险离奇、

---

① 谢冕：《误解的“空白”》，《文艺争鸣》1993年第2期，转引自杨鼎川：《1967狂乱的文学年代》，济南：山东教育出版社，2001年，第10页。

② 周京力：《长在疮疤上的树》(代序)，见《“文革手抄文存”——暗流》，北京：文化艺术出版社，2001年，第16页。

③ 如张扬谈到自己创作《第二次握手》的意图时，说到：“当时不是在‘大树特树’林彪吗？我在自己的作品中偏要热情歌颂敬爱的周总理！不是把一切知识分子统统打成了‘臭老九’、‘专政对象’吗？我偏偏要让广大知识分子在我的作品中以亲切感人的正面形象出现！不是说‘知识越多越反动’，科学家都沦为罪人了吗？我偏偏要让爱国的科学家们像灿烂的群星一样在我的作品中闪闪发光……”，等等，见《写作〈第二次握手〉的前前后后》，《作家谈创作》(上)，广州：花城出版社，1981年，第695页。

④ 杨健：《文化大革命中的地下文学》，朝华出版社，1993年，第3页。

⑤ 杨鼎川：《1967狂乱的文学年代》，济南：山东教育出版社，2001年，第10页。

耸人听闻见长的《一只绣花鞋》、《绿色尸体》等小说。而后者，正是着重讲述秘密战线上的反特缉谍、侦破罪案的故事，它借鉴了中国民间话本、评书的技巧，承传了几被斩断的17年"反特"小说之脉，又有限吸收了西方侦探小说的某些元素，在文化荒芜期迎合了人类尚奇探秘、追求惊险刺激的心理，所以传抄不绝，影响不容小觑。这类"地下文学"或"手抄本"的暗暗流传，形成与公开出版的"阴谋文艺"、"夹缝文艺"的对应格局，则可视作"文革"时"类侦探"小说的另一支，显示出"侦探"、"反特"等文学传统顽强的生命力。

第二节 从"夹缝文艺"到"阴谋文艺"

1971年及其后几年的政治变化和文化松动，带来了几部涉及反特侦破题材的小说作品——《较量》、《红石口》和《斗熊》等的问世发表。之所以被称为"夹缝文艺"，一方面，是因为它们在故事铺展、人物塑造、结构安排上，对僵化的"文革"模式进行了有限的反拨，显出某些观念上的异质和艺术上的价值，使得"文革"时期"类侦探"小说重新出现，接续自17年"反特"小说的传统；另一方面，是因为它们还是被复杂的政治风潮所左右，服务于极端的政治路线，无法摆脱"文革"文学的特殊痕迹，依然不免病态和畸形。

林彪事件发生后，除政治领域展开"批林整风"运动外，从1971年至1975年，由周恩来和邓小平先后主持的国务院和中共中央，对经济、计划、工业、农业、科技、国防等领域的工作进行了一定程度的调整和整顿，试图对"文革"造成的经济混乱和生产停滞进行纠偏，虽不断遭到激进派的阻挠，也被错误压制，但还是取得了一定的积极效果①。其间文艺工作也得到了有限的恢复和调整，尤以毛泽东的两次关于文艺问题的讲

① 如1971年12月16日至1972年2月12日，全国计划会议在北京举行。会前，周恩来在12月5日听取国家计委汇报会议情况时指出，现在我们的企业管理乱得很，要整顿。随后，国务院主持起草了《1972年全国计划会议纪要》，提出了若干整顿的措施，其中包括加强统一计划，整顿企业管理，落实党对干部、工人和技术人员的政策，坚持又红又专，等等，但此文件被张春桥否定。1972年10月1日，《人民日报》、《红旗》杂志、《解放军报》联合发表周恩来主持起草的题为《夺取新的胜利》的社论。其中提出：要"加强社会主义建设的步伐"；"继续落实毛主席的干部政策、知识分子政策、经济政策等各项无产阶级政策"；"要提倡又红又专，在无产阶级政治统帅下，为革命学业务、文化和技术"。1973年1月7日至3月30日，全国计划会议在北京举行。会议根据1972年初周恩来对"三个突破"问题的意见，国家计委起草了《关于坚持统一计划，加强经济管理的规定》，提交讨论，虽因张春桥否定未发，但会议精神却被代表带回，取得一些效果。1974年，针对国家计委汇报的煤炭、铁路运输、钢铁、化肥、一些军工产品等的生产下降，7月1日，中共中央发出《关于抓革命、促生产的通知》。1975年，周恩来在第四届全国人民代表大会第一次会议的政府工作报告中，重申了发展国民经济的两步设想；2月10日，中共中央发出《批转1975年国民经济计划的通知》。要求全党"坚持抓革命、促生产、促工作、促战备的方针，把国民经济搞上去"；从3月到8月，关于铁路、钢铁、工业、农业、科技，邓小平主持工作的中共中央先后发布一系列决定、批示、报告、提纲，强调了对各方面工作的整顿，这就是后来被激进派所称的"右倾翻案风"。1975年，"四个现代化"的蓝图也由毛泽东正式提出。

话，为某种程度的文艺复苏带来一定的影响①。《较量》、《红石口》和《斗熊》等几部于"夹缝"中问世的长篇小说，就是依托这一段特定时期的社会、文化背景，讲述工业、国防等领域的反特缉谍、防奸惩奸的侦破故事，具有一定的现实针对性。《较量》出版于 1974 年，故事背景则被设置于 1962 年夏秋之交，表现在敏感复杂的国际政治形势下工业战线的斗争生活，以及秘密战线上的反特防奸斗争，生产主旨和"反特"题材融为一体——某机械厂接受了为国防工程二〇一生产部分产品的任务，为早日完成这重要的任务，工厂的干部群众努力工作以"抓革命促生产"，同时又以高度的警惕性与责任感，与破坏工程建设、拉拢干部、腐蚀青年的阶级敌人展开坚决的斗争，从而粉碎了国民党潜伏特务的破坏图谋。《红石口》则出版于 1975 年，也将视角聚焦于工业战线的反特斗争，也把紧张惊险的侦破故事与国防机密相结合——红石是一种珍稀矿藏，对国防科技及工业具有重大意义；当红石口市的"红石"工程投产在即之时，公安机关得到敌特妄图实施破坏的情报。不久，红石提纯实验室发生爆炸，情况更趋复杂严峻。公安人员及工厂的保卫人员、工人群众经过审慎分析、细致摸排，克服重重困难和阻碍，逐渐破除了波诡云谲的谜局，最后挖出隐藏很深的潜伏特务，让敌人妄图毁坏红石大坝的险恶阴谋落空。《斗熊》则出版于 1976 年"文革"结束前，展现了边防干警与苏联特务之间的智勇交锋。这些作品比较显著的特点，就是在展现尖锐的阶级矛盾和紧张的敌我斗争时，也通过对工业生产过程的叙述描绘，大大强调了通过工业生产和国防建设，以强国卫国、维护社会主义政权、抵御敌对势力颠覆破坏的重要性。与此同时，这些作品还歌颂了干部、群众参与社会主义建设的热情，赞美所取得的巨大贡献和成就。上述几部小说表现出的这样大致相似的主旨和特征，正是与当时对经济、工业、国防建设等工作的整顿调整息息相关，充分显示了国家的政策转向在文学领域引发的微妙反响，也不妨看做"文革"之后"新时期"工业题材小说的微弱先声②。正因为此，这几部小说难得地把工程技术人员作为需改造的人物，而非"臭老九"来塑造，虽然他们仍是主要英雄人物——公安人员或工人群众的陪衬、反衬，小说中仍批判了坚持"唯生产力论"的只讲技术、不讲阶级斗争的"白专"倾向，但对这种倾向的批判，以及对技术人员的矮化，比如"文革"初期对知识分子的彻底搞臭、打倒、丑化，以及"知识越多越反动"的疯狂呓语，已不能同日而语。虽然，这些小说在"夹缝"中未免还带有"文革"文学的扭曲变形，但上述一些久违而显新奇的思想意旨和艺术表现，依然激发了大量读者的阅读兴趣，在当时产生了一定的影响。

当然，这几部作品在当时祛除"样板文学"带来的心理厌倦和审美逆反，激起读者不小的阅读反响，主要还是有赖于小说较为充分地运用了一些侦探小说的"核心规范"

① 1975 年 7 月，毛泽东两次谈到文艺问题，他说："百花齐放都没有了"，"党的文艺政策应该调整一下，一年、两年、三年，逐步扩大文艺节目。缺少诗歌，缺少小说，缺少散文，缺少文艺评论"。25 日，毛泽东对电影《创业》作者反映激进派给电影《创业》安了十大罪名的来信写了批语，"此片无大错，建议通过发行。不要求全责备，而且罪名有十条之多，太过分了，不利调整党的文艺政策"。

② 此期，蒋子龙的小说《机电局长的一天》，也可看做国家大政方针的一些转向在文学领域激起的反映。

和“主因素”，承接了17年“反特”小说的某些优长，突破性地调动了读者的好奇心和阅读兴趣，在“文革”的精神荒芜期和审美萧条期，略微取得了对读者期待心理的充实和补偿作用。这些“主因素”和优长，就是紧张跌宕的悬念设置、惊险诡谲的气氛营造，以及小说叙事线索的多路推进。如《红石口》中，阴谋从秘密电台的广告启端，敌特分子078号的影子浮现却诡异难测，紧接着的爆炸更将案件推向复杂难辨；正当侦破人员突破困局，案件趋向明朗之际，嫌疑人赵铁成突被毒死，侦破陷入僵局，案件愈加扑朔迷离；但峰回路转间，又由赵铁成之死引出张德志，再到李方，最后是特务078的暴露。纷繁的人物关系和错综的情节线索的安排，以及故事的一波三折，柳暗花明，层层推进，一定程度上显得悬念叠生、迷团处处，真假虚实、莫可捉摸，营造出较为扣人心弦的惊险气氛，读来也使读者感到惊心动魄、兴味丛生。这样地设置悬念和渲染气氛，除了表现出阶级敌人的狡猾、阶级斗争的严峻等“文革”文学的普遍特征外，无意中倒是颇合如真凶出人意表、故事风格神秘奇特等西方经典侦探小说的特点。《红石口》表现了侦破案件的进程这一主线，波折起伏，同时又融入了警民关系的副线，既作为主线的派生，又补充和说明了主线。如通过公安人员为陈双巧寻找解放前失散的哥哥这一线索，推动了故事的发展，更重要的是触发了揭示潜伏特务078身份的关键，因而并不枝蔓，相反还丰富了人物的性格和情味，增加了小说表现的厚度，也突破了一味死板地设置敌我对立，片面地以剑拔弩张的阶级斗争思维展开故事的“文革”模式，给写作和阅读带来少许温暖的色彩。

然而，这些以“反特”故事为主的“夹缝文艺”，虽然让“类侦探”小说在“文革”的满目疮痍中显露出重现的端倪，但是，它们均未脱“文革”文学“突出阶级斗争，突出路线斗争，突出同走资派斗争”①的窠臼，与此期公开出版的大部分文学作品一样，“它们的产生，受制于当时复杂的政治气候，它从出生的那一天起，身上就烙印着那个时代特殊的标记，它们是政治上的极左思潮和文艺上的‘三突出’观念的产物。尽管程度不同，但这些影响的痕迹挥之不去。公式化、概念化、脸谱化、主题先行是这类作品的总体特征，它们脱胎于不正常的社会气候。反过来，它们又服务于当时的极‘左’路线”②。在《红石口》、《较量》、《斗熊》等小说中，激进政治运动的影响及极端文艺政策的规训，主要表现为两点：其一，阶级斗争作为主题核心岿然不动，并且突出对错误路线(如“修正主义”、“白专”道路等)的批判，从而使得路线斗争喧宾夺主，凌驾于“反特”的主旨之上，侦破过程的逻辑推理和智慧启发的色彩因而也被弱化。如在《红石口》中，作者用相当的笔墨，刻画了公安局刑侦科长洪剑峰、老工人田师傅对内的路线斗争，贯穿了对知识分子的改造意图——他们批评工程人员只讲技术，未抓住阶级斗争之纲，麻痹松懈，对错误思想和敌人的破坏活动缺乏应有的警惕。因此小说赋予洪剑峰、田师傅以引路人和改造者的形象，让他们在侦破敌特案件的过程中，对工程人员及其错误路线完成了斗争、教育和改造。《较量》中的故事，也是强化了工程技术人员等思想上被腐蚀麻痹的描写，表现出车间党支书江海涛与他们展开的坚决斗争，主旨也是紧扣阶级斗

① 杨健：《文化大革命中的地下文学》，朝华出版社，1993年，第1页。

② 高洞平、张子宏、于奎潮：《中国当代公安文学史稿》，群众出版社，1993年，第134页。

争之纲，突出路线斗争。过度的主题先行和政治凸现，烙下深深的"文革"印迹，也给这些小说带来了概念化的倾向。其二，忠实地运用"三突出"的原则，对正面人物进行了刻意地拔高和完美地神化，人物脸谱化的倾向严重。《红石口》塑造的两个主要正面人物洪剑峰和田师傅，均是正确路线的代表。他们在作者笔下，皆是立场坚定，有很高的政治觉悟，同时睿智勇武，道德完美，对敌、对错误路线的斗争坚定果敢，无往不胜，充满"高、大、全"的色彩。《较量》中的江海涛，也被塑造为自幼就被毛泽东思想哺育、经受了历次革命运动考验、在对敌特斗争中智勇双全的无畏战士的形象。同时，为了突出这些正面英雄人物的高大神圣，小说均设置了不少的正反人物，对主要英雄人物不断地进行正面或反面的陪衬，一直将其推到让人仰视的神圣地位，如《红石口》中的丁立民、邢科长、李方、赵铁成等人物对洪剑峰的衬托，《较量》中丁锦辉、沈丽萍、高猛虎、肖武斌、陆高春等人对江海涛的烘托。这些人物的设置、描绘及关系构建，均依据先验的阶级斗争概念和政治风向，因此脸孔僵化，不能显现更为立体、丰富、真实的人物性格特征。总体来看，"夹缝文艺"受制于特殊的历史、文化环境，未能摆脱这样的"文革"程式，"从两条路线斗争的高度来塑造英雄形象，深化作品主题，是无产阶级'文化大革命'的伟大胜利给文艺创作提出的要求"①，艺术上值得称道的方面较少。

而所谓"阴谋文艺"的问世，则是由激进派直接授意，更与特殊政治背景下的权力斗争紧密关联，充满别有用心的政治影射和人身攻击，完全成为激进派策动政治图谋的舆论武器和宣传工具，所以在新时期也被贬斥为"影射文艺"或"帮派文艺"。这一类的作品当时主要是一些电影和戏剧，包括《春苗》、《决裂》、《反击》、《盛大的节日》、《欢腾的小梁河》等，短篇小说《在严峻的日子里》从题旨和写法看，也属于此类。这篇小说发表于 1976 年 6 月号的《北京文艺》，同年第 4 期的《人民文学》予以转载。它略带"类侦探"之形，但所涉的已非简单的"反特"或刑事案件，而是以极其重大的政治事件——天安门"四 · 五"运动作为小说的核心背景；它的故事也不再展现探案的悬念和侦破、惩奸的过程，其核心情节聚焦于一个家庭内部，通过极端的二分思维，让父与女、弟与姐之间划分出势不两立的营垒。老干部身份，又是"死不改悔的走资派"的父亲卢川隆，及追随父亲、并参加天安门悼念活动的儿子卢建奇，被作为反面形象极力加以丑化；而作为女儿和姐姐的卢建华，则被塑造为大义灭亲的革命小将，她紧紧追随"文革"风潮，不恋亲情与家庭决裂，揭批父亲，积极参加对"四 · 五"运动的镇压，是作品大加吹捧的正面英雄。小说撕下了掩饰的面纱，将家庭变成剑拔弩张的战场，突出不可调和的政治对立，将"四 · 五"运动诬为"反革命暴行"，影射老干部是"反革命"的后台，鼓动革命小将与之划清界限、与之战斗并夺取胜利，明显有着强烈的政治针对性和攻击性，权力争夺的急切企图已是昭然若揭。与这样的直露意图相符，小说中的语言，充斥着"文革"期特有的标语口号和政治术语，激进、喧嚣而狂乱。在这里，文学已彻头彻尾沦为政治阴谋的工具，其政治依附性达到登峰造极，其中些微的"类侦探"影子也几可忽略不计，不具备文类延传的意义。

---

① 方泽生：《还要努力作战——评〈虹南作战史〉中的洪雷生形象》，《文汇报》1972 年 3 月 18 日，见洪子诚编：《二十世纪中国小说理论资料》，北京大学出版社，1997 年，第 564 页。

第三节 地下的潜藏

手抄本，是“文革”的文化专制时期“地下文学”创作、“发表”和流传的一种主要形式，也是特殊年代的一种特殊的文学存在方式。与公开出版文学的荒凉、单一、僵化形成鲜明对应的是，以小说、诗歌为主的大量手抄本书学“广泛而深刻地反映了‘文革’时代的社会生活，在艺术风格、流派和题材领域上对前17年都有所反拨和开拓”，它们“保持了清醒的理性和独立意识”，“凝铸了作者的深沉思索，真性情，真歌哭”①，出现了如《第二次握手》、《九级浪》、《逃亡》、《波动》、《公开的情书》等主题严肃、思考深蕴的小说，以及“白洋淀诗派”等抒发真切情怀的诗歌等，它们似乎更接近于当下理论界所划定的“精英文学”或“纯文学”一类②，有些更可视做“新时期文学”发生的先兆。然而，如“文革”时期“地下文学”的亲历者和整理者杨健所言，更多的“文革”手抄本只是“大众集体无意识写照”的产物，它们大部分皆是围绕两个方面的内容，“反特文学、性与爱情”，它们的写作、阅读、流传，更主要是出于“合乎民众心态”的“市井化”、“世俗化”③的价值观和审美趣味。“文革”手抄本更接近于当代“通俗文学”（“民间文学”）的范畴，甚至有些作品之粗陋鄙俗，直如当下的一些“地摊文学”。因此，对于“文革”手抄本中流传甚广、篇什众多的“反特”侦破类（也包括反谍、西式侦探类）小说来说，激进而极端的政治文化环境，反而在“地下”或“民间”，给中国“类侦探”小说的创作和阅读造就了一个相对自由的心理空间，有了摆脱“主流意识形态文学”身份、疏离17年“反特”小说所始终遭受的政治规约的机会。恰恰是在“文革”时期，地下的中国“类侦探”小说在其身份和功能上，既接续和借鉴了中国民间文学的某些传统，又显露了向世界侦探小说主流的通俗文类回归的迹象，虽然，现在看来它们大部分艺术水准低劣。

一

“文革”时期在地下流传最广、最具知名度的“类侦探”手抄本，包括以“梅花党”故事为主的《一只绣花鞋》、《绿色尸体》等系列，以及一字之隔的《一双绣花鞋》（又名《C-3案件》或《在茫茫的夜色后面》），还有《许世友三进故宫》、《地下堡垒的覆灭》、《一百个美女的雕像》、《远东之花》等。然而，在论及这些“类侦探”手抄本之前，须首先作一个区分和还原，即区分时下冠以“文革”手抄本名义出版的改定本和当年地下传抄的原抄本，以还原“文革”手抄本最接近于原生态的本来面目，从而再现那个时代民众真实的文化心理，回归一代人特殊的群体记忆，避免对历史的“重新装扮”而导致的误读。

---

① 杨健：《文化大革命中的地下文学》，朝华出版社，1993年，第2~3页。

② 当然，对于《第二次握手》的类别仍然存在多种说法，当下一些论者或将其看做反拨激进派、歌颂领导人和知识分子的别样“政治文学”，或发现其中的“畅销书”手法对民众阅读心理的迎合。见杨鼎川：《1967狂乱的文学年代》，山东教育出版社，2001年，第141~144页。

③ 杨健：《手抄本的传阅史》，《南风窗》，2006年8月。

之所以要作此区分，是因为近年来面世的许多号称“文革”手抄本的出版物，已明显是被重新写作、修改、润色的“成品”。这里主要是指号称原作者(原讲述者)皆是张宝瑞的一组小说，包括《一只绣花鞋》、《绿色尸体》、《龙飞三下江南》、《秘密列车》、《鹰坟》等几部①。它们围绕着建国以后国民党潜伏特务组织“梅花党”对新中国的一系列破坏颠覆活动，表现以龙飞为首的公安人员对其展开的反特侦破斗争，涉及一些重大的敌特破坏事件，如刺杀领导人、参与高层政治斗争、破坏中国原子弹研制计划等，故事离奇怪异。其敷衍几大册，洋洋数十万、近百万字，人物塑造、情节铺展、环境构筑、语言叙说相对完整化和体系化，不再是那些始终处于变动不居的加工状态、且粗砺不文的手抄“半成品”。而作者也是言之凿凿、颇为自得地申明自我的原创权，甚至因“绣花鞋”之称引发了一场笔墨纠纷②，已与当年作者为政治避祸而匿名写作，传抄、改写者也概不署名的情况不能同日而语。书中更有完全与“文革”不搭调的时髦思想、时尚场景、流行术语充斥其间，和手抄本传抄当年的历史背景、社会文化环境、话语方式也是格格不入。这些改定手抄本虽与当年的原抄本大致保持了情节、框架的继承性，但总体上已有了很大的差异。它们被重写和出版，大多是利用一种所谓“红色记忆”的特殊心理，炒作出某些卖点而实现赢利目的，作者的创作心态、创作手法也烙下了鲜明的商业意图，与当年手抄本创作传抄的心理动因、流传方式已是大相径庭，因而不能再被看作原汁原味的“文革”手抄本。因此，确认原抄本作为对象，还原其本来面目，将是本节立论的基础，而《暗流——“文革”手抄文存》一书③，即收集了由当年传抄者提供的原抄本，皆只标明抄录者，不署作者名。计有《绿色的尸体》、《叶飞三下江南》、《一缕金黄色的长发》、《地下堡垒的覆灭》、《一百个美女的雕像》、《303号房间的秘密》、《远东之花》七部，大致保存了当年的原貌，而且都是“类侦探”作品，笔者的论述主要就据此而发。不过，当年带有“类侦探”色彩的手抄本据说有近百部之多，远不止此寥寥几篇，只是因历史的湮没迄今已难以寻觅。至于后世重写的改定本如《一只绣花鞋》等所涉的“梅花党”故事，毕竟在当年的阅读记忆中影响较大，让人印象至深，它们与原抄本的关联依然紧密，所以也可作为立论的辅助参照。

“文革”时期“类侦探”手抄本诸版本的差异变化，还表现在原抄本与各种传抄本之间，以及以同一故事为母体，但情节的衍生不同、名目也出现差异的各种传抄本之间。虽然，每一个手抄本故事都可追溯到其原创者，但“一个故事情节铺开后，很快形成滚雪球式的集体加工和箭垛式的层层积累”④。当其从地下萌生，经过口耳相授、逐次传

① 《一只绣花鞋》由大众文艺出版社于2000年9月出版发行，其余的几部则由长江文艺出版社于2007年陆续出版发行。

② 当年另一部手抄本《一双绣花鞋》于2002年7月由重庆出版社出版发行，作者为重庆作家况浩文。此前因自己的原作(原编剧本)《一双绣花鞋》在名义上被张宝瑞使用，而汪国真在为张宝瑞新出版的《一只绣花鞋》所写的序言中，称电影《雾都茫茫》是由张作改编，况浩文曾表示不满，引发纠纷，并与张宝瑞进行交涉。见《南方日报》，2002年9月15日。

③ 白士弘：《暗流——“文革”手抄文存》，文化艺术出版社，2001年4月版。

④ 高有鹏：《关于“文革”时期的民间文学问题》，《河南大学学报》，1999年第2期，第27~30页。

抄广泛地流传，就不断被讲述者、抄写者根据自己的好恶，进行了几乎全方位的加工、改写和变易；个人化创作因之就逐渐转化为集体性的书写，叙述也更趋自由随意，“这类故事说一拨，就是一种讲法，不定就添点什么，去点什么”，许多人“都没听过完整的故事，至多仅听到一大半”①，其文本始终处在游离不居、变化多端的开放状态，所以许多故事往往流传有五花八门的版本。而在口授和传抄的过程中，原本一些手抄本中为人熟悉的关键情节和重点人物，也容易被讲述者、传抄者作为共有的创作资源，节外生枝地嵌入新的手抄本故事中，造成故事的重叠交汇。例如，《一双绣花鞋》、《一只绣花鞋》、《一缕金黄色的长发》等均以更夫(或清洁工)在深夜发现神秘女子的身影，追寻到“绣花鞋”、“金黄色长发”等诡异的装扮而遇害开头，作为小说设置悬念、引发故事的因由，这也是多数“类侦探”手抄本惯用的手法，“绣花鞋”、“梅花”图案、变色的尸体甚至具有了这类手抄本创作的“原型”意义。而症状离奇的病人用眨眼方式向公安人员发出求救信息、暗示特务行踪和案件线索的情节，以及地下人员打入敌特首领家中恰逢扮成女仆的同志的巧合，还有阴森神秘的地下堡垒、匪特秘窟的设置，也在《绿色尸体》、《一双绣花鞋》、《一缕金黄色的长发》等“类侦探”手抄本中屡屡得见。在一些“类侦探”手抄本中，革命队伍的地下工作者水中救女特务，获得女特务倾心的情节也是所在多有；作品由此津津乐道于在英俊潇洒的公安人员或地下工作者与妖艳女特务之间，构撰出虚以委蛇的情爱纠葛，并穿插全文之中；公安人员在美色诱惑之前一贯地巧妙推诿、坐怀不乱，凸现其立场鲜明、意志坚定，更是众多“类侦探”手抄本的套数，例如，《梅花党》系列中的龙飞与白薇、《一双绣花鞋》中的沈兰与林晶、《一缕金黄色的长发》中的沈楠与蒋宛梅等。有些手抄本的公安人员姓名也十分相似，像《一双绣花鞋》中的沈兰和《一缕金黄色的长发》中的沈楠，名字就是谐音一致。这些“类侦探”手抄本诸多版本及名目的区分、变化与交汇，其实显现了民间通俗文学诞生、发展、流传的普遍规律——群众性地参与，自由式地创作，口授手抄的地下传播形式，流传过程中文本内容不定、形式不拘的变化性，以及不同文本之间交汇影响形成的“互文性”。

二

“文革”时期的“类侦探”手抄本的民间通俗文学性质，除从传播意义上的版本芜杂、变易交互得到印证外，还从其创作动因、阅读心理、文本内容、叙述手法、语言风格等方面显现无疑。表面上看，是文学自身的某些要素所决定，其实更深层的原因还是受当时的社会文化环境影响。“一个叙述技巧在作品中的意义既来自其通常具有的效果，有来自于作品特定的生产语境和阐释语境”②。张宝瑞后来回忆自己当年讲述“梅花党”故事的缘起：就是在工厂劳动之余“讲故事”为工友解乏，排解工作的辛苦枯燥，因此随时编造口述，并设置“且听下回分解”的传统口传文学式的“扣子”③。这样的作者还原了民间“说书人”的身份，创作动机诉诸的是中国民间文学一贯的消闲功能。而“说书”

① 杨健：《文化大革命中的地下文学》，朝华出版社，1993 年，第 346 页。

② 申丹：《叙述学与小说文体学研究》，北京大学出版社，2004 年，第 7 页。

③ 见《揭秘文革手抄本——集体越轨地下传抄》，《南京报业网——周末报》，2008 年。

的内容也以惊险刺激的反特侦破故事为主，力求情节离奇恐怖，以引起听者兴趣。虽不时介入重大的政治事件，如敌特组织意图刺杀赴缅外交的周恩来、林彪集团策划炸毁毛泽东专列等阴谋的破产等，实质上是道听途说地编撰民间的野史村言，“将高层政治斗争以盲人摸象的平民视角演绎成为老百姓更容易接受的民间故事”①，迎合民间受众窥探“帝王家事”、评说“朝代兴衰”的传统趣味，满足底层平民对上层隐秘生活图景的猎奇、探秘、指摘的世俗心理，很大程度上仍是沿袭了中国民间话本的创作机制。而对美丽妖艳但狡诈多变的女特务白薇姐妹的刻画，张宝瑞也自承是寄寓了自己的情爱企望，反映了讲述者(原作者)自我内心欲望的渴求与抚慰，当然听者也从中满足了世俗的情色幻想和窥视心理②。而当原创本进入传抄过程，转化为集体创作并流传日广时，“类侦探”手抄本就成为特殊年代的群体心理象征，具备了普遍的社会文化意义，当然，这象征和意义大部仍属于民间。那些喜爱并抄写、保存《绿色尸体》、《叶飞三下江南》、《远东之花》等故事的“听说书者”和传抄者，后来忆及当年的听读之感和传抄心理，都是平民化和世俗化的，如填补生活的空虚，打发无聊的时间(为练字而抄写)等，寻求刺激，因而他们看重故事的“有意思、有吸引力”，“稀奇古怪”③云云，主要是满足娱乐性而非政治性的精神需求。许多手抄本，如《一百个美女的雕像》、《一缕金黄色的长发》、《远东之花》、《金三角的秘密》等，单从名目“就不难看出其内容所包含的丰富的娱乐性与充满爆炸意味耸人听闻的猎奇性信息”。④ 对这些手抄本的阅读和传抄活动，皆植根于民间的趣味和世俗的欲望，宛如潜藏在地下的社会文化心理的暗河，表面虽被遮蔽，也沉渣混杂，却流动不息，相当程度上突破了文化高压的禁锢，慰藉了一代人空白的心灵世界，对无法公开言说的世俗欲望也起到了宣泄的效果，手抄本因而成为当时许多中国人文化心理和精神诉求的真实写照，透射出一些普遍的历史记忆和文化奥秘。尽管这样的阅读趣味和传抄心理不免鄙陋凡俗，但相较于那个时代在“台上”由显赫一时、甚嚣尘上的“高大全”模式造就的“纯化”(僵化)趣味，这些阅读或听说趣味对于普通民众来说，则直接贴近庸众世俗心理，显得真率可亲，所以 20 世纪 70 年代初到“文革”结束，手抄本四处流传，造就了十分广泛的受众面，读者与抄者很多。

《梅花党》、《一双绣花鞋》等“类侦探”手抄本，还于有意无意间，有限地重拾了受制于“黑线专政论”和极端文化虚无主义姿态而在公开场合被斩断、禁绝的文学传统，有限地借用了潜藏于地下的丰富杂糅、散乱多元的文化资源，不过这些重拾和借用，只能存在、生发于民间，且冒着一定的政治风险，这更加深了这些“类侦探”手抄本的民间特性和通俗性质。总体看来，“类侦探”手抄本中所含的文学传统和文化资源，母体

① 周京力：《长在疮疤上的树》(代序)，见《“文革手抄文存”——暗流》，文化艺术出版社，2001 年，第 23 页。

② 见《揭秘文革手抄本——集体越轨地下传抄》，《南京报业网——周末报》，2008 年。

③ 见《与当年手抄本收藏者的对话》：《无意中留下了这些手抄本》、《我是为练字才抄手抄本的》、《在坟头抄手抄本最容易进入情节》，《“文革手抄文存”——暗流》，文化艺术出版社，2001 年，第 30~39 页。

④ 周京力：《长在疮疤上的树》(代序)，见《“文革手抄文存”——暗流》，文化艺术出版社，2001 年，第 25 页。

主要来自于三个方面：(1)切近的17年“反特”小说和苏联“肃反”(或侦探)小说传统；(2)更久远的中国民间文化传统和通俗文学趣味；(3)始终于域外平行存在，但建国初期在大陆即被禁的西方古典侦探小说传统和现代侦探小说参照。

中国大陆17年的“反特”小说，加之17年引入最勤、拥者众多的苏联“肃反”(或侦探)小说，应是“文革”时期“类侦探”手抄本的主要借鉴、仿效对象。有的手抄本，直接就将被禁或被埋没的17年“反特”文本拿来讲述，加以改写。如“文革”手抄本《一双绣花鞋》的原本，就是况浩文于1958年创作的中篇小说《在茫茫的黑夜里》。当时因故未能发表，后于1964年改编为电影剧本准备投拍，却逢“文革”爆发而搁置。当剧本无意流出被人讲述和传抄，就成为后来几易其名、流播人口、多年不衰的“绣花鞋”故事或“C-3案件”①。《一双绣花鞋》的创作，来自于17年的政治文化背景，是作者根据自己新中国成立后多年的公安工作经历，加入对解放前重庆地下党活动的一些了解，由“镇反”运动中印象至为深刻的“一双绣花鞋”的记忆破题，讲述了新中国的公安战士经过缜密侦查和英勇斗争，挫败了国民党潜伏特务妄图利用“C-3”——这一败退大陆之前在重庆地下秘密开掘的爆炸工程，炸毁破坏整个重庆城的险恶阴谋，它原本就应属于17年“反特”文学的范畴。小说极力塑造我方公安人员和地下工作者(如沈兰、朱玉宛)睿智英勇、洒脱不凡与敌特周旋较量的完美形象，也泾渭分明地刻画敌特分子(如林兰轩、林晶、陈福)阴险狡诈、残忍恶毒的丑陋面目，二者展开紧张激烈的冲突，作品突出阶级斗争的意味浓厚；而惊天的爆炸阴谋从启端到层层剥离出真相，使人屏息的悬念被设置，以及依靠群众路线获取侦破的关键线索等写法，与17年“反特”小说如《双铃马蹄表》等如出一辙。

其他创作于“文革”时期的“类侦探”手抄本，兴起和繁盛主要是在20世纪70年代，其原作者和传抄改写者，以当时生活于社会底层的“知识青年”和城里工厂的青年工人为主体，他们的年龄、受教育经历和成长环境，决定了其文学滋养和阅读经验，也是主要来自17年“反特”小说、苏联“肃反”(或侦探)小说和20世纪五六十年代的一些中苏“反特”侦破电影。所以，《绿色的尸体》等“梅花党”系列故事，以及《一缕金黄色的长发》、《地下堡垒的覆灭》等手抄本，也不自觉地遵循敌我斗争的思维和“反特”的情节模式行文布局。这些作品或杜撰出一些神秘诡异、阴魂不散的敌特潜伏组织(如“梅花党”)，或虚构出阴森恐怖的地下基地、匪特秘窟(如《地下堡垒的覆灭》中的黄泥岗101号)，或不时让淫荡妖冶的女特务出场(如白薇、林晶等)。他(她)们都蠢蠢而动，策动对新政权、新社会的破坏颠覆活动：杀人、绑架、爆炸、诱惑、拉拢……而公安人员侦破其罪恶图谋、捣毁其组织和魔窟的惊险斗争，也就成为这些故事的主要内容，其与17年“反特”小说在题旨、情节上的传承关系也是十分明显。此外，大部分“类侦探”手抄本皆着意强化女特务美色诱惑，甚至一往情深地爱上我公安人员(或地下工作者)的

① 《一双绣花鞋》在传抄过程中，还曾命名为《一双黑色的绣花鞋》、《静庐凶杀案》、《雾都茫茫》等，而“文革”结束后，珠江电影制片厂拍摄的电影《雾都茫茫》，即是据此改编的。

情节，与20世纪60年代的著名剿匪电影《英雄虎胆》①中妖艳女匪特阿兰对地下战士曾泰的引诱迷恋颇为相似；这种情节模式，也颇受以情爱特征见长的苏联"肃反"(侦探)小说的影响，如列夫·奥瓦洛夫的《一颗铜纽扣》②中，就叙写了德国女间谍苏菲亚对苏联特工马卡罗夫爱恨交织的微妙情感。不过，与17年"反特"小说不同的是，"文革"时期"类侦探"手抄本中的反面人物、反面势力，不再只是那些在人民战争的汪洋大海中无处遁形的一小撮或个别敌特分子，而是往往被夸饰地构想成一个庞大的特务团体和地下基地，甚至在专政机器中经常性地渗透。其所谋之大，往往也更险恶疯狂、惊世骇俗，如炸毁整座城市(《一缕金黄色的长发》)，刺杀最高领导人(《叶飞三下江南》)，在地下进行吓人的生化、细菌实验(《地下堡垒的覆灭》)等。这样的变化，自然是因为地下的创作缺乏艺术的自觉和规范，又出于猎奇的心理，所以一味追求耸人听闻的刺激效果，难免夸大其词。但手抄本作者受"文革"特殊政治气氛下强调路线斗争的影响，把不同的政治派别化身于抄本之中，将敌我斗争的范围扩大化、程度严重化，却是这些变化的主要原因。有些手抄本甚至随政治风潮变化，不断比附高层的政治斗争，进行政治性的影射和攻击，流于捏造而荒诞不经。如早期"梅花党"的故事，就曾有诬刘少奇夫人王光美、李宗仁夫人郭德洁等为国民党特务的意味。而《叶飞三下江南》，则很明显是讲述一起策划炸毁毛泽东专列的篡权之谋，涉及一众高层领导及高级将领。这些手抄本在民间延续了17年"反特"小说的阶级斗争主旨，又在极端化的政治环境中将这一主旨推向了极端，倒颇符"文革"时期将政治对立面进行极致"妖魔化"的特色；也体现了民间意识的两面性：对政治权威的压制，既有着一定程度的疏离反叛，又有着匍匐与信从的一面，从而被人称为"要求充当喉舌或者器官的自觉献媚类"③。不过，因多少带有政治僭越的意味，而且非政治性趣味(如情色描写、类宫闱秘闻)又被大量注入，带有太多世俗化和娱乐性的色彩，"文革"手抄本的这一极端化意旨在当时并不被激进的官方话语所认可。

三

中国本土的文化传统及文学积淀对"文革"时期的"类侦探"手抄本的影响，则主要来自传统话本、民间传说和古典通俗小说，表现为："谈鬼说怪"的文化模式，"忠臣护主"的叙事结构，以及"英雄 VS 妖妇"的"原型"人物设置。

漆黑的夜幕笼罩，无人居住的破败洋房阴风阵阵，却有昏暗的灯光闪烁欲灭，令人生疑；更夫踏上摇摇欲坠的吱呀楼梯，一双黑色绣花鞋突兀出现，惊恐间命案随即发

---

① 电影《英雄虎胆》，1958年，八一电影制片厂摄制，导演：严寄州、郝光；编剧：丁一三；主演：于洋、王晓棠。其主要情节是：解放军侦察科长曾泰打入敌匪内部，与敌智勇周旋，最后送出情报，剿灭顽匪，是17年剿匪反特题材的经典影片。但片中曾泰面对女特务阿兰的勾引，巧妙应对，以及两人共跳伦巴的情节，在当时颇为大胆，引起轰动。此片在"文革"时，虽被江青点名批判，但潜在的影响一直存在。

② (苏)列夫·奥瓦洛夫：《一颗铜纽扣》，竺光，译. 春风文艺出版社，1960年出版。

③ 周京力：《长在疮疤上的树》(代序)，见《"文革手抄文存"——暗流》，文化艺术出版社，2001年，第19页。

生，阴谋与反阴谋的侦破故事也就此展开……这是《一双绣花鞋》开头描绘的场景。类似的恐怖场景也为其他手抄本所惯用：《一缕金黄色的长发》中，荒郊野外，神秘女性的身影一闪而过，孤坟之上一座被弃的孤楼，却有奇怪的弧光闪灭，不知何处传来放荡的女声，一缕金黄色的长发在黑暗中隐现，似乎是鬼影幢幢，令人心惊肉跳。“梅花党”系列故事中，古老医院的停尸房，怪异的绿色尸体，以及半夜发出的莫名滴答声，也给小说增加了鬼蜮之气。《地下堡垒的覆灭》中，荒僻的“黄泥港101号”，应女友之约而至的青年却发现屋里空无一人，唯有七口棺材，其中六口中均有一具男青年的尸体，而空的第七口，也向他张开吞噬的大嘴，似乎是向他索魂……这些恐怖的场景，当年多少听者、传抄者曾为之战栗紧张，又被之刺激吸引，宛如重回儿时听老祖母讲鬼故事的时节，又好像置身于蒲松龄笔下女鬼出没的荒宅弃庙。这些“文革”手抄本不约而同地渲染鬼气森森的恐怖气氛，刻意为“反特”故事增加离奇怪异的鬼魅色彩，迎合的是人类对神秘的幽冥世界既害怕又向往的复杂心理，目的是为强化悬念，增加听与读的吸引力。这些手抄本营造的环境，如荒宅、孤楼、坟场、野郊、阴风、昏灯、棺材、僵尸、女鬼等，正是中国几千年来民间鬼怪故事及《聊斋》等志怪笔记中最为常见的场景和物象，它们也与恐怖离奇的故事一道，共同构架了中国文学“谈鬼说怪”的久远传统，从村夫野老的闲谈夜话到文人雅士的案头编撰，始终不曾断绝。在这一点上，“文革”手抄本切中了国人“心中有鬼”的集体无意识，继承了古代说书人“讲鬼话”的文化传统，使得因“八亿人民八台戏”而寡然无味的群体性文化接受，在地下增添了让人熟悉又是令人紧张刺激的兴味。虽然，“有鬼无害论”早已遭到批判，“神仙鬼怪”也被赶出文坛和戏剧舞台，鬼怪风格的故事只能在地下讲述传抄，但是，将特务分子、政治敌人丑化（妖魔化）为魑魅魍魉，将匪特秘窟勾勒成阴森鬼蜮，更突出了阶级敌人的可怕险恶，与“文革”主流的话语逻辑并不相悖，不至为此遭受大祸，所以作者（传者）皆乐于道之。

“文革”时期的“类侦探”手抄本中，《绿色尸体》、《叶飞三下江南》等“梅花党”系列，以及《许世友三进故宫》等故事，着意对当时的高层政治斗争进行了比附、影射和揣度。这些故事的背景虽大多放在南京、重庆、武汉、上海等大都市，但书中的高层领导和高级将领间正邪较量，以及潜藏很深的特务组织和其险恶图谋的最终被破获，宛如古代传奇和公案传说的现代版。其中，许世友（及受他领导的公安战士）的形象十分突出。他出身少林寺，民间传说一身拳脚，武艺高强；战争年代军功彪炳，且性格刚烈如火，嫉恶如仇，粗中有细。他是毛泽东十分信任的一员虎将，始终对毛忠心耿耿，“文革”时期任南京军区司令员，拱卫京师。当时许多重大的政治变故，及传说中的“重大案件”的侦破，据说都与之有关，如毛泽东专列在南京躲过爆炸阴谋，就是许世友所立之功。在一些“文革”手抄本中，他俨然成为乱世浊流中“忠心护主”的忠臣良将，与奸臣大恶（被当时主流政治先后指认的“头号走资派”及其夫人、叛逃反革命集团等）进行斗争，以维护领袖安全。许世友的形象，在手抄本成为忠义的化身，鲜明地烙下了古代话本和通俗演义中“忠臣”、“虎将”的影子，凝聚了民间传统的审美意识中长久为底层民众喜爱的典型形象，如关羽、张飞、李逵等；此外，古代公案小说如《七侠五义》、《小五义》中包拯、颜查散等忠臣率领手下侠士，挫败巨奸襄阳王等的篡逆大谋的故事，也对某些“文革”手抄本产生了一定的影响。这些形象的刚烈、勇猛、多智、侠义，在从古到今的口传故事中突出了浓厚的传奇性色彩；更重要的是他们皆有一副坚定不移的忠心赤胆，在古代文化(文学)传统中，确立了与“奸贼”不两立的“忠义”伦理。此类“文革”手抄本，在情节因素上显现了民间文学传奇性的“准武侠”风格，道德伦理上更继承了传统文化稳固性的“忠义”观，可以激发中国百姓隐藏于心的传统文化积淀。对其的听、读、抄，接续了民间通俗文学的两个功能：让人既获取了阅读(听说)的感官快感，又强化了自我“秉持忠义”的伦理认同，“梅花党”、“三下江南”等故事在“文革”的地下传抄中为人熟知，也可归诸此因之一二。

“文革”时期的《一双绣花鞋》、《梅花党》、《一缕金黄色的长发》、《远东之花》等“类侦探”手抄本，多设置“美男计”式的人物关系及情节模式：某英俊不凡的男性公安人员(或地下工作者)借助机缘，打入敌酋匪首家里、特务组织内部或秘密魔窟之中，获取了妖艳女特务(常常是敌特首领之女)的倾心，进而与之假凤虚凰，展开了情爱痴缠与生死较量交织的游戏，并最终利用女特务对自己的迷恋，抓住敌特组织的要害，将其一网打尽、彻底捣毁。在这些手抄本中，经常出现的场景是：女特务或是深情款款、秋波频传，或是玉体横陈、投怀送抱，男性公安人员却始终巧妙应对、进退有方，抗拒其诱惑不与之发生实质的性关系。如《一缕金黄色的长发》中的女特务蒋宛梅，艳丽娇媚，放荡妖冶。她对冒充敌特“K5”的公安侦查科长沈楠处处勾引，却一次次遭拒，令她不禁失落心酸。《一双绣花鞋》中的娇俏女特务林晶，经常露骨地挑逗地下工作者沈楠，“人生如梦，逝水流年，正该及时行乐呀……聪明的傻瓜，你怎么就一点也不懂得爱”，亦被沈楠以心系“党国前途”的借口推开。“梅花党”系列故事中，公安神探龙飞(或叶飞、余飞)与美丽女特务白薇之间，更似谈了一场颇为风花雪月的恋爱，但龙飞依然能洁身自好。诸如此类的人物关系、情节铺展的笔墨，与“文革”手抄本的另一主要内容——“爱情与性”形成了一定的呼应，汇入了特殊时代“集体禁欲背后的爆发”①在地下对情爱、欲望进行书写的情色主潮中。世所公认，“文革”是一个公开禁欲的时代，激进政治思潮主导的社会意识形态，试图对社会群体进行极端化的身心提纯，以政治观念图解和取代两性关系，性别差异被漠视，情爱欲望被视为肮脏和丑恶，因而造成了“文革”时期禁欲主义的道德专制和人性桎梏。对基本人性的专制和桎梏，表现在公开出版的“样板”文学中，就是男女间的爱情描写被完全扫荡和排斥，更不用说直接涉笔性爱和肉欲。当时的禁欲趋向也许恰如福柯所论及的，“一切没有被纳入生育和繁衍活动的性活动都是毫无立足之地的，也是不能说出来的。对此，大家要斥责、否认和默不作声。它不仅不存在，而且也不应该存在，一旦它在言行(引者注：公开的谈论或公开的文学创作)中稍有表现，大家就要根除它”②。中外历史上有某些时期与此颇为类似：英国基督教清教伦理治世的维多利亚时代，和中国尊奉程朱理学“存天理灭人欲”的明代。然而在福柯看来，每当作为人类“生命现象”的爱情和性进入“政治技术的领域”，也即进入了“知识和权力的秩序之中”③时，压制束缚和反制逃离的对立关系就会

① 见《揭秘文革手抄本——集体越轨地下传抄》，《南京报业网——周末报》，2008年。

② (法)米歇尔·福柯：《性经验史》，佘碧平，译．上海人民出版社，2000年，第4页。

③ (法)米歇尔·福柯：《性经验史》，佘碧平，译．上海人民出版社，2000年，第187页。

产生。这样的对立表现在文学领域，就是有大批的情色作品于地下问世，作为“禁欲主义的反动”，且屡禁不绝，如维多利亚时代的色情小说泛滥，明代《金瓶梅》、《肉蒲团》等“诲淫”小说的盛行①，以及“文革”手抄本《少女之心》等表现的情色化倾向，都是中外文学史上的明证。

“文革”时期，“反映两性的手抄本呈现出完全对立的两类：一类描写爱情生活，试图戴着革命道德的镣铐舞蹈；另一类则为赤裸裸的性描写，丢弃了一切文化禁忌。前者如表现纯美爱情的《第二次握手》，后者则以著名的《少女之心》为代表。”②“情”和“性(欲)”因而成为此类手抄本描写的两端。不过，以反特防谍为题材的“类侦探”手抄本，在情色描写上却是介于上述二端之间。一方面，它们的政治立场和核心题旨基本由阶级斗争的思维主宰，有时甚至与“文革”风潮保持一致，自然不宜在剑拔弩张的敌我斗争中插入风花雪月、卿卿我我，与《第二次握手》刻意反对极端政治，而以缠绵爱情为主旨意图大为不同，因而依然不能突破 17 年“反特”小说不写正面男女公安人员爱情的禁区；另一方面，它们的人物塑造与道德刻画，也不能完全摆脱“阶级论”、“高大全”、“脸谱化”的影响；它们不会让勇敢睿智的公安战士“神化”形象被《少女之心》般直接袒露的性描写所污，当然更无法容忍正面人物与女特务肉搏相见、赤裸交欢。“反特”手抄本所热衷描绘的公安战士与女特务之间的爱欲游戏，在遮遮掩掩、欲迎还拒之间，其实是展开一种“诱惑与反诱惑”、“失节与守节”的道德较量，与中国民间文化和古代通俗文学惯用的“英雄 VS 妖妇”的“原型”人物，及其二者之间的微妙关系多有相似。中国古代的“英雄 VS 妖妇”故事常常打着道德教训的名义出现，谆谆告诫男性要警惕邪恶的性诱惑。它们秉承所谓“红颜祸水”的思维，让“英雄”或义士的正义功业和道义节操，不断面临“妖妇”、“淫娃”们冶艳美色的引诱，时时遭遇道德和肉体的双重考验，如《水浒传》中的武松与潘金莲，或许还包括《西游记》中的唐僧与多个想与其成就好事的女妖如老鼠精、蝎子精等。当然英雄大多不为所惑，固守人伦大道和肉体纯正，让妖妇讪讪而退，成就了英雄义士不迷女色、立身谨严、意志坚定的道德升华。更深入地看，这“诱惑与反诱惑”的较量还带有中国文化传统中一种特殊的性意识——“固精守阳”的影子：民间话本、笔记、小说如《聊斋志异》中，常常描述妖妇和娇媚狐鬼为逞私欲(或为了采补得益)，着力勾引英雄、侠士或修大道者，意图采阳吸精，坏人道行，夺人性命。因此，“中国古代性观念中最顽固的一个恐惧，关于节欲或戒除的告诫，对女人的提防或对淫妇的指责，各种奢求于性的幻想和努力，归根结底，全都建立在‘固精’这个男性最薄弱的命根子上面”③。到了“文革”手抄本中，沈楠、沈兰、龙飞等正面革命英雄，在现代妖妇林晶、蒋宛梅、白薇的美色诱惑前拒不失身于这些反革命女特务，所

---

① 对此，可参见王小波：《摆脱童稚状态》、《关于格调》、《文明与反讽》等杂文，见《沉默的大多数——王小波杂文随笔全编》，中国青年出版社，1997 年，第 262～269、359～364、368～371 页；以及茅盾：《中国文学中的性欲描写》，中央编译出版社，见《二十世纪中国学术散文精品》，1996 年，第 311～324 页。

② 杨健：《手抄本的传阅史》，《南风窗》，2006 年 8 月。

③ 康正果：《重审风月鉴——性与中国古典文学》，辽宁教育出版社，1998 年，第 3 页。

坚守的男性节操、民间道德已被冠以革命名义的崇高冠冕，转化为时代特色鲜明的“政治元阳”、“阶级道心”；他们甘做坐怀不乱的政治柳下惠，力保自我神圣纯正的阶级身份、革命道德不失守，完成了自我的灵肉救赎①。但遭遇“政治权力挤压”而变易的民间文化，往往会“造成正面人物的干瘪、反面人物的生动”②的效果，民间读者在道德伦理上认同武松、宁采臣等“英雄”（或固守正身的修道者）人物，阅读兴味却常常被潘金莲、聂小倩等“妖妇”鬼女所吸引。只因“英雄”人物往往斩绝人欲，太过面目凛然，未免有些僵化不近人情，反而是那些千娇百媚、欲化百炼钢为绕指柔的“妖妇”形象更生动，个性更鲜活，呼应着人们心底潜藏的性本能和性幻想。在“梅花党”故事、《一双绣花鞋》、《一缕金黄色的长发》等手抄本中，白薇、林晶、蒋宛梅等女特务隐秘出没于黑暗阴森之地，又不时展露诱惑风情，就略有古代“妖妇”和鬼女的风情。尽管作者刻意用“满身散发着骚气”、“蛇蝎心肠放荡的恶魔”、“臊货”等词来指称她们，也用“令人作呕”、“厌恶”等词强调“英雄”被勾引时对她们的恶感，但绣满梅花的女性裸体、绣花鞋、金黄色长发等，却是当年手抄本的讲述者、传阅者印象最深的记忆，这些鲜明的形象，连同那些带有“原型”意味的“妖妇”形象暗含的情色诱惑，让公开被禁的世俗欲望在民间得到了一定程度的心理疏解。

四

1949 年之后，对西方古典侦探小说的翻译引进，在 20 世纪 50 年代中后期略有恢复③。但随着政治、文化环境逐步走向极端化，到“文革”爆发，西方侦探小说对中国文坛的影响日渐式微；多年“冷战”环境下政治对立造成的文化隔绝、封锁，也使得多元发展、流派纷纭的西方现代侦探小说，如“硬派侦探小说”、“心理悬念派侦探小说”、“间谍小说”、日本“社会派推理小说”等，在平行的历史进程中多年与中国作家、读者悭吝一面。然而，在“文革”时期的“类侦探”手抄本中，却出现了《303 号房间的秘密》、《一百个美女的雕像》、《远东之花》等与西方现代侦探小说颇为相似的作品，激起了当时地下阅读、传抄的别样兴味。

这几部手抄本中，《303 号房间的秘密》和《远东之花》明显带有西方现代侦探小说的一个重要分支——“间谍小说”的影子。《303 号房间的秘密》将背景、人物、情节整个放在了西方世界，讲述了英国侦探和法国特工之间的智慧较量，故事神秘诡异、色调奇特：巴黎街头有一则启事，宣称若有英国人能在“白松宾馆”303 房间住上一宿，将获 50 法郎；倘能解开房间的秘密，将得到 1 万法郎的奖金。但应征的英国人皆离奇失踪，谜样的悬念由此展开，英国皇家侦探学院的毕业生格林，也被卷入对这一悬念的追寻之

① 《远东之花》略有不同，中国特工李刚与张曼娜结婚后，才发现其“远东之花”的身份，后来将其感化，随自己弃暗投明，回归祖国。

② 陈思和：《中国新文学整体观》，上海文艺出版社，2001 年，第 147 页。

③ 主要集中于对柯南道尔的《福尔摩斯探案》的译介，如《巴斯克维尔的猎犬》、《四签名》、《血字的研究》等作，其他如马克·吐温的《汤姆·莎耶侦探案》、菲尔丁的《大伟人江奈生·魏尔德传》也被引入。见於可训、王先霈：《八十年代中国通俗文学》，湖北教育出版社，1995 年，第 32~33 页。

中。通过层层探访，格林发现303房间连接了一个地下秘窟，其中皆是装满碎尸的棺材。原来，这是一对法国姐妹设下的死亡陷阱，她们是法国间谍的后裔，她们通过303房间的悬赏及自己的美色诱惑引人入彀，誓要杀死150名英国人，以报父亲被英国谍报人员杀死之仇。格林先后与姐妹二人遭遇并斗智斗勇，最终捣毁了魔窟，但自己也与对手同归于尽。在秘密斗争的特工故事中，奇怪的房间、神秘的白发女人、幽暗的通道、双方隐含机锋的试探，都沿袭了西方侦探小说的惯用之笔；而姐姐白发女人的妖异形象，也如柯林斯的《白衣女人》一样渲染出神秘的气息；还有空屋杀人，孤岛谜局等罪案场景，也是爱伦·坡在《莫格街谋杀案》、柯南道尔在《空屋》和《血字的研究》、克里斯蒂在《海滨古宅险情》和《孤岛奇案》中所经常设置的。至于《远东之花》，也基本是“间谍小说”的框架。其主人公虽都是华人，但故事的主体也在海外上演，离奇变幻之中却又增添了缠绵悱恻的浪漫元素：新加坡华侨的女儿张曼娜自幼送与一位美国主教收养，后被秘密吸纳入中情局，培养成才貌双全的超级间谍。在被派遣至远东从事谍报活动后，因屡获重要情报而赢得“远东之花”之誉，其行动也开始威胁中国的国家安全。作为应对之策，一位英俊的中国特工李刚化名为陈刚，以陈姓华侨巨富从香港归来儿子的身份，赴新加坡寻找“远东之花”的踪迹，并在阴错阳差之下与张曼娜倾心爱慕、结为伉俪；当发觉其“远东之花”的身份后，李刚棋行险招追回情报，劫持敌机与张曼娜飞回祖国，并以骨肉亲情和民族大义感化于她，“远东之花”最终认祖归宗，弃暗投明。这部手抄本中，对立方男女间谍萌生纯真爱情(不同于《一双绣花鞋》、《一缕金黄色的长发》中的欲望诱惑，并丑化女方的模式)的故事，多少有些受苏联间谍(反特)小说，如《一颗铜纽扣》等重笔描写爱情的影响。

而《一百座美女的雕像》，则与日本的“社会派推理小说”如出一辙：大阪舞剧团美丽的山村幸子归乡探亲，途中被一名陌生男子劫持后失踪，被发现时已经遇害，现场有一座以她为模特的雕像，这已是第99起类似的案件了。东京防务厅长官福尔先生讲述了已知的案件线索，原来这些案件都是山中一郎所为。山中一郎原是淳朴勤劳的矿工青年，他与邻家女孩芳子自幼青梅竹马；在双方父母都遭遇矿难后，山中一郎照顾芳子长大、供其求学并订下婚约，但芳子到东京读大学后却被花花世界所迷，背叛了山中一郎。山中一郎由此展开疯狂报复，杀死芳子并为她塑像；他还宣称要杀死一百个美女、塑一百座美女雕像；而现在只差一个了，但警方始终不能将他抓获。此时，一位美国女影星路易斯到日本拍戏，中情局特工博斯随身保护，日本方面也派了福尔协助，以防山中一郎的加害；在一系列奇怪的事故后，真相终于显露，原来福尔就是由山中一郎乔装，博斯虽然识破了其真面目，路易斯却也未逃脱被害的命运，一百座美女的雕像终于完成。这部手抄本中，两个国家的侦探与罪犯跨国进行较量的情节，在许多西方现代侦探小说中都出现过，它指向了现代社会犯罪的趋势——国际化(并非间谍案)。而罪犯杀害女子并将其塑成雕像，在江户川乱步的小说《地狱的滑稽大师》中也是案件的重要关钮。特别是《一百座美女的雕像》对山中一郎犯罪动机的揭示，触及人性虚荣的弱点，批判了现代社会的金钱欲望带来的人性扭曲，可以说与松本清张、森村诚一等的“社会派推理小说”形成了隔海的呼应，当然，艺术上要远逊后者。

这几部手抄本的创作契机，似乎也是从地下隐秘地渠道引发。从现存文本来看，它们的“始作者文化素质较之同代人稍高，且在‘文革’前受到外国侦探小说的影响，对西方的社会状态与习俗也略有了解”①；此外，不排除这样的可能，即一些知青或工人，通过地下的渠道获得域外新出版的侦探小说(或间谍小说)，并偷偷隐藏、阅读，然后化用其故事进行地下的讲述和传抄。如《文化大革命时的地下文学》曾提到，东北农场一位名叫章海的知青，善讲武侠故事；他曾于1975年在北京见到有人从香港带回的新武侠小说《碧血剑》、《陆小凤》，阅后在知青中传讲，使听者耳目一新②，《一百座美女的雕像》等手抄本的母体或许也是据此而来。而这几部手抄本，均将所述故事的时空从现实的中国背景远远推开，大致是出于两个心理动因：其一，是创作者自我保护的“避祸”心理，“故事发生地选在国外资本主义社会里，主人翁又都是外国人，故而即使案子写得再残酷，场景描述再恐怖，那也是往资产阶级的腐烂生活上抹黑……减少了些因文招祸的恐惧和忧虑”。③ 其二，在“生活极端封闭，社会缺乏个性创造的空间”的时代，对未知世界甚至“邪恶”世界的臆想和虚撰，似乎更能带来“陌生化”的刺激，“人们到斗争的对立面——敌人的世界去展开想象，幻想和建构那另外一半‘世界’……某些故事将那个对立的世界，描述成一个异质的富于生命力的世界，新鲜的情感都源自那一世界的异质文化。这些故事都传达了一种共同情感体验：对敌人的世界抱着恐惧与向往的矛盾情感”。这些手抄本大力描绘舞厅、酒会、别墅等场所，其间红男绿女交织，谍影重重掠过，迷醉与惊险共现，“透出对异质文化生活的向往……无意识中流露出真实思想，那些令人恐惧的反动事物，正是强烈吸引人们的”④。这几部手抄本在地下问世，某种程度上宛如当下网络上流行的“架空小说”，在近乎完全虚设的时代背景、地域环境下，一些自由而放任的想象力、创造力得以展现，故事情节显出了一些新异的精彩。当然，这些想象、创造的根本宗旨仍是猎奇，以感官的刺激迎合读者的世俗趣；它们的风格，和20世纪80年代流行的那些冠以“台湾黑猫旅社”等名目的地摊文学多有相似。因此，《303号房间的秘密》、《一百座美女的雕像》、《远东之花》几部手抄本在“文革”时期，对几乎断裂的西方侦探小说传统作出了另辟蹊径、更趋通俗化的地下承袭。

正是因为通俗化甚至低俗化的追求，这几部手抄本并不看重古典侦探小说特有的智性追求，其故事“设谜—解谜”的意味并不浓厚：《303号房间的秘密》中，当美丽的法国女郎出现，并诱使英国青年随之而去的时候，读者已不难知道谜底；《远东之花》中，化名李琴的张曼娜与化名陈刚的李刚甫一相见，其“远东之花”的身份也是昭然若揭；而《一百座美女的雕像》则早早就将山中一郎的犯罪动机公诸于众。与《一双绣花鞋》、“梅花党”系列故事等相比，它们也不涉及复杂的政治斗争，不展现尖锐的意识形态冲突和阶级对立，故事对垒的双方没有明显的善恶界限，作者对人物的道德判定也是模糊

① 周京力：《长在疮疤上的树》(代序)，见《“文革手抄文存”——暗流》，文化艺术出版社，2001年，第26页。

② 见杨健：《文化大革命中的地下文学》，朝华出版社，1993年，第348页。

③ 周京力：《长在疮疤上的树》(代序)，见《“文革手抄文存”——暗流》，文化艺术出版社，2001年，第26页。

④ 杨健：《手抄本的传阅史》，《南风窗》，2006年8月。

的。如英、法之间的间谍战，山中一郎对虚荣女性的报复，张曼娜的瞬息即被感化转变，都是如此。它们最显著的特色、最为吸引读者的，大概就是那充满诱惑的异域生活风情和享乐迷醉场景，以及对荒诞不经、耸人听闻的奇案轶闻的描绘，因而被后世的研究者归入“肤浅媚俗的‘精神拾垃圾者’类”①，对其艺术性的低下嗤之以鼻。

学者陈思和曾对所谓的“民间文化形态”，作出以下的定义，“(1)它是在国家权力控制相对薄弱的领域产生，保存了相对自由活泼的形式能够比较真实地表达出民间社会生活的面貌和下层人民的情绪世界；虽然在权力面前民间总是以弱势的形态出现，并且在一定限度内被迫接纳权力，并与之相互渗透。但它毕竟属于被统治阶级的‘范畴’，而且有着自己独立的历史和传统。(2)自由自在是它最基本的审美风格。民间的传统意味着人类原始的生命力紧紧拥抱生活本身的过程，由此迸发出对生活的爱和憎，对人生欲望的追求，这是任何道德说教都无法规范，任何政治条律都无法约束，甚至连文明、进步、美这样一些抽象概念也无法涵盖的自由自在。(3)它既然拥有民间宗教、哲学、文学艺术的传统背景，用政治术语说，民主性的精华和封建性的糟粕交杂在一起，构成了独特的藏污纳垢的形态”②。作为民间通俗文学的“文革”时期“类侦探”手抄本，也可视为“民间文化形态”的一种表现形式，也具备上述三个鲜明的特征——它们在政治权威无法完全支配的“地下”萌生、传抄和流行，叙述方式歧路多变，创作心态相对自由，对“文革”话语形成一定程度的疏离和反叛。它们往往匿名写作，在口耳讲授和传抄中，群众性的加工、集体性的改写从不间断，较为真实地传达出世俗的感情和欲望，也造就了自由放诞、不受拘束、袒露直率的文体风格。特别是它们广泛继承了民间丰富的文学资源和文化传统，借用了如“忠臣护主”、“英雄妖妇”等历史悠久的“民间隐形结构”③，使民间文化和通俗文学的延传发展在文化的压抑期薪火不灭。然而，民间文化(民间文学)所谓“藏污纳垢”的特性，在“文革”时期的“类侦探”手抄本中表现得也十分明显——它们依然不免激进政治的影响，具有“文化专制和话语霸权严重带菌者的身份”④，如人物描写在阶级对立思维下的脸谱化倾向，以及浮泛矫情的政治性抒情，和阐释僵化政治理念的空洞议论，就烙下了鲜明的“文革”印迹；甚至“大批判、肃煞、颠覆、嗜血成性、拙劣地迎附政治语境、神经质地图解阶级斗争观、空洞浮夸等大标语式的信息符号仍是手抄本的主流”。尤其是它们的叙事和语言，口传文学的缺点显得十分突出。如情节过于离奇，却又凌乱松散、不合情理，甚至时常错漏脱节，使人莫名其妙。叙事的头绪众多，铺开较广却缺乏梳理，构思不够严密，详略取舍也缺乏安排，人物关系杂乱。其语言往往口语与书面语交错，杂糅不纯；或带有学生腔，零碎肢解，芜杂散乱；或落笔粗率简单，甚至低俗鄙陋，明显缺乏凝练，甚至还流于语言放纵和情色

① 周京力：《长在疮疤上的树》(代序)，见《“文革手抄文存”——暗流》，文化艺术出版社，2001年，第25页。

② 陈思和：《中国当代文学史教程——前言》，复旦大学出版社，1999年，第12~13页。

③ 陈思和：《中国当代文学史教程——前言》，复旦大学出版社，1999年，第12~13页。

④ 周京力：《长在疮疤上的树》(代序)，见《“文革手抄文存”——暗流》，文化艺术出版社，2001年，第16~19页。

铺排。因此，要从“文革”时期的“类侦探”手抄本中寻觅思想性深刻、艺术性高超的文学精品，是绝无可能的。它们主要的意义和价值，更多是显示民间文学传统在留存、承继、过渡的进程中，顽强的生命力；此外，若从“知识考古”式的角度，这些“文革”时期的“类侦探”手抄本，也可为特定年代的历史记忆和文化心理“立此存照”，提供一些历史价值。

第三章 新时期的“类侦探”小说
——从混成错杂到多元分野

第一节 政治、思想、文化、文学背景

“文学的历史演变可以受到两种动力的推动，一种是来自社会的经济、政治以及文化等外部力量，另一种却是那个特定文学样式本身所具有的内部力量，其中可能包括对文学语言功能的新发现、形式系统内诸种构成因素的丰富和变异、一些新的表现技术技巧的产生等。”①对于中国侦探小说和“类侦探”小说的发展轨迹来说，外部力量常常成为主宰性力量，内部力量只在一定范围内发挥其影响。如前所述，“17 年”和“文革”时期的中国“类侦探”小说，始终在国家政治的巨大背景之下生发、流行。即便到了“文革”结束之后的所谓“新时期”，很长一段时间内中国的“类侦探”小说(似乎也包括其他所有的题材和文类)，依然不能摆脱政治的主导性影响。而且，这种影响几乎与国家政治的一系列变故同步，如“文革”激进派的倒台和被清算，“文革”从有限反拨到被彻底否定，以及后来的“思想解放”和“拨乱反正”运动，还有社会各领域对“文革”乃至前此更长历史时期的思考反省，对“民主”、“法制”的思想、制度建设的呼吁和企望，等等。这些重大的政治事件和意识形态变动，时时投射于“文革”后较长一段时期的“类侦探”小说创作之中，同样成为这类小说的支配性因素，显示出鲜明的政治立场，使之汇入“文革”后遵循新主流政治指向的“伤痕”和“反思”等文学潮流中。在其后所谓“法制文学”、“公安文学”的名目中，这类小说的创作也显示出较为独特的政治意义。不过，相较于“17 年”和“文革”，“新时期”的“类侦探”小说所受的政治掣肘后来逐渐减弱，不再是政治的绝对附庸，而是日益被更为丰富多元和复杂变幻的思想、文化、经济、社会因素所影响；此外，也慢慢回归到文学自身发展演进的道路之上，体现出了很大的独立性和自由度。这在 20 世纪 80 年代中期之后问世的“类侦探”小说身上，表现得愈加明显。一方面，以经济体制和社会格局的转换为背景，受更广泛被引入的外国侦探小说的影响，加上商业经济大潮和通俗文化大潮的冲击，“类侦探”题材小说的娱乐、消闲功能也被重新推上台面并占据主导，但凡罪、凶、情、赌、毒、财、色等各类险奇怪异的故事，在各类入流或不入流的作家笔下被设谜推演，极力渲染。它们既对应了中国社会跌宕纷繁的变迁转折和不同人等在时代变换中的各色表演，也重新强化了“类侦探”小说(和侦探小说)的通俗性质，激发了世俗化甚至媚俗化的阅读趣味。另一方面，以改革

① 李洁非：《中国当代小说文体史论》，陕西人民教育出版社，2002 年，第 1~2 页。

开放为背景，在当时中西思想文化(文学)潮流的碰撞、激荡、变迁的影响(如“文化热”、“方法热”、“现代派”手法的争论等)下，中国文学的原有观念、技法进入了剧烈变革期。由于纯文学作家的参与推动及其他作者的有意尝试，“类侦探”题材的小说开始在创作思维和技巧上，展开了颇具先锋意味的文类探索，题材的范围被大大拓宽，哲思的含量被深刻开掘，表现手法被不断创新，艺术品位也大有提升，甚至取得了与“新写实”、“先锋小说”等类似的文学特征，这就是一批所谓中国的“玄学侦探小说”。因此，纵观20世纪八九十年代，政治的主宰，思想文化潮流的涌动，商业经济、大众文化的来势汹汹，文学、文体的发展变异，外来文学的影响等，种种复杂的因素或转折更迭，或并行交融，共同影响了中国大陆“新时期”的“类侦探”(及侦探)小说。这类小说，也就以“文革”的结束为起点，以20世纪80年代中期为分界，从文类的混成错杂走向了国家意识形态文学(主旋律文学)、精英文学(纯文学)、通俗文学的多元分野。

“文革”于1976年10月结束，激进政治对思想、文化的禁锢也开始出现松动。1977年底到1978年前期，《人民日报》、《人民文学》、中国文学艺术界联合会等报刊和组织分别召开了一系列会议，批判激进派所炮制的“文艺黑线专政”论，控诉其对文学造成的破坏和混乱，肯定了“文革”前17年文艺工作的成绩，这为“新时期”文学的诞生初步准备了理论基础，也为“类侦探”小说的再次复苏掀开了序幕。此期公检法系统的正常工作也开始全面恢复，1977年底到1978年初，第十七次全国公安会议召开，其主要议题就是揭批激进派对公检法的破坏，清查整顿和建设公安队伍，“确定恢复和加强公安工作的方针和任务……澄清思想，端正方向”①；会议还认定“文革”以前17年公安工作取得了显著成绩，公安干警绝大多数是好的和比较好的。这次会议，给“类侦探”小说接续“17年”传统重建了制度保障和组织基础。所以，此期发表的一批公安题材的“类侦探”小说，和“17年”的“反特”小说的文类特征几乎如出一辙，如营造充满异域色彩和神秘风情的森林幽谷、边疆海外、工厂远村作为反特斗争的战场，如极力刻画正面人物的勇敢智慧、鞭挞敌特的丑陋险恶，等等。其中的主要作品有张昆华的《在勐巴纳森林中》，邹尚庸、朱美伦的《罕达犴的足迹》，林子烈的《归侨儿女》，李迪的《野蜂出没的山谷》，徐本夫的《降龙湾》，应泽民的《AP案件》，王岭群的《南疆擒敌》，丁令武的《风扫残云》等。这些小说虽然试图淡化“文革”模式的影响，但是公式化、概念化、脸谱化的倾向依然明显，欠缺思想和艺术的突破。其实，这也和当时复杂的政治思想环境有关，包括“类侦探”小说在内的中国文学，需要政治、思想、文化上的重大转折，才能带来新的发展。

转折在1978年中期到来，这就是“思想解放”和“拨乱反正”，二者首先表现为一系列重要的政治会议、政治事件，进而在社会各个领域全面铺开。1978年5月的“真理标准”大讨论掀起“思想解放”的大幕；同年12月中共十一届三中全会的召开，则标志着执政党在指导思想上的重大转变：“实践是检验真理的唯一标准”被确立，僵化的两个“凡是”被批判，“四·五事件”被平反，基本路线由“以阶级斗争为纲”转向“社会主义现代化建设”，这也是“拨乱反正”的主要理论和思想重心，并为后续具体的政策举措奠

① 邓力群:《当代中国的公安工作》，当代中国出版社，1992年，第29~30页。

定了思想基础。而1981年6月通过的《关于建国以来党的若干历史问题的决议》，重新评价了毛泽东的历史地位和“毛泽东思想”，对新中国成立以来的一系列重大历史问题重新作出结论，彻底否定了“文化大革命”，明确了今后国家的建设方向、发展道路，这对十一届三中全会以来的路线、方针、政策作出初步概括，标志着执政党完成了指导思想上的拨乱反正。“思想解放”还呼吁加强民主和法制观念，使得中国社会对于加强民主法制的必要性和迫切性有了比较强烈的认识：十一届三中全会发布的公报强调“有法可依，有法必依，执法必严，违法必究”，要求“发展社会主义民主，加强社会主义法制”。《关于建国以来党的若干历史问题的决议》也指出，长期以来“封建专制主义在思想政治方面的遗毒仍然不是很容易肃清的……没有能把党内民主和国家政治生活的民主加以制度化、法律化，或者制定了法律，却没有应有的权威”，权力的过分集中于个人，个人专断和个人崇拜滋长，导致了“文革”的爆发，这从法律制度方面总结了“文革”动乱的历史教训。20世纪80年代初，一些国家领导人也对建设民主政治和法制社会发表了重要讲话①。上述这些的思想转折和理论提法带来了国家政治、经济、法律等方面的基本变化，也成为“新时期文学”的思想指导和理论根基。尤其对“文革”的否定、对“四·五事件”等的平反、对民主法制的强调，更成为“新时期文学”长期的重要题材和核心主旨，这也恰是“类侦探”(或侦探)小说所擅长的领域。而全面平反冤假错案，解决历史遗留问题，调整被“文革”扰乱的社会关系，纠正新中国成立以来(以及更早)在历次政治运动和党内斗争中造成的偏差，则是“拨乱反正”的具体内容和工作重点。这一内容和重点涵盖社会的各个阶层和各种群体②，首先却是从知识界(文艺界)肇始。在十一届三中全会召开之前，对过往知识分子政策的纠偏就已开始，特别是关于“右派”问题的改正③，及其后对“17年”文化部工作的平反、对文艺界知识分子的政策落实

---

① 如邓小平在一次重要讲话中，从制度和个人的关系分析了没有切实建设民主政治的历史教训，“我们过去发生的各种错误，固然与某些领导人的思想、作风有关，但是组织制度、工作制度方面的问题更严重些。这些方面的制度好可以使坏人无法任意横行，制度不好可以使好人无法充分做好事，甚至会走向反面。即使像毛泽东同志这样伟大的人物，也受到一些不好的制度的严重影响……这个教训是极其深刻的。不是说个人没有责任，而是说领导制度、组织制度问题更带有根本性、全局性、稳定性和长期性”。见《邓小平文选》第2卷，人民出版社，1994年第2版，第333页。

② 如对建国以来历次政治运动中遭受迫害和打击的领导干部平反昭雪，如彭德怀、刘少奇、陶铸、贺龙、彭真、谭震林、罗瑞卿、陆定一等，及一些“文革”中被诬陷的早期领导人如瞿秋白、李立三、张闻天等；而近300万各级干部及一批“文革”中被杀害的普通党员和群众(如张志新等)、一大批长期受迫害的民主人士也被平反。1979年1月，中共中央宣布对多年来守法的所谓“地富反坏”一律摘掉帽子，其子女本人的成分和家庭出身一律定为公社社员，不得歧视，这使至少2000万人获得政治新生。同年11月，全国有70多万名小商、小贩、小手工业者及其他劳动者被从原工商业者中区别出来，恢复了劳动者成分。

③ 1978年4月5日，中共中央批准中央统战部和公安部关于全部摘掉右派分子帽子的请示报告，决定全部摘掉右派分子的帽子。9月17日，中共中央批发《关于全部摘掉右派分子帽子决定的实施方案》，到11月，全国各地摘掉右派分子帽子的工作已全部完成。对错划右派的改正工作到1980年基本结束。

和平反昭雪①，对“文革”激进派的文艺路线的彻底否定等②，全面解除了知识分子(包括文艺工作者)人身和名誉的双重枷锁，使其在政治上摆脱了屈辱的枷锁，也重新获得了创作的权利和自由，从而为“新时期文学”的展开提供了作家基础，这其中自然包括“17年”的一些“类侦探”小说作家和他们年轻的后继者。进一步看，涉及大量冤假错案、积案平反和人身解放的“拨乱反正”，还为新时期带有“类侦探”元素的小说创作，提供了大量感同身受的真实故事，积聚了大量迫不及待要控诉倾吐的复杂感情，蕴育了许多关于历史和现实的深沉思索。因此，20世纪七八十年代的“思想解放”和“拨乱反正”，无疑是中国国家政治至关重要的大事，其影响之深远不在一时一事，对包括“类侦探”小说在内的“新时期文学”的展开，更具主宰性的催生和推动作用。

而1979年10月至11月召开的第四次文代会，则成为“新时期文学”开始全面发展的一个标志性事件。邓小平代表中共中央、国务院给大会所作的《祝词》，总结了历史的经验教训，重新整合了政治与文艺的关系，指出文艺并非政治的依属，而是有独有的特征、规律与创造性，政治不可专断和指挥，“文艺民主”和“创作自由”得到相当的肯定和确认③。《祝词》还明确了新时期的文艺工作，要为“提高全民族的科学文化水平，发展高尚的丰富多彩的文化生活，建设高度的社会主义精神文明”服务。《祝词》重申了“为人民群众服务”、“为工农兵服务”的文艺方向，以及“百花齐放”、“推陈出新”、“洋为中用”、“古为今用”的文艺方针。《祝词》因而成为新时期执政党对文艺工作的基本指导纲领，在此基础上，大会还进一步清算了“文革”激进派的文艺路线，肯定了“文革”前17年的文艺路线和文艺工作的成绩，具体阐述了新时期文艺的方向和任务。第四次文代会，开启了中国当代文学发展的新阶段，也带来中国大陆“类侦探”小说的全面复苏。不过，这一段时期内“类侦探”小说的代表作，如王亚平的《神圣的使命》和《刑警队长》，从维熙的《大墙下的红玉兰》和《第十个弹孔》，文兰的《幸存者》，李栋、王云高的《审判》，彭荆风的《爱与恨的边界》，冯苓植的《神秘的松布尔》，木青的《幼林里的墓碑》等作品，虽然以公安警察人员为主角，也书写探案追凶的故事，却并未特别表现出启智解谜、推崇科学理性、重视逻辑推断等鲜明的侦探文类特征。它们在“思想解放”和“拨乱反正”的政治背景下，以受难的形象、控诉的姿态、悲愤的情感，讲述了几十年政策失误、激进政治运动下的一桩桩冤案，描绘了政治浩劫带给国人的深重苦难，揭开了他们的身心所留下的斑斑血迹、累累“伤痕”，并进一步追问和“反思”造成这些“伤痕”的深层根源。其实，纵观“伤痕”和“反思”文学潮流中其他的大部分作品，都会回溯和追述一些冤假错案(冠以“反革命案”等种种名目)，展现其背后的案件真相，

① 1979年2月26日，中共中央宣传部批准文化部党组的决定，正式为“旧文化部”、“帝王将相部、才子佳人部、外国死人部”案彻底平反。1979年3月底，中组部、中宣部、文化部、全国文联联合召开文艺界落实知识分子政策的座谈会，发布了一个《联合通知》，为“文艺黑线专政”、“三十年代文艺黑线”、“四条汉子”、“海瑞罢官”、“三家村”、“黑戏”、“黑会”、“黑书”、“黑线回潮”罪名等平反。

② 1979年5月3日，中共中央批转解放军总政治部《关于建议撤销1966年2月部队文艺工作座谈会纪要的请求报告》，正式决定撤销《纪要》，从根本上彻底推翻“文革”激进派的文艺路线。

③ 洪子诚：《中国当代文学史》，北京大学出版社，1997年，第226~227页。

只是主人公并非警察、侦探，对案件的用笔或浓或淡各不相同而已，如鲁彦周的《天云山传奇》，方之的《内奸》、茹志娟的《剪辑错了的故事》，张一弓的《犯人李铜钟的故事》等，及莫应丰的《将军吟》、李国文的《冬天里的春天》、古华的《芙蓉镇》等。而《大墙下的红玉兰》发表后被某些劳改部门称为“攻击了无产阶级专政”，引发责难甚至指控①；《神圣的使命》等小说对“伤痕”的揭露，以及王靖的“类侦探”剧本《在社会的档案里》，卷入了文学是“歌德”还是“缺德”的争论风波，都不仅仅具有侦探的意义。广义地看，一方面，王亚平、从维熙等人的“类侦探”小说应皆属于“伤痕”和“反思”文学的范畴，它们受“拨乱反正”的国家政治转向所指引，为政治的批旧立新而在文坛发言，不脱政治的深刻影响，仍然可以视作“为政治服务”的主流文学；另一方面，这些“类侦探”小说也和多数“伤痕”、“反思”文学一样，从人道主义的立场出发，以批判的态势落笔，采用“干预现实”的手法，探索“异化”等社会哲理命题，试图获得更大的思想和创作自由，使得自己又烙下精英文学(纯文学)的鲜明印迹。此外，这些小说也在叙事方式、人物设置和伦理判断上，或多或少对中国传统文学(古典小说、话本、戏剧、笔记、民间文学等)有所继承，如“乱世降劫”、“英雄蒙难”、“忠奸对立”等，又表现出一些通俗特性。所以，20世纪70年代末至20世纪80年代中期以王亚平、从维熙等的作品为代表的“类侦探”小说，思想主旨和故事架构总体上与惯常的侦探小说大多风马牛不相及；同时，又与17年“类侦探小说”着力表现的肃反“反特”和敌我斗争等“主因素”也是大相径庭，它们处于国家意识形态文学、精英(纯)文学、通俗文学三者混成错杂的状态。

然而，这种混成错杂的状态不久之后即发生了变化，其深层背景和根本原因是改革开放这一重大国策，它带来了外来思想、文化的大规模引入，中国文学的对外来资源的借鉴也由“17年”的狭窄单一走向丰富多元。而在20世纪80年代，对中国“类侦探”小说的发展演变影响最大的外来因素，是被空前翻译和介绍进入中国的外国通俗文学和通俗文化，“从侦探小说、间谍小说、惊险小说、犯罪小说、冒险传奇小说到科幻小说、浪漫历史小说、言情小说、灾难小说，直至大量在西方轰动一时的各类畅销小说，可以说外国通俗文学的各种类型中有代表性的作家及其主要作品几乎都被囊括了”②。除具体作品外，专门介绍、评论外国通俗文学的译作和文章也不断问世，促使中国作家、读者加深了对外国通俗文学总体状况的了解，加大了外国通俗文学在中国的传播和影响③。其中对外国侦探小说的译介，则处于相当重要的位置，据统计，约占当时图书市场总量的四分之一以上④，这与20世纪初颇为相似。不光古典侦探小说作家爱伦·坡、

① 《大墙下的红玉兰》于1979年第2期的《收获》杂志发表后，造成轰动效应，但麻烦接踵而至：某省的一个劳改局行文呈报中央，认为此作“攻击了无产阶级专政”，应严肃查处；作者曾落脚的劳改矿山的政委，认为小说丑化了他的形象，使其工作无法开展；全国许多地方的监狱和劳改农场也因此小说引起一些风波。参见从维熙：《文学不是安琪儿——文学梦呓之二》，《我是从维熙——从维熙自白》，团结出版社，1996年，第172~173页。

② 王先霈、於可训：《80年代中国通俗文学》，湖北教育出版社，1995年，第337~338页。

③ 王先霈、於可训：《80年代中国通俗文学》，湖北教育出版社，1995年，第339~344页。

④ 参见任翔：《文学的另一道风景——侦探小说史论》，中国青年出版社，2001年，第194页。

艾勒里·奎恩、柯南道尔、阿加莎·克里斯蒂、威尔基·柯林斯、莫里斯·勒布朗等的作品大多被重译出版，苏联的侦探小说如阿·阿达莫夫、维·阿斯塔菲耶夫的作品也再被翻译出版。尤具借鉴意义的是，西方侦探小说后起的众多流派和更多国家的侦探小说，此期被大量译介引入，如日本的森村诚一、松本清张等的“社会推理小说”，美国的雷蒙德·钱德勒、达谢尔·哈梅特的“硬派侦探小说”、比利时的乔治·西默农的“心理悬念侦探小说”等。世界侦探小说的整体面貌和风格各异的人物、故事，世界侦探小说从传统走向现代的流变、发展轨迹，从未如此开放、全面地展现在中国读者和作家的面前。此外，从20世纪80年代初期开始，大量的外国侦探、警察、犯罪、间谍题材的影视作品也被不断引入中国。它们通过电影放映、无线电视、有线电视、录像放映等多种形式广泛传播，其中有代表性、影响较大的包括：日本影片《追捕》、《人证》(根据森村诚一的小说《人性的证明》拍摄)、“片山刑警”系列，欧美等国根据阿加莎·克里斯蒂的小说拍摄的《尼罗河上的惨案》、《阳光下的罪恶》、《东方快车谋杀案》等影片，悬念大师希区柯克的《三十九级台阶》、《西北偏北》、《爱德华大夫》、《蝴蝶梦》等影片，美国黑帮片《教父》、法国间谍片《蛇》，以及美国电视剧《神探亨特》、墨西哥电视剧《冷酷的心》等①。这些影视作品在异域背景下，展现了国家、社会、家族各个层面的种种罪案——间谍颠覆、诬陷追捕、谋夺遗产、情怨仇杀等。这些外国影视片故事紧张跌宕，形象直观生动，场面惊险刺激，手法新颖独创，令中国观众耳目一新，往往引发众人评说，有的还造成轰动性的观看热潮，其影响力有时比文字更普及、更直接，自然不会被中国作家所无视。

虽然，20世纪80年代中后期至20世纪90年代，中国的“类侦探”小说始被冠以“公安文学”、“法制文学”等称谓，到20世纪90年代中后期才逐渐恢复侦探小说之“正名”，但以如此广泛的异域侦探小说流派、作品和影视文化作为参照和借鉴，钟情于侦探小说创作的中国作家的文类视野被大大扩展，文类意识也被自觉强化，他们创作的“类侦探”(及侦探)小说慢慢在整体上呈现出纷杂的格局、多元的面貌，开始与世界侦探小说发展的各种路向取得了一些呼应(尽管成就远远不及)。例如，钟源的《夕峰古刹》、蓝玛的“侦探桑楚”系列等作品，注重对罪案过程和真相的严密推理，颇具欧美古典侦探的色彩；李迪的《傍晚敲门的女人》、曹正文的《紫色的诱惑》等作品，从心理角度层层剖析案件之谜，在心理的刻画和推理中展现案件真相，亦有“心理悬念派”的意味；而李建的《她在歌声中死去》、彭祖贻的《天堂梦旅》、孙丽萌的《血象》、尹曙生的《魂断夫差河》、胡祖富的《地火》等许多作品，则着重揭露了血案背后社会的腐蚀、家庭的悲剧、人性的堕落，受日本“社会推理小说”的影响显而易见；魏人《刑警队长的誓言》等小说中的傅冬、修莱荣《刑警的隐秘》中的赫雷、子虚的《大司马传奇》中的司马平英等中国警探，其坚韧刚毅、睿智果决，但又历经沉浮、不拘陈规的形象，则俨然是中国的“硬汉侦探”。至于李迪在《傍晚敲门的女人》中安排两条线索闪回穿插两组场面的蒙太奇式写法，陈铁军的《激情杀人》将精神病态与现实场面对应切换，魏人的“刑警系列”等中塑造男女警搭档的模式等，都可窥见外国侦探类影视作品的影子。中国的“类

① 见王先霈、於可训：《80年代中国通俗文学》，湖北教育出版社，1995年，第395~410页。

侦探”(及侦探)小说受惠于世界侦探小说和影视片的新、旧各派各家，虽在题材、深度、写法上都获得了较大的突破，日渐鲜明地展现出独有的“侦探素质”，但其激起读者参与智力游戏，满足读者的猎奇心理、溢恶心态的通俗特征也是显而易见的，视为通俗文学一脉似乎较为恰当。另外，此期中国本土的公案小说传统也有了相当程度的回归，《七侠五义》、《施公案》等众多侠义公案小说被重印，激发了不少读者的兴味，一些作家也从中汲取了创作营养。中西通俗文学资源的碰撞、交汇中，中国侦探小说的通俗路向被进一步强化。

20世纪80年代中后期，中国大多数的“类侦探”(及侦探)小说的创作、阅读、反应，实际上也汇入了20世纪八九十年代的通俗文学热潮和大众文化狂潮之中，并为其推波助澜。这一时期的许多通俗报刊上，带有侦探、言情、武侠意味的三种作品数量最多，几呈鼎立之势；更有一些刊物以“公安文学”、“法制文学”为旗，专门刊登发表“类侦探”作品，也是颇有拥趸，如《啄木鸟》、《蓝盾》、《警坛风云》、《法制文学选刊》、《中国法制文学》等。而且，一些“类侦探”(及侦探)小说借鉴多种畅销元素，吸引读者的阅读注意，体现出与其他通俗文类的融合趋势，如海岩从《便衣警察》的主旋律模式走向极端柔媚化、感伤化的言情倾向，如许多“类侦探”作品将武侠、冒险因子糅进罪案探寻之中，也是通俗文学大盛的潮流使然。这一时期，大众文化也逐渐占据了中国文化格局中的主导地位，影视的声色光电给予人的感官刺激，似乎比文学的思考更直接、更鲜明、更普及。而“公安文学”、“法制文学”(当然也包括侦探小说)的文字和叙事，本身就具有强烈的画面感和动作性：那幽暗神秘、血腥恐怖的罪案现场，种种犯罪行为的发生经过，警探抽丝剥茧、侦查罪案的步步推进，警匪之间追逐、格斗、枪战的较量等。当这些元素融入大众文化的技术手段，经过镜头拍摄、场景调度、美术设计、蒙太奇组合切换、胶片剪辑、配音配乐等再加工后展现于银屏上，上演于观众眼前时，其产生的接受效果无疑是十分强烈和广泛的。20世纪80年代以来在中国银屏，涉案涉罪的公安、警匪影视片始终是大众文化的重要一支，其中许多都是由“公安文学”、“法制文学”改编拍摄而成，如《龙年警官》(根据魏人小说《刑警队长的誓言》改编)、《大雪无痕》(根据陆天明同名小说改编)等，为世俗大众所喜爱；影视也极大地扩展了原小说的影响力，推动了这类小说的畸形繁荣，许多作者就专欲获得影视制作人和导演的青睐而创作。在与大众文化的联姻当中，海岩是最成功的一个，他的《便衣警察》、《一场风花雪月的事》、《永不瞑目》、《玉观音》等小说经过影视改编，其获得的收视效果不亚于金庸、琼瑶的作品。进一步看，中国“类侦探”(及侦探)小说回归并强化通俗路向，其深层动因还在于，“社会的‘转型’——‘市场经济’的发展和消费性社会的出现——给文学带来的另一性质的影响”①，这就是经济体制改革、商业化社会的出现。它让中国社会在“转型”中，出现了经济、文化、道德、人性的曲折变化和复杂格局，给作家提供了丰富的创作资源，其中自然多有纠结于种种离奇罪案中的爱恨情仇、正邪较量、善恶冲突。它也让诸多“身份”发生了转换，作家成为“贩文者”，文学成为“商品”，读者成为“消费者”。背靠着这“转型”的背景，中国“类侦探”(及侦探)小说、影视剧呈现了十分

① 洪子诚：《中国当代文学史》，北京大学出版社，1997年，第235页。

热闹的创作局面，但多数作品并不追求思想、艺术的创新，而是着力展示罪案的发生及侦破过程，强化对读者的感官刺激。那些非法出版、大街小巷充斥的小报小刊上的所谓“公安文学”、“法制文学”，那些背街角落的阴暗录像厅播放的所谓“警匪剧”，满目皆是耸人听闻、铺排声色、渲染罪恶的粗劣之作；即便在正规的公安法制(侦探)期刊上发表的作品和公开放映的公安影视片，虽有着正统的主旨如强调法制、歌颂公安干警，笔墨和画面也收敛许多，但骨子里大多也不脱通俗甚而媚俗的叙和拍摄模式。这其实不足为怪，毕竟，无论欧美的主要侦探小说和中国的民国“鸳蝴派”侦探小说，还是此类题材的影视作品，本质皆为面向中产阶级、市民阶层的“文化商品”或“文化工业”，遵循为读者(观众)喜好和趣味创作的市场原则，满足他们的各种世俗欲望，同时自己也尽可能多地获取追捧，换得利润。所以在全社会向市场化、商业化“转型”的大背景下，中国的多数“类侦探”(及侦探)小说创作，就将侦探小说的世俗化趣味和商业化目的推向了极致，甚至是畸形的境地。

相较于20世纪50年代对苏联的一边倒地学习介绍，20世纪80年代涌入中国的外来制度、思想、学术、文化(文学)涵盖许多国家和民族，类别、内容十分广泛丰富，比之清末民初也有过之而无不及。更基于对“现代化”的热切渴望，本期国人尤其热衷于对近现代西方较为前卫和先锋的各种思想文化理论、文学思潮、文学派别、作家作品的译介引入。从存在主义哲学、精神分析理论、生命哲学、现象学、俄国形式主义、阐释学、结构主义和解构主义、新批评等人文社会科学理论，到信息论、控制论、系统论等自然科学理论；从象征派、未来主义、意识流、超现实主义、新小说、垮掉的一代、荒诞派、黑色幽默、魔幻现实主义等各种文学思潮和流派，到卡夫卡、海明威、马尔克斯、川端康成、萨特、加缪、福克纳、博尔赫斯等现代小说大师，不断在中国思想界和文学界激起热点和讨论，引发中国作家的学习仿效和创作突破，对中国文学的发展变迁产生了深刻持续的影响，也促使中国的“类侦探”小说首先在观念和写法上走向了先锋路向。马原、余华、王朔、格非、苏童、叶兆言、方方等一众先锋作家、纯文学作家纷纷介入侦探题材的小说创作，或多或少都透射出上述某些思想理论、文学思潮和作家作品的影响，如对传统侦探小说逻辑理性的颠覆中隐含的解构主义思想，如与罗布·格里耶、博尔赫斯在小说思维和叙事上的相似等。这些小说可被称为中国的“玄学侦探小说”，虽也呼应了当代西方侦探小说发展的某一方向，但其“类侦探”意味，更多是借用警察、罪案的特殊题材，进行人生乃至世界的哲理玄思，探索具有本体论意义的小说观念和技法的革新。它们虽然让侦探小说在思想和艺术上取得了相当的突破，但只能视为当代世界和中国侦探小说的支流，而并非主潮，或者仍应归入纯文学(或先锋文学)的总体格局之中。

需要指出的是，尽管通俗和先锋，是20世纪80年代中后期以来中国“类侦探”(及侦探)小说发展变迁的两个主要路向，但国家主流政治，始终未曾离开对此类小说的控制和影响。这在国家司法机关、公安警察系统出身的作家创作的诸多“法制文学”、“公安文学”作品中，在一些秉承“五个一工程”等意旨创作的公安、法制题材的作品中，表现得依然明显。而到了20世纪90年代中后期到21世纪，随着现代传播媒介对文学的影响越来越大，中国的“类侦探”(及侦探)小说也在影视等大众传媒，以及网络媒体的影响之下，出现了新的变化。

第二节　“伤痕”和“反思”潮中的“类侦探”小说
——以几部代表作品为例

20世纪70年代末期至20世纪80年代初期，中国大陆文坛所兴起的“伤痕文学”潮，以揭露的笔墨和批判的锋芒，直指刚刚过去的“文革”。“由于这时的作家都是事件的亲历者，因此，有关‘文革’的写作，又可以看做是亲历者对历史创伤提供的‘证言’”和“历史创伤的记忆”①，它涉及了学生、知青、智识者、落难官员等各种群体，特别容易激发广泛的情感共鸣，造成了“轰动效应”。而同为“伤痕文学”的代表作，《神圣的使命》、《大墙下的红玉兰》、《第十个弹孔》等小说，以“公检法”被砸乱这一特殊背景下的罪案侦破、昭雪为题材，将“伤痕”人物聚焦于公安警察这一特殊人群，留下了特殊的“历史创伤的记忆”。之所以特殊，是因为“文革”之前的中国公安警察作为无产阶级专政的重要力量，无论在现实社会还是文学艺术的世界，大多被塑造（或宣传）为正面的英雄形象——或智勇双全，无往不胜，为敌特、宵小胆寒；或乐观亲切，爱民如子，广受人民群众爱戴。但到了“文革”时期，“公检法”被砸烂，公安、司法机关瘫痪，公安警察队伍也遭受全面冲击，风云变幻间，专政机器的执掌者沦为阶下囚，被摧残迫害，正义和邪恶也似乎颠倒，英雄形象变为悲剧人物。这巨大的反差，既在亲历者的身心之上刻下了斑斑血痕，也加剧了全社会的动荡混乱，造成了大量的冤假错案。浩劫过去之后，在文学的领域，书写这类反差巨大的经历或案件，作者笔端自然就蘸满了浓重的悲剧色彩，强化了当时对“文革”的政治批判性；同时在反差之中也展示了尖锐的矛盾冲突，寄寓了强烈的道德审视，表现出鲜明的戏剧性效果。

王亚平的短篇小说《神圣的使命》，讲述了公安人员对一件冤案进行平反昭雪的故事：1975年，刚从“五七干校”复出的老公安王公伯，重新调查追溯一桩八年前的旧案，揭开了案件背后悚目惊心的内幕——“造反派”徐副主任、杨大榕等为夺取权力，毒死省委书记陆青的秘书，并嫁祸身为老干部的陆青，对其进行残忍迫害；一位正直的知识分子白舜无意得知内情，激愤地寄出举报信，也被诬以“企图强奸”的罪名打入监狱，饱受摧残却无处申冤。王公伯发现案件疑点后，多方走访调查，欲为白舜平反。唯恐阴谋败露的“帮派”分子先是重重阻挠，后又借“反击右倾翻案风”迫使王公伯离职；当王公伯以治病的名义坚持查探案件，真相即将大白之际，却遭遇了一场人为车祸而被害。小说最后以“四人帮”被粉碎，白舜获得自由，一家团聚而结局。从维熙的中篇小说《大墙下的红玉兰》，则将视角切入以往的写作“禁区”——监狱、劳改队等“大墙”内部，铺写动乱年代一桩令人悲愤扼腕的血案：1976年早春，因质疑“文革”个人崇拜，老革命干部、省劳改局劳改处长葛翎，被“造反派”秦副局长冠以“走资派”、“还乡团”、“现行反革命”的罪名下狱。在劳改农场，他遭遇了两个视之为仇的犯人：马玉麟和俞大龙。前者当年是大恶霸地主之子、恶行累累的“还乡团”，其父土改中被葛翎镇压，他

---

① 洪子诚：《中国当代文学史》，北京大学出版社，1997年，第256、261页。

也勾结土匪打伤过葛翎；后者因流氓犯罪被葛翎审讯判刑。二人为泄私仇，更受秦副局长、农场政委章龙喜等“造反派”指示，欲借机置葛翎于死地，一时间风寒雪冻、苍天无眼、善恶易位。葛翎与含屈入狱的正直青年高欣，以及老战友农场场长路威一道，与这些“恶人”进行了坚决的斗争。适逢周总理去世，高欣的女友周莉从北京来赶来探望，带来了天安门的悼念消息和照片，矛盾由此更加紧张激化。葛翎等悲愤沉痛，想在狱中悼念总理；“造反派”及其走狗欲罗织罪名，疯狂迫害。最后，章龙喜和马玉麟设下毒谋，在葛翎为编织悼念总理的花圈，摘取大墙外开放的白玉兰花的时候，章龙喜以“越狱”之名开枪，葛翎倒下高墙，鲜血染红了白玉兰花…… “大墙文学”之说，正因这部作品不胫而走。至于从维熙的另一部短篇小说《第十个弹孔》，也是围绕着对“文革”时期一件疑案的调查审理展开：曾在革命战争年代九次负伤的老干部鲁泓，“文革”中被迫害关押十年之久。“文革”结束他重新担任某市公安局长，复职后审理的第一件重大的破坏桥梁案件，就涉及自己阔别多年的独生子鲁小帆。“文革”中因为父母被关押、奶奶被驱逐，鲁小帆跟着舅舅生活。社会的歧视和寄人篱下的耻辱，使他幼小的心灵蒙上浓厚的阴影，失去了弥足珍贵的人生理想和道德支撑，从而成为“造反家”利用的工具，堕落为罪犯。虽然，儿子的犯罪是受“四人帮”爪牙的指使，但它仍如一粒子弹，击中了鲁泓，在他身心上留下了“第十个弹孔”。最后，鲁泓强忍内心悲痛，说服了妻子、母亲和部下，查清了案件真相，下令逮捕了儿子鲁小帆。

这几篇小说都围绕着某些具体案件展开叙事，表现出一定的“类侦探”意味，但它们的写作重心并未像一般侦探小说那样，落笔于侦查探案的逻辑进程和理性智慧，而是着力铺排、渲染那灾难年代带给人们的无尽创痛。《神圣的使命》、《第十个弹孔》皆以王公伯、鲁泓的调查行踪为主线，贯穿多个场景的铺叙描写，不时进行插叙、倒叙，并结合不同人物的心理回忆，对案件的前后因果展开了剥笋式的层层讲述。但是案件并不复杂，真相也被早早交代，两部小说的重点都是揭“伤痕”。《神圣的使命》中，既描绘了八年牢狱之灾的残忍折磨留给白舜的遍体鳞伤，勾勒了坚信亲人无辜、忠贞守候其归来的林芳母子背负亲人冤屈，在歧视和穷困中挣扎求活的生活悲景；又刻画了违心指证白舜、遭受痛苦心灵煎熬的少女杨琼的忏悔心理，叙写了正直的公安人员欲张正义却被打压陷害的悲愤无奈处境。《第十个弹孔》则用近一半的篇幅，展现了“文革”降临，11岁的鲁小帆在父母被揪斗关押、奶奶被赶走、家被侵占的惨境下，心灵的恐惧、孤寂、无助、疑惑；交代了鲁小帆在寄人篱下的迁怒和白眼中长大，心灵被逐渐蒙蔽扭曲，沦为与“走资派”家庭决裂的“闯将”的过程。面临鲁小帆在孤苦无依中堕落的现实，鲁泓及亲人们痛切、追悔、彷徨交织的心理和情绪，在文中也多有点渲染。小说之题就是这样的象征：“文革”导致了鲁小帆的堕落，并使其成为击中鲁泓的第十粒子弹；它的警示意味在于，它通过控诉“文革”对青少年的精神戕害，隐喻“文革”给这个社会造成的心灵“伤痕”和精神隐患。至于《大墙下的红玉兰》，更将侦探小说“警探探案”的模式完全隐没，而重在以春寒慑人的自然背景为烘托，勾画了葛翎被“造反派”摧残的身体样貌，突出了葛翎身处正邪不分、虎狼窥伺的险恶处境中遭受的严酷迫害。这些刚刚过去的“历史创伤的记忆”，历历在目，在当时尤其令读者感同身受，禁不住要动容落泪。与揭露“伤痕”的描写叙述相呼应，小说还不断穿插未加掩饰的议论，和不太节制的抒情，在悲愤沉重地评说和痛切激越地宣泄中，更增添了对读者的感染性。满纸的笔墨，颇为淋漓尽致地控诉了激进政治运动带给中国的巨大劫难：社会混乱、冤狱遍地、善恶莫辨、是非颠倒、公正不在……揭开了这一运动留给人们的累累“伤痕”：家庭破碎、孩子遭难、亲人失散、父女(子)离心、夫妻反目、良知扭曲、心灵蒙尘……

这几篇小说展示和控诉“伤痕”，其用笔的焦点始终聚于对造成国家劫难和人们痛苦的政治集团(即在拨乱反正后被认定的林彪和“四人帮”反革命集团)的挞伐，进而揭示特殊时代中激烈的政治斗争过程。这就使小说与1978—1979年清算政治激进派、开始进行“拨乱反正”的政治主潮密切相关。它们在写法上其实与“17年”、“类侦探”小说相似，“还没有脱离在这之前由17年公安题材文学所创造的那种以对某一案件的侦破调查引出小说富于政治斗争意义主题的创作模式。只是这时，公安工作所进行的政治斗争的对象由过去的美蒋反动势力转换成了‘四人帮’集团及其爪牙”①，因此，曲折、离奇等侦探小说特有的情节因素在这几部小说中都被淡化，尖锐的政治斗争的意义则被有意凸现。为了更鲜明地突出这一目的，小说都特意将时间拉回到1975—1976年；当时的政治气候波诡云谲，执政党内的斗争日趋激烈，政治角力进入关键时期，这些背景被作者们直接投射于文中。《神圣的使命》、《大墙下的红玉兰》都把周恩来总理逝世及引发的政治斗争作了重要的交代，《大墙下的红玉兰》更以此作为全文情节展开的核心和矛盾冲突的焦点。而“文革”后期由周恩来、邓小平先后主导的社会各领域的调整和整顿(即所谓的“右倾翻案风”)，也在这三部作品中被明确点出。《神圣的使命》、《大墙下的红玉兰》中，王公伯、葛翎复职又被迫离职(或入监)，“造反派”等反面人物宣称的“阶级关系变化的新形势”，“党内最大的走资派，扶植死不悔改的走资派上台”等语言直接在文中不断出现；《第十个弹孔》中，鲁小帆参与炸毁桥梁，也是受“造反派”指示，破坏矿山和钢厂的恢复生产，这些叙述，莫不对应了这些重大政治斗争。此外，几篇小说对重要人物的身份设置也与政治斗争形成呼应，具有政治的代表性。王公伯、葛翎、鲁泓都是20世纪二三十年代就参加革命的老干部；白舜是主持重大科研项目的知识分子，他所尊崇并为保护其而己身遭难的陆青是长征干部；葛翎之妻高雅琴是医生，妻舅高廉是作家，这些身份代表的群体，是被激进政治运动冲击、迫害的主群体。而这些群体的对立面，如徐润成、裴发年、杨大榕、秦副局长、章龙喜等，武斗夺权，翻云覆雨，炮制冤案，无不是靠“造反”起家。《第十个弹孔》中那个青云直上，通过鲁小帆的舅母陆霞蛊惑其滑向心灵迷途的“造反派”，虽始终未露面，但作者给他安排的芭蕾舞剧团演员的身份，其政治影射的意味十分明显。而“文革”结束后对两个对立面的政治评判，平反前者而清肃后者，正是“拨乱反正”的重大政治转折所要解决的根本问题。在《神圣的使命》中，作者借王公伯之口，直接将二者的矛盾斗争从白舜案件，上升到“两个阶级、两条路线的生死斗争”，“牵一发而动全身”，甚而是“一场共产党和国民党激烈斗争的继续”，它有着重大的“历史意义”。人们的政治立场也因这场斗争而分显，“它牵动着好些个人！它将使妖魔现出原形，使正义得到伸张，使人民的觉悟大大提高”。《大墙下的红玉兰》则用“天，快亮了，快亮了……”结尾，隐喻了这场政治斗争的

① 杜元明：《中国公安文学作品选讲》，警官教育出版社，1996年，第80页。

结局。因此，从故事背景的设置、人物关系的安排，到情节的铺展、场面的描述，以及不免夸张的议论和抒情不难看出，这几部小说的题旨指向，以及它在当时引发的阅读效果，皆立足于政治这一根基，对应了当时的国家意识形态，与侦探小说的“主元素”不太相干。

这几篇小说汇入当时的“伤痕文学”潮，取得了强烈的社会效果，自然也不是仅仅遵循政治主潮创作的“遵命文学”。它们在当时引起强烈共鸣，还因为它们“敢于触及重大的社会政治问题，敢于暴露生活中的矛盾和阴暗面，敢讲真话，敢吐真情，对特定时期的社会生活表现了一种积极‘干预’的态度和大胆批判的精神”①，传达了某些人道主义的色彩，亦透露出对历史和现实的某些现代性“反思”。即便这些因素在文中较为表相和肤浅，但也略略显示了一种独立于主流政治之外的精英立场。首先，三篇小说都借文中人物遭受冤狱的经过，加上人物的语言和作者的议论，直接点出激进政治运动对法律制度的破坏，斥责“造反派”对法律的践踏，为秩序失衡和公正沦丧而痛心不已；进而强烈地呼吁“维护法律的尊严”、捍卫法律的权威。这已经开始触及造成“伤痕”的某些思想和制度根源，初步具备了往历史和社会深处掘进的“反思”的色彩，但并非要有意去恢复侦探小说的文类要素。其次，“伤痕文学”的发轫之作《班主任》，大声疾呼“救救被‘四人帮’坑害了的孩子”，而《神圣的使命》中的杨琼、《第十个弹孔》中的鲁小帆，也是“文革”中心灵被戕害、精神被玷污的典型形象。小说在他(她)们的身上，表达了带有精英意识的“救赎”命题，也明显倾注了人道主义的悲悯情怀和痛切感慨，虽有些亦步亦趋地沿袭前人、照搬模式，却也接续了中国知识分子一贯的忧患意识和批判精神。最后，“伤痕文学”和“反思文学”，虽“大体上也可以按时间加以排列，但是，在特征上两者的界限并非十分清晰”②。《神圣的使命》侧重暴露“伤痕”，“反思”较为皮相；《大墙下的红玉兰》和《第十个弹孔》的所叙、所诉、所思，则更多一些“反思文学”的意味，作者的经历多少导致了这区分。

王亚平在发表《神圣的使命》时，是一个刚刚20出头的青年军人，而从维熙在“1979年早春归来”，“已然是44岁，饱经沧桑发鬓染白的中年人了”③。从维熙的小说创作自20世纪50年代初就已开始④，早年作品深受孙犁的影响，颇有“荷花淀派”自然清新、“淡雅明丽”的诗意风范。1957年，他被划为右派，1960年，他又被划为“极右”，与妻子张沪一块被送劳动教养直至“文革”结束。他亲身经历了将近20年的牢狱生涯，在农场、矿山、工厂、煤窑参加高负荷劳动，多次在劳动中遭遇死里逃生的险境(妻子也曾不堪迫害和屈辱，险些自杀身亡)。“反右”、“文革”等激进政治运动中，他饱受磨难，亲身体察了最为真实的痛楚经验和残酷感受，洒下了辛酸的血泪，刻下了满身的伤痕，更留下“伤痕累累的心”⑤。他也耳闻目睹的那些“地富反坏右、牛鬼蛇神”

① 於可训：《中国当代文学史论》，武汉大学出版社，2004年，第190页。
② 洪子诚：《中国当代文学史》，北京大学出版社，1997年，第258页。
③ 从维熙：《我是从维熙——从维熙自白》，团结出版社，1996年，第37页。
④ 从维熙的处女作是1950年底发表的《战场去》，以抗美援朝为背景。
⑤ 从维熙：《我是从维熙——从维熙自白》，团结出版社，1996年，第58页。

的经历，如外形纤弱却以死抗争的右派郑光第，如林昭血淋淋的冤案。回归文坛之后，他再也无法保有诗情画意、云淡风轻的创作心境，转向用笔蘸着自己的血泪，去表现“人间的悲情，而没了文学中的欢悦。这不仅仅是我个人的悲哀，内藏着的是时代和历史的悲哀”①。因此，从维熙的这两篇小说，取材于特殊“大墙”之内，立足于个人的悲苦经历，也烛射更长期的历史年代，暴露更尖锐的社会矛盾，揭示更真切的阴暗面，进行更深入的“反思”。而在《第十个弹孔》中，从维熙则对人性进行了某种程度的反思。鲁小帆的舅妈陆霞，“在风平浪静的生活里，良知的触角比雷达还要敏锐，鲁小帆刚到她身旁时，她不知流了多少怜悯的眼泪，疼鲁小帆像疼亲生儿子……但稍有一点冷风，她同情的热泪，可以马上结成冷酷的冰，几张大字报像扇子一样，立刻把她内心的火焰化成灰烬，她开始对着小灾星皱起了眉头。”她也自承变得“现实”，后来为了自己“高升”，她伙同“造反派”诱使鲁小帆与家庭决裂，将其推向犯罪之途，也背夫弃家，攀附新贵。鲁泓的老部下刘如柏，“文革”前“面孔冷若冰霜还带着一点刻板”，捍卫法律，坚持原则，对上级也直言不讳。“文革”后他的脸上总是“笑容可掬”，在鲁泓面前态度“谦恭”，“似乎还潜藏着自卑、讨好和奉承”；他还在查案时特意淡化鲁小帆的罪责，为其开脱。从这两个“配角”的刻画中，作者初步揭示了政治洗劫和社会挤压对人性的扭曲，也暗示了人性潜藏的软弱、卑微、易变，开始触及“异化”这一现代性的命题。在一篇回忆录中，从维熙回忆了劳改农场中一对“被异化的白天鹅”，可作《第十个弹孔》中人性“反思”的参照。它们被剪去翼羽、生活在劳改农场这个“囚笼”之中，“天性中的善良，被岁月的流光啮食掉了”；变成了“被异化的长翅膀的白狗”，疯狂袭击“我”这个弱者，“如家狗般凶厉”。对待自由地想亲近的同类，它们也是“如凶神一般，摆出武斗架式”。作者想到，这“美丽的天使安琪儿，在主人驯化豢养以及囚徒们的挑逗凌辱之下，就不能改变它们那颗善良的灵魂吗”②？而《第十个弹孔》对陆霞“带着露珠的玉兰花”般秀丽样貌的交代，还有鲁泓意味深长地将刘如柏的名字改为“如柳”的情节，都是指涉人性“异化”的隐喻，在这一点上，从维熙的这两篇小说比《神圣的使命》的内涵要更胜一筹。

这几篇小说当时引起“轰动效应”，还在于它们在展示时代苦难的同时，也透露了对世道人心的喟叹、对人生悲剧的感慨、对道德伦理的点染，隐现出中国传统文化(文学)的通俗趣味和民间价值观，这主要是通过人物形象的塑造、人物关系的安排及相关的情节寓意来表现的。《大墙下的红玉兰》以这样的一段文字作为题记，“民间传说：日蚀是天狗想吞噬太阳的时刻。在这个时刻，天地混沌，人妖颠倒，鬼魅横行……中国历史上出现日蚀的年代，在大墙下面，发生了这样一个悲恸的故事……”这里明显地将“天狗蚀日”作为“文革”的象征，承袭了中国古代话本、小说和戏剧在背景设置上的“乱世降劫”传统，对应了一种延续久远的民间文化心理；正如《封神榜》、《水浒传》、《说

① 从维熙：《无法抗拒的裂变——“文学之旅”回眸之四》，见从维熙：《我是从维熙——从维熙自白》，团结出版社，1996年，第177~178页。

② 从维熙：《被异化的白天鹅——风雪驿路回眸之四》，《我是从维熙——从维熙自白》，团结出版社，1996年，第52~53页。

岳全传》等经常在开篇所展示的，当天生异象、灾星临世之际（如太岁降临、岁星犯日），寓示着大劫已至、妖孽丛生、天下将乱。这些中国传统文学而后的情节展开、人物行动，也惯于遵从以下的“忠奸对立”定式：时逢乱世，往往是朝纲混乱、奸佞当道、恶人猖獗，对应地则忠良被谤、良善不显、百姓遭难。在浊世乱流中，人们的道德伦理、气节操守也各个显露无遗，险诈篡逆、横暴奸恶、卖身投靠、翻覆机变者一时大行其道；但“时穷节乃现”，固守忠义、忧患天下、怀瑾握瑜、力救狂澜者也自历历有人。据此，展现道德伦理上的忠奸之辨，正邪之仇、善恶之分，铺述窃位坏国与护主定邦，荼毒百姓与护恤黎庶之间的矛盾斗争，就成为中国古代文学和民间文化屡用不衰的写人、叙事模式，中国读者读之也是屡屡会意在心，嗟叹不已。《神圣的使命》、《大墙下的红玉兰》、《第十个弹孔》等篇也一定限度地承袭了这种定式。

在明显的“忠奸对立”之下，这几篇小说突出刻画了正面主人公王公伯、葛翎和鲁泓的形象，赋予了他们现代“忠臣”（“诤臣”）、“清官”的特征。一方面，他们均被作者安排为老革命、老干部、老公安的身份，都胸怀对“党的事业”的坚定信念和对领袖的一腔忠诚，坚守正直的品质、坚强的意志、清白的节操，虽九死而不移——王公伯英勇无畏，气势凛然，一心要为白舜冤案平反，将“捍卫无产阶级专政”视做自己“神圣的使命”。葛翎嫉恶如仇、坚韧智决，敢于对个人崇拜提出置疑，并与大小“造反派”及其帮凶进行毫不妥协的斗争。鲁泓缜密沉着，为维护法律尊严、国徽的神圣，大义灭亲，将“文革”中犯罪的亲生儿子亲手绳之于法……小说强化了主人公的政治伦理，将他们在道德上崇高化、圣洁化，既是一种高大的社会主义公安英雄形象，也带有传统的“忠臣”痕迹。此外，这些主人公的形象和作为，还契合了中国传统文化心理中的“清官”崇拜，他们都痛恨徇私枉法，又都“爱民如子”。《神圣的使命》中，王公伯俨然是为白舜冤案昭雪的“青天”自不待说；《第十个弹孔》中的鲁泓舍家为国，将亲子入罪的“大义灭亲”故事，曾在中国古代的叙事文学中反复出现，更蕴涵了民间对“王子犯法与庶民同罪”的殷切期待。当传统的政治伦理和人伦亲情发生“忠孝两难”的冲突时，鲁泓忍痛割舍了亲子之情，选择了忠正清廉，这样的故事，对于积淀着传统文化心理的中国读者来说，带来的感染效果自然是较为强烈。

不过，在“忠臣”、“清官”的传统政治伦理外，这些主人公的形象，都被塑造为历经沧桑、正直坚韧、宽厚慈爱的长者，也体现了世俗的人伦道德。从“人”的角度看，他们都是善良的“好人”。王公伯在调查白舜案时，和白舜细致而尊重地交谈，对学生以神圣职责的谆谆教诲，给林芳母子精神的安慰、物质的照顾，对被蒙骗的杨琼也是宽容体谅。葛翎对于正直纯洁的青年高欣、周莉，爱护关切有加；老战友路威对他的处境愤恨不平，他反过来对其耐心劝说疏导。鲁泓认亲手将叛徒儿子枪毙的石大娘为母，孝顺敬爱，关爱妻子的苦楚，宽容妻舅的无奈；特别对顾念私情，试图减轻鲁小帆的罪责的部下刘如柏，虽指责批评，却更语重心长地启发劝勉。这些形象，让人感受到一种市井民间道德人伦的善良、品格节操的高尚，面目也格外可亲；这些形象，在刚刚经历了你死我活的阶级斗争时代，多见亲人成仇、道德混乱、善恶颠倒的中国，会使读者心中泛起久违的美好品性，也是颇能激起共鸣的。另一方面，他们又被作者置于险恶危难的境地，呈现“受难者”的形象。在“文革”等浩劫中，他们身心饱受折磨，甚至失去生命，家庭破碎，事业停滞，理想被践踏……但无论怎样遭遇不公，或被摧残迫害，却始终保持铮铮之骨，凛然之气。由此他们的形象，又显露出一种悲壮化的人生意味，烙下浓烈的悲剧色彩。这样的英雄受难、气节不渝、以身报国的悲剧式命运，在全社会刚刚渡过劫波之际，是很能唤起人们的不尽感叹和深切同情的。

除主要人物外，这几篇小说中的其他正面人物，也被作者勾画了作为“好人”的善良人伦、美好品质，其中亦寄予了传统而世俗的道德评价。像爽直重义、性烈如火的路威，坚持知识分子的正直品性和气节、饱受诬陷折磨不弯腰的白舜，在传统叙事文学中多可找到粗豪英雄和狷介文人类的对应形象；像对白舜不离不弃的林芳母子，宛如古代戏剧中苦守寒窑、不事二夫的守节妇女；像保有良知，为自己的罪而悔过，并化名照顾白舜之子白雪的杨琼，其知耻赎罪之行也符合了民间伦理。另有青年民警小陈、青年教师吴正光、青年运动员高欣和周莉等，作者在塑造他们的形象时，并不以政治斗争的立场为主要原则，而是用一些细节，也描画了他们的正直、善良，对弱者的同情等品质。小说也因而拨开了政治浩劫的愁云惨雾，洒下了人性的亮色，寄予读者以未来的希望。如《神圣的使命》以这样的情景结局：1976年金秋，白舜被释放，妻儿迎接着他，杨琼也伴着吴正光来向他忏悔，王公伯的后继者公安人员小陈，目送着他们沐浴着金色的朝霞，“走向了那轮金色的太阳”。他们都走向了政治的新生，其身上何尝不闪着人伦（人道）的光辉。

正是因为这几篇小说遵循“忠奸对立”的定式，“把历史运动，看做是善恶、忠奸的政治力量之间的冲突、较量的过程”；将“‘文革’等的曲折，和这其间正直者的蒙冤受屈”，看做是“奸佞之徒一时得势的结果”；并且用“这种历史的道德化的观念”，使“人物被处理为某种道德的化身。”①所以对反面人物的塑造，包括那些“造反派”们和其帮凶，以及其背后的高层政治集团，作者也主要进行爱憎分明的道德抨击。首先，在政治伦理上，文中常常指斥反面人物为“黑暗势力”、“野心家”、“社会的罪人”、“新暴发户”，而直接点出其后台“奸臣”或“白脸奸臣”、“女皇”的称谓，尤具历史化、道德化的评判色彩，更对应了中国传统的政治文化心理。其次，在人伦道德上，小说通过具体的叙事写人，表现了炮制冤案血案的“造反派”们丑恶灵魂——阴险邪恶，横暴残忍，灭绝良知，色厉内荏，巧言令色，不择手段……种种言行及内心的袒露，都贴上了不折不扣的“邪”、“恶”、“坏”的标签。而读者强烈的愤恨、控诉之情，往往正是由这些道德上触目惊心的叙写而激发。值得注意的是，无论是对“奸臣”政治伦理的斥责，还是对“恶人”人伦道德的鞭挞，这几篇小说不自觉地沿袭中国民间评判政治斗争、道德冲突惯有的思维模式，借用古代通俗小说和话本所恪守的君主大防，将天下动荡、善恶颠倒的根源归结于“奸臣惑主”、“浮云蔽日”、“天听阻塞”、“圣主失察”（如《大墙下的红玉兰》中的“日蚀”之喻）等表层现象，未触及激进政治运动背后某些根深蒂固的政治文化因素，所以缺乏深邃的历史眼光和人性剖析，道德批判虽尖锐畅快，深刻性却是颇有不达。

《神圣的使命》、《大墙下的红玉兰》、《第十个弹孔》这几篇小说，虽然处于主流政

① 洪子诚：《中国当代文学史》，北京大学出版社，1997年，第266~267页。

治、精英意识、通俗趣味的错杂混成状态，也带有某些探案追凶的侦探元素，但终究是抒时代主潮的"伤痕"、"反思"之怀抱，不能视为严格的侦探小说。到了20世纪80年代，"伤痕"、"反思"文学的热潮开始逐渐消退，李迪的《傍晚敲门的女人》、李建的《她在歌声中死去》等发表，海岩的《便衣警察》1985年出版并轰动一时。这些都是颇具侦探小说文类特征的小说，但其中揭露"文革"创伤、反思历史教训的意味依然浓厚，一定程度上也说明"伤痕"、"反思"的余脉流传，较长一段时间内尚未断绝。

第三节 "公安"、"法制"名目下的"类侦探"小说

一

20世纪80年代之后，以公安、司法人员为主角，以侦查破案和缉凶惩罪为题材，涉及社会治安、刑事案件或国家安全、法制建设等领域的小说创作，逐渐从时代整体的文学创作主潮中，突出显现了自己的题材特性及文类特征。这一变化是通过系列有组织的理论倡导、有组织的创作安排所催生的，但对此类小说的"命名"，则又陷入长期众说纷纭、各执一词的境况。十余年来，"法制文学"、"公安文学"、"犯罪文学"、"警察小说"、"惊险小说"、"侦探文学"("侦探小说")等各种名目长期共存，"无法就其名称达成默契，若干常用的术语构成一座座语词迷宫，其意义时有相互重叠、矛盾的现象"①。这种"命名"的分歧，表面看是评论界基于文学观念、文学立场的不同，对此类小说缺乏理论上的清晰共识和一致认定，实际却是因为它们连接着纷繁喧嚣的社会"转型"期背景，以特殊而复杂的领域作为题材，往往由特殊组织和特殊身份的作者来提倡、写作，反映出的文学面貌也是新旧杂糅、优劣参差、乱花迷眼；既交叉重叠、互相容括，又各自呈现出文类的分野、不同的路向。在这众多的"命名"中，"法制文学"、"公安文学"是使用频率最多的两个。此期的中国"类侦探"小说大多被冠以这两个名号，标明了政治化路向的承续，但是，也恰是这两个名号下的大部分作品，进一步将中国"类侦探"小说推向了通俗化的路向。

关于"法制文学"、"公安文学"的"命名"，有着一些标志性的事件。1981年12月25日，第一次关于法制文学的学术讨论会在北京召开。在会上，魏军宣读了他和闻龙合写的论文《关于中国社会主义法制文学》，第一次正式提出"法制文学"这一新概念。概念是这样表述的，"凡从社会主义现实生活、从社会主义的法的观念出发，而又创作在社会主义时代，而且运用文学艺术的手段，完成对维护中国社会主义法制和揭露违法的社会现象的形象塑造任务，无论何种体裁、风格、样式，只要是反映法律与犯罪的作品，概属于中国社会主义法制文学的性质和范畴"②。这一概念带着明显的政治性口吻，强调社会主义性质，突出主题的倾向性和思想性，是20世纪80年代，整个国家追求法

① 袁洪庚：《接受与创新》，香港中文大学：《二十一世纪》网络版(http：//www. cuhk. edu. hk/ics/21c)，第9期，2002年12月31日。

② 吴泽之：《法制文学的写作》，西南师大出版社，1991年，第2~3页。

律建设、普及法律知识的大环境下的产物。作为公安部主管的群众出版社的一名编辑，概念的提出者魏军的身份，也让这一概念带有某些政治色彩。顺应社会环境所引发地对“法制文学”的提倡，《法制文学选刊》、《中国法制文学》等接连创刊，专门发表和推介“法制文学”；《法制日报》①除刊登一些作品外，还屡屡发表文章，展开对“法制文学”的讨论；一些作家也有意以“法制文学”为旗，进行这类题材的文学创作。因此，在20世纪80年代很长一段时间内，“法制文学”这一名目被文坛和评论界频繁使用，读者对此也是耳熟能详。

至于“公安文学”的名目，更被广泛使用、影响更大，且沿用至今。1984年，公安部主办的《啄木鸟》创刊，其后各地公安机关陆续创办公安报刊，如《警坛风云》、《警笛》、《警方》、《剑与盾》(后更名为《东方剑》)、《蓝盾》、《人民公安报》等，至20世纪90年代，几乎各省公安厅都有自己的公安文学期刊，这些报纸杂志皆大力鼓吹和刊载公安题材的文学。1984年夏，群众出版社、《啄木鸟》编辑部在烟台组织召开了“进一步繁荣和发展公安题材文艺创作”座谈会；同年6月，山西作协也召开了公安题材文艺创作座谈会。会议对公安题材文艺作出充分肯定，认为“那种不作认真的分析研究，轻率地、笼统地把‘惊险小说’、‘推理小说’说成是‘精神污染’的简单粗暴作法，是阻碍公安题材文艺创作发展的‘左’的思想的表现，这是违反艺术规律的，也是不符合人民群众的文化要求的。”②1986年，由《人民公安报》、《剑与盾》、《蓝盾》、《水晶石》四家公安报刊共同发起“首届公安文学大奖赛”，第一次倡明了“公安文学”的称号，并将获奖公安题材小说结集出版。1988年，公安部举办“首届全国金盾文学奖”评选，也将获奖作品结集出版。1990年，《人民公安报》、《文艺报》和公安部宣传部文艺处联合发起了“公安文学理论笔谈”征文，半年内发表数十篇公安文学评论文章。1992年4月，福建省公安厅主办的《警坛风云》杂志和《文艺报》联合举办公安题材文学作品创作讨论会，何锋涛在会上提出了努力建设有中国特色的公安文学理论体系的设想，大致对“公安文学”的性质、渊源、特性进行了勾勒，也提出了一些深入思考，如“公安文学”的本体规律及与“公安作家”的关系，“公安文学”与“公案文学”、外国侦探推理小说的承传借鉴关系，“公安文学”的功能及评价等③。而公安部政治部也自1993年来，多次举办全国公安报刊优秀作品评选活动，推动“公安文学”的创作和评论。在十几年对“公安文学”的理论倡导和创作推动之中，也逐渐形成了对“公安文学”的概念界定，具有代表性的有两种。一种概念称，“当代公安题材文学是政法文学的重要组成部分，也是中国当代文学的一个独立分支，着重表现公安保卫战线的斗争生活，是以塑造公安干警、武警官兵、治安人员的职业生活、情感生活、心灵世界和他们的命运际遇为主要表现对象，以塑造他们的艺术形象为重要使命的文学。描写民主革命时期革命根据地和解放区的保卫干部、侦察员和进入敌占区的地下特工人员的斗争业绩及其思想感情的作品，也应包括

① 前身为1980年8月1日由彭真提议创办的《中国法制报》，1988年1月1日改为现名，中共中央政法委机关报，司法部主管。

② 《啄木鸟》编辑部《山西省召开公安题材文艺创作座谈会》，《啄木鸟》，1984年第4期。

③ 何锋涛：《为建设具有中国特色的公安文学理论体系而努力》，《警坛风云》，1992年第6期。

在‘公安文学’之内”①。另一概念则认为，“1949年新中国成立以来表现国家安全、公共安全、公众安全和社会安定领域内斗争生活的文学作品，可以称之为‘当代公安题材文学’(简称‘公安文学’)。在这里‘公安’一词主要不是作为一种职业，一种工作而出现的，它主要是指公共安全、公众安全以及国家安全等含义”②。这两个概念的共同点是都从题材进行界定，但在范畴的大小和时限的起讫方面却存在较大的分歧。

无论是“法制文学”还是“公安文学”的概念，在其提出和使用的过程中，都引发了不小的争议。现在看来，其关键都是过于宽泛和含混。如“法律文学”，将涉及“法律与犯罪”的作品尽皆归入，照此逻辑，若去掉“社会主义”的前缀，古今中外的文学作品多应属于“法制文学”。恰如有论者指出的，“所谓法制文学，指的是叙述有诉讼案件，或者刻画有法制人物形象，描述有法律文化景观的一切文学作品。现实生活的法律在文学中的反映，不仅有上述三大表现形式，而且与各种体裁、篇幅的作品相联系，盛装在各种作品之中……‘法制文学’包罗了所有与法律有关的一切文学作品……法制文学是历史性的、开放性的，没有什么限制：古往今来，只要是多少涉及法律的文学，不管什么时代，不分哪个国家，不看什么体裁，都可一概称之为法制文学”③。中国古代公案小说与西方侦探小说、犯罪小说自不待说，中国其他写到讼狱和犯案的笔记、话本、历史小说、社会小说、问题小说、黑幕小说，以及西方的间谍小说、冒险小说、黑帮小说、哥特式小说等，甚至像莎士比亚的大部分剧作、《红与黑》、《罪与罚》等，都可以视为“法制文学”。几乎所有的文学题材、领域、类别都可能关联着“法与罪”，处处有法，以“法制”命名所做的规限将一种特定文学的范畴无边际地扩大化，其特定的文类“主元素”则被遮蔽。此外，许多对形形色色离奇古怪的刑事、民事案件过度描绘的文字，热衷展示血腥、色情、暴力、阴谋，流于诲淫诲盗，却常常冠以“法制文学”的旗号，也令这一概念面临着尴尬。又如，“公安文学”，虽针对特殊的题材领域和社会生活范围作定义，但为了避免将其拘泥于中国公安警察的职业一隅，避免让其变成一种“职业文学”，其概念也被推展到所有与安全保卫、揭罪普法、锄恶去奸、防谍反特有关的故事。甚至某些风马牛不相及的作品也被纳入“公安文学”的范畴，如老舍的社会小说《我这一辈子》，以及新中国成立后的电影文学《今天我休息》，柯岩的工读题材小说《寻找回来的世界》等，这一概念也不免与“法制”、“犯罪”、“间谍”、“惊险”等词交叉重叠，界限被扩大化和模糊化，其文类特征不能明确凸现，也与各国通行的“侦探”、“推理”之名相隔。当然，这两个概念都将“侦探小说”归入自己的子类之中。

“法制文学”、“公安文学”在概念的内涵和外延上的宽泛和含混，其实也说明20世纪80年代至20世纪90年代中期中国大陆此类小说所呈现的多元而复杂的格局，无法用某一名目指称全部，也无法用某一名目点出一类。但综观这两个名目被“命名”的过

① 杜元明：《中国公安文学作品选讲·代前言》，警官教育出版社，1996，第6页；另见舒晋瑜：《公安文学作品如何提升》，《中华读书报》(第3版)，2007年7月18日。

② 高润平、张子宏、于奎潮：《中国当代公安文学史稿》，群众出版社，1993年，第4页。

③ 余宗其语，转引自张倩：《法制文学概论教学大纲》，(http://jwc.cupl.edu.cn/dg/zw/42.pdf)。

程，不难发现它们的共通之处，即大多是由国家专政机关(如司法部、公安部)附属的文化宣传组织(如各种学会、协会、出版社)、文化宣传报刊(如各地公安机关创办的报纸期刊)，及其文化宣传人员(或公安院校的教师)对其进行“命名”并展开讨论的，带有鲜明的官方或半官方色彩。普通的文学报刊、作家或评论者即便参与了这一过程，也多是处于辅助立场(如《文艺报》)①，而非主体。这些机关、组织及其人员对“法制文学”、“公安文学”的界定和倡导，更多不是从文学的角度，而是从国家主流政治的角度，视创作此类文学作品是为了“完成维护中国社会主义法制”的任务；或为了宣传司法人员和公安民警维护社会安定、与犯罪分子斗争的贡献，讴歌他们保护人民生命财产、捍卫国家安全的功绩。如有30年警龄的警营作者穆玉敏，自陈创作是“对职业的责任也是对社会的责任。在疲于奔命之余，我把对警察事业的点滴情感堆积成文字，描述我内心的警察感觉，记录我的警察家庭，褒扬我身边的警察兄弟”②。创作和推广“法制文学”或“公安文学”，大多数时候实际是这些国家行政部门、执法机关的特定工作中的一部分，主要担负对这些机关或部门的工作及其从业人员进行颂美褒扬的宣教功用，主要目的是“为政治服务”。也正因如此，“法制文学”、“公安文学”的许多作者都与各级司法、公安机关及其附属组织有关，或是这些机关文化宣传部门专门的“笔杆子”，或是业余有写作爱好的在职公安民警，或是曾经有过长期司法、公安工作经历……因为隶属于专政机关的身份限制，以宣教为目的具体工作需要，及特殊的生活阅历、思维定式的影响，让“法制文学”、“公安文学”的大部分作者在创作时，仍然自觉不自觉地从特定的国家政治立场和政治任务出发，遵循“坚持弘扬主旋律”、“坚持为公安工作服务”的目标，力求创作“起到‘内强素质、外树新风’，铸警魂，扬警威，宣传群众、联系群众的作用”③，赋予了作品浓重的“主旋律文学”的色彩。后来此类小说的“命名”从含混中达到权且一致，“侦探小说”之名得以恢复，而国家专政机关及其附属文艺组织依然发挥着主导影响。1996年8月8日，公安部政治部宣传局、公安部报刊图书出版社、中国通俗文艺研究会法制文艺委员会联合召开了中国侦探小说发展前景研讨会，商定由法制文艺委员会、群众出版社、《啄木鸟》杂志社与多家公安文学期刊联合于1997年8月推出第一届中国侦探小说大赛。1998年4月10日，首届侦探小说大赛组委员、评委会召开工作会议，讨论大赛进程和评奖标准，并为侦探小说作出定义，“侦探小说是一种主要运用逻辑推理及其他科技手段，逐步解开有关犯罪的秘密，在破案过程的描写中塑造人物形象，反映社会生活的散文体叙事性文学样式”④。这一定义，强调以逻辑推理的手段揭秘罪案，塑造人物(如侦探)等文类特征，似乎回归到欧美古典侦探小说及现

---

① 1988年公安部举办的“首届金盾文学奖”的评委由魏巍、王蒙、柯岩、谌容、唐达成、刘心武等及文达、赵明和公安部主管领导担任，此次评奖也得到中国作协的支持，见杜元明：《中国公安文学作品选讲·代前言》，第3页。

② 舒晋瑜：《公安文学作品如何提升》，《中华读书报》(第3版)，2007年7月18日。

③ 时任公安部政治部主任的祝春林语，见杜元明，等：《当代中国公安文学大系·序言》，群众出版社，1996年，第3页。

④ 叶勤：《契机：侦探小说将从这里崛起——全国首届侦探小说大赛工作会议暨侦探小说作家联谊座谈会纪略》，《啄木鸟》，1998年第6期。

代西方推理小说的主流，但对大赛具体评奖标准的阐述，第一条也是明确了“普法”的宣教功能与专政的警诫意味，即“弘扬法制精神，有助于提高全社会的法律意识，增强公众同犯罪现象作斗争的自觉性及斗争策略与智慧”①。因此，1949 年以来近半个世纪中国涉及探案、缉凶、惩罪等题材的小说的“命名”之途，及“反特小说”、“肃反小说”、“法制文学”、“公安文学”等名目的纷乱，其背后始终有国家主流政治的影响存在，这是一个不能摆脱的重要因素。

只是与“17 年”的“反特小说”相比，20 世纪 80 年代后的“法制文学”、“公安文学”所表现的政治意味，已经更多地从着重表现国共两党的阶级对立、东西阵营的冷战对峙，转变为主要书写国家专政机关及其人员对法制建设的推动，对各类治安案件、刑事案件的侦缉查处，对犯杀人、抢劫、强奸、贩毒、走私、绑架、诈骗等罪行的犯罪分子的追捕惩戒等。这种转变自然与国家政治生活主题的转变相关，即由突出“阶级斗争”转向服务“社会主义现代化建设”，以“满足人民群众日益增长的物质文化需要”。司法、公安工作及其附属文化宣传工作(包括文学创作)的重点，也必然要通过维护社会治安，“保护人民生命财产”，以服务于这一核心政治。这里还有一段社会背景有必要提及，即从 20 世纪 80 年代初期开始的“严厉打击严重刑事犯罪活动”的工作，即“严打”。这是因为“在新旧时期交替过程中还不断出现种种社会矛盾，因而不安定的因素很多，加之对于刑事犯罪分子的打击还不够有力，以致刑事犯罪活动仍然十分突出，社会治安秩序依旧处于不稳定、不正常的状况。尤其是流氓、强奸、盗窃、抢劫等犯罪团伙不断增多，他们称霸一方，横行乡里，为非作歹，肆意破坏，成为对社会主义现代化建设的一大障碍和对人民生命财产安全的严重威胁，并且污染社会风气，败坏道德风尚，影响中国在国际上的声誉。”②为迅速扭转社会治安的不正常状况，中共中央于 1983 年 7 月作出“严打”的决策，通过了《关于严惩严重危害社会治安的犯罪分子的决定》和《关于迅速审判严重危害社会治安的犯罪分子的程序的决定》，并修改了刑法、刑事诉讼法的部分条款，加重了对流氓犯罪集团的首要分子和严重流氓犯罪、故意伤害他人等严重刑事犯罪分子。“严打”自 1983 年 8 月到 1987 年 1 月间展开，党政机关领导，公检法系统行动，社会各界参与，取得了较大的社会效果。此后随着社会治安形势的变化，“严打”还在不定期地发动，直到 20 世纪 90 年代。“严打”和其他侦破刑事案件、维护治安形势的行动，属于国家专政的强力举措，主要由公安、司法机关来实施。这些行动举措的威慑效果、专政力量的强大、公安干警的贡献，也需要隶属专政机关的“法制文学”和“公安文学”作者用文学的形式来向社会宣扬。因此，或多或少带着宣教的任务，通过

---

① 其他几条为，“(2)弘扬科学精神，充分展现人类的聪明才智和先进的科技手段，反映出时代科学技术发展的最新水平；(3)弘扬人文精神，真实而深刻地反映出时代的社会生活和人的精神世界，塑造出具有较强的典型性和艺术感染力的人物形象；(4)情节结构完整，悬念设置合理，逻辑推理严密，充分展示出侦探小说独具的艺术魅力和美学特征；(5)语言准确、精练、流畅，人物语言充分个性化，叙事语言体现鲜明的作家风格；(6)对侦探小说的艺术形式的创新与发展有所贡献；(7)对侦探小说的风格流派的形成产生重要影响”。见叶勤：《契机：侦探小说将从这里崛起——全国首届侦探小说大赛工作会议暨侦探小说作家联谊座谈会纪略》，《啄木鸟》，1998 年第 6 期。

② 邓力群：《当代中国的公安工作》，当代中国出版社，1992 年，第 36 页。

亲历“严打”和其他执法的过程，或便利地去熟悉、了解其中为社会瞩目的各种案件，让一些公安司法机关的“笔杆子”得到许许多多直接的创作素材，并以此为基础创作文学作品，既完成了组织要求的工作任务，也为“法制文学”、“公安文学”一段时间的繁盛起到了推动作用。20世纪八九十年代兴起的“公安纪实文学”，再现了大量的真实案例，就是这一社会背景的产物，不过它强调“虚构以外的文学手段”①，不属本书的论述范围。但公安司法系统的作者即便以虚构为主来创作“法制文学”和“公安文学”，其从专政机关对各种严重犯罪案例的侦查、打击、惩处中获得了丰富的创作资源，这是毋庸置疑的。如长期担任中国公安部和国际刑警组织高级警官的朱恩涛，就根据20世纪80年代警方所破获一起国际贩毒大案——“锦鲤藏毒案”为素材，创作了中外警察反毒缉毒的小说《鱼孽》；又如从警35年，亲自侦破过开封博物馆被盗的“918大案”的警官作家武和平，就根据自己多年的从警经历，创作了《血案遗踪》、《掩盖》、《污点》等一批“公安文学”作品，其内容大多也是叙写公安民警对各种刑事案件的追踪侦缉，表现了公安民警与各类刑事犯罪分子的斗争。

然而，正如本章第一节在介绍20世纪80年代后十几年的思想、文化背景时所论的，此期的中国“法制文学”和“公安文学”，在经济社会“转型”的冲击下，在表现让人眼花缭乱的人生万象和世态变幻中，更受到外来通俗文化(文学、影视)和本土通俗文学传统的双重影响，被裹挟进声势浩大的通俗文学和大众文化潮流之中。此外，题材本身的芜杂世俗和作者创作才力的限制，也进一步加深了“法制文学”、“公安文学”的通俗特征。虽然，公安、司法系统的作者们创作侦破惩罪的文学作品，目的大多是为倡明法制、扬善扶正，鞭笞罪恶不法、丑类污行。但当他们在笔下铺陈种种离奇案件的发生场面、展现其侦破经过时，那隐秘阴森的现场，耸人听闻的内幕，光怪陆离的匪巢贼窝，下流堕落的犯罪分子，以及带着血迹的尸体，被戕害的女性形象(在流氓犯罪案中，多为裸体或半裸)，紧张激烈的搏斗枪战……往往对应了读者的猎奇和窥视的心理，给他们带来感官的刺激，疏解他们一些潜在的本能欲望。所以这类作品(特别是过于渲染血腥、暴力、情色意味的作品)对大多数作者和读者来说，其通俗品格(甚至媚俗)和消遣趣味几乎是根深蒂固的。况且，多数出身司法、公安系统的作者，虽然拥有十分丰富的创作材料，但身份特征、知识含量、艺术认知、工作强度等方面的限制，束缚了他们独立文学立场的形成，阻碍了他们文学修养的提升。他们可以被称为“公安圈内作家”，用“审美的激情写警察时总有种掩饰不住的敬爱之情，这几乎成了圈内作家的一种标识，即所谓‘警察情结’。由于他们对警察的情有独钟，过于偏爱……不可避免地构成了他们化解不了的局限”②，如感情先验、藻饰过重，缺乏理性反思和人性拷问。此外，往往“出于在文学修养上总体的不足，只重视小说的社会意义，而忽略其美

① 曹大良：《公安纪实作品初探——南昌研讨会发言纪要》，见孙明山：《公安纪实作品论文集》，中国人民公安大学出版社，1992年，第1页。

② 路春生：《论新时期公安题材小说的审美结构》，《中国人民公安大学学报》，2001年第1期，第122页。

学意义”①，所以他们的创作“多数停留在以血案为主的通俗侦探文学的写法上，特点是故事错综复杂，情节悬念迭起，有一定的可读性。与此同时，公安文学多数存在的通病是，情节淹没了人物，多数作品停留在低水平的通俗破案故事上，注重情节而忽略了揭示人物的性格历史。”②因此，“法制文学”、“公安文学”的创作在20世纪八九十年代，虽通过官方的揄扬推动、理论探讨、组织创作在数量上颇见规模，也形成一段时间的热潮，但整体的文学质量却不高，可流传后世、为人铭记的佳作屈指可数，与世界侦探小说、推理小说发展历程中的那些名家名作(如柯南道尔、克里斯蒂、松本清张等)比较，自是相形见绌。

第四节　海岩等的小说创作

在当代“法制文学”或“公安文学”的作者中，海岩是声名最著、影响最大的一位。从20世纪80年代的《便衣警察》及《死于青春》，到20世纪90年代以来的《一场风花雪月的事》、《永不瞑目》、《你的生命如此多情》、《玉观音》、《拿什么拯救你，我的爱人》、《平淡生活》、《深牢大狱》、《河流如血》等，他的公安、法制题材的小说创作跨越20多年的时间，不断创出畅销效应；他的大多数作品被翻拍成影视剧，多次引发观看热潮，成为收视保证，也让海岩在大众文化领域造就了风生水起的影响。对于当代中国的“法制文学”、“公安文学”来说，海岩小说的创作轨迹、题旨变迁、风格变异，也恰是此类文学从主流政治、精英意识、通俗趣味混成错杂的面貌走向纯粹的通俗文类(大众文化)的最典型的代表。

长篇小说《便衣警察》是海岩的第一部作品，也是其成名作，它出版于1985年。当时中国社会的文化心理整体处于复杂而跃动的状态：对“文革”的创伤记忆尚未忘怀，对历史的追溯反思也愈加沉潜悠长，对改革开放的现实变迁亦投入深切关注和敏锐思索；在此基础上，中国社会还凸现了追求“现代化”的未来希望这一思想主潮，青春的激情洋溢和浪漫的理想飞扬……这些文化心理，在当时的国家主流意识形态和知识分子精英意识之间，大部分取得了一致(或曰“共谋”)。当时中国的文学格局也是纷繁变幻。一方面，文学还具有较为尊崇的社会地位，它们忠实全面地反映了上述文化心理。作家们既替核心政治、时代主潮代言，获取宣教效应和社会价值，追求崇高乐观的美学风格；同时也显示自我的人文价值和精英立场，深入思想哲理的探寻，拓展艺术理念及技法的创新。另一方面，通俗文学潮流的大盛，影响了社会整体的文化心理和审美趣味的变易，对于原本承担“载道”宗旨的文学，即“为政治服务”的国家意识形态文学和超越性人文价值的“纯文学”，也造成很大的冲击。正是在这样的文化心理、文学格局等背景下，当时尚为警察身份、尚处青春时代的海岩创作出的《便衣警察》，就呈现出混杂多元的文类特征。

首先，《便衣警察》是一部新时期的“反特小说”，讲述“反特防谍”的侦破故事是其

① 汤哲声：《中国现代通俗小说流变史》，重庆出版社，1999年，第248页。

② 舒晋瑜：《公安文学作品如何提升》，《中华读书报》(第3版)，2007年7月18日。

通贯全书的一个重点。它以“年轻的公安侦察员周志明在 1976 年到 1979 年冬的一段曲折的人生历程和心灵历程为线索，展开了我国公安机关在这一风云变幻、世易时移的特定历史背景下错综复杂、艰苦卓绝的反特斗争图景，塑造了一批各种各样的公安干警形象，谱写了一曲雄伟壮阔的共和国卫士的英雄赞歌”①。全书的主要情节围绕着两个案件展开，“311 案”和“1117 案”，两案时间跨度近三年，线索繁杂、难点重重、诡谲莫测。小说尤其全面展现了在特定的历史时期，各种政治、社会、人身、情感的纷扰带给侦破工作的重重阻力。但唯其艰辛难查，更见公安干警的忠诚、智慧和勇气。小说细致描绘了周志明等公安干警应对困境、排除阻力，与狡猾的敌特机关和敌特分子较量的侦破过程。他们通过探查、破获一系列关联紧密的间谍案、盗窃案、杀人案，将屡次乔装入境的敌特徐邦呈和被其腐蚀收买的施季虹绳之以法，最后挖出隐藏很深的潜伏特务卢援朝，粉碎了国外特务机关 D3 妄图窃取我军工厂 941 厂的军工情报的险恶阴谋。从基本的故事框架可见，《便衣警察》接续了 17 年“反特小说”的某些传统，构筑了仍带冷战意味的公安工作的敌我双方，突出了敌特阴险的渗透破坏。但作者无意如 17 年和“文革”那样强调敌我斗争、阶级形势的严峻，而是以亲身的职业经历作为创作资源②，注入真切的热忱和饱满的激情，着力为公安队伍和公安干警记录时代的印迹、展现人生的历程、吟唱事业的颂歌，尤其是赞美他们默默的牺牲和贡献，为他们树立一座为人所铭记的丰碑。因此，在小说的扉页上，作者题下了这样一句话，“献给公安最前线，献给我的战友们”，点明了创作的意图；而在小说临结尾，警官段兴玉的一番话再次强调了这一意图，“咱们这一行，假如用不着保密的话，真应该在这个广场上，在方尖碑的下面，铸起一面大大的盾牌，用青铜、用钢铁、用黄金，铸成一面碑石般的盾牌，把我们队伍中那些个流血流汗，忘我苦干了一生的无名英雄铭刻在上面，让人们也能够知道他们的业绩，了解他们的艰苦，分享他们的骄傲；让人们知道，在这漫长的和平岁月里，有那么一批共产党员、共青团员、革命者，他们没有一天停止过同侵犯者的你死我活的战斗，战争，对他们来说从来没有中断过；让人们知道，他们在无日无夜地工作，把心血甚至生命全部浇铸和凝结在这面捍卫国家和社会安全的盾牌上；让人们知道，他们不是一群提线木偶和冷血动物，而是有着充足感情和自觉信仰的战士，他们以博大的忠诚和炽爱，为党为国做了无愧的贡献，而他们却从来没有享受过任何公开的荣誉、表彰和尊敬，没有一个反间谍人员上过报，上过电视和广播；他们的事业是可歌可泣的，他们的行列中不乏英雄模范。是的，他们的甘苦本来都应该让人们知道，可是却不行，恰恰不行，你要想献身这个事业，就得准备并且情愿默默无闻一辈子”！除这些感情直露激扬、宣教意味极浓的议论抒情笔墨外，小说更通过对公安干警形象的塑造，尤其是对主人公周志明的刻画，来表达对这支队伍的歌颂和赞美。年轻的民警周志明内向、腼腆，早年还有点稚嫩、犹疑，爱幻想；但如书中的两个女孩严君和施肖萌所述所想，其品格的主流是“正直、善良、热情、坦荡、严肃、乐观、认真、执著”，充满对事业的“使命

---

① 李欣：《海岩小说创作漫谈》，《文学评论》，1998 年第 5 期，第 145~149 页。

② 海岩在一次访谈中戏称，“被派到天安门当便衣警察的那一段经历，使我写了一部《便衣警察》”，见燕怡：《海岩：专业商人业余作家》，《商业文化》，2007 年第 1 期，第 55 页。

感和责任感”。他在“四·五”运动中抵制激进路线，为保护祭奠周总理的群众而锒铛入狱，也是忍辱负重，意志顽强，品格不易。“文革”结束后他回到公安岗位，参与“1117案”的侦破，却又身处一系列的困境和尴尬：父亲去世未曾送终，寄人篱下被人冷落讥讽……当案件嫌疑人指向恋人施肖萌的姐姐和准姐夫卢援朝时，他又遭受了领导的偏见和冷漠，同事的流言蜚语，施母宋凡的不满，以及肖萌的误解。但他坚韧地承受这些困境、尴尬和误解，坚持敏锐的判断，执著于真相的探询，为公安事业默默奉献牺牲，在“种种顺逆荣辱”之中始终保持着上述“这一切闪光的品质”，“保持得那么顽强，顽强得成了一种本色，使人在任何情况下都觉得他可信和可靠”；让人感受到“一种充满了热情的追求和一颗正直可贵的童心”。最终“311案”和“1117案”真相大白，成功告破，周志明功莫大焉。他并非17年和“文革”那种不食人间烟火的“高大全”警察形象，他也经历了磨砺和成长的过程，这些过程与侦破探案相关，更让他把“对生活的认识和思考，把个人的情感、命运与时代和社会生活，紧紧联系在一起”①。周志明从时代的变迁、社会的转换及一些重大历史事件中成长，在他的形象中“可以辨识出保尔·柯察金式的忠诚、执著，也可以看到林道静式的对真理追求的热情”②。小说虽对周志明略有美化，却表现了他英雄主义的光彩和理想化的人格，歌颂了他不平凡的热血青春，在他身上，作者寄托了自己强烈的主观感情。多年的警营生涯，让海岩始终对警察这一职业怀有亲近和崇敬之意，从而形成了一种不能忘怀的“警察情结”，《便衣警察》其实充分寄托了这一情结。即便后来海岩离开警察队伍下海经商，但十多年后《拿什么拯救你，我的爱人》一书出版时，在以“心中的梦想”为题的序言中，他还不无溢美地评价警察这一职业，“在和平年代，很少能找到另一种职业比它更酷！这个职业就像一个引力巨大的‘场’，有一种深刻的向心力在凝聚着你，使你即使远离了它也依旧恋恋不舍地想再贡献点什么”。在当年的警察身份和“警察情结”的影响下，在对公安警察队伍颂美的创作动机主导下，在对周志明的形象塑造和青春历程的展现之中，《便衣警察》体现出了“主旋律”文学的某些鲜明特征。

《便衣警察》还沿袭了《神圣的使命》、《大墙下的红玉兰》等新时期公安题材“类侦探”小说的传统，揭露“伤痕”、“反思”历史、剖析现实，也是它要传达的重要题旨，其政治意味和人文色彩也与前期的“伤痕”、“反思”潮相承续。小说的主要情节集中于1976年春至1979年冬近4年的时间，这一段时间国家的政治风云变幻和重大政治事件，是“311案”和“1113案”不可或缺的背景，也是周志明和书中其他人物人生遭际和命运转折不可或缺的因由。小说上篇的中心事件除“311案”外，就是南州“十一广场”清明节悼念周恩来总理的事件。围绕这一事件，小说对公安机关和公安干警及其他相关人物的立场、选择、行动一一展现：军代表出身的公安副局长甘向前专横跋扈，满口“批邓”和“反击右倾翻案风”，称清明节祭奠周总理为“反革命运动”，极力组织监视和镇压，还将“311案”与“批邓”相加附会；五处处长纪真口不应心，但为明哲保身，唯唯诺诺地仰附上意，遵从乱命；青年干警陆振羽浅薄粗率、是非泯灭，甘做激进路线的

① 汤哲声：《中国当代通俗小说史论》，北京大学出版社，2007年，第262页。

② 李欣：《海岩小说创作漫谈》，《文学评论》1998年第5期，第147页。

走卒却懵然不知。而靠边站的“走资派”施万云、知识分子江一明，及尚未堕落的施季虹，胸有热血的施肖萌，在这一事件中则各有悲愤无奈或无畏无惧的表现。当然，周志明对此事的愤怒、不解，但格于身份又不得不隐忍、并为恋人担忧的心理，文中表现得则更为细致。最后矛盾激化，周志明因私下销毁了陆振羽拍下的施季虹等人在“十一广场”集会演讲的胶卷，并自承责任，从而身陷囹圄。在对“十一广场”事件和“批邓”等的叙写中，人民警察因悼念总理遭罪为囚，被投进监狱劳动改造，与自己曾惩诫的罪犯为伍，“共产党坐共产党的监狱”，并险些遭到生命危险，这些情节与《大墙下的红玉兰》、《神圣的使命》如出一辙；激进政治运动和政治斗争在周志明这样一个正直、善良的青年民警身心上，戳出的“伤痕”，与葛翎也有着惊人的类似。小说到了中篇，也似“大墙文学”一样，用了不少笔墨描绘了周志明在自新河农场的牢狱生活：如邪恶囚犯田保善、郑三炮之流的仇视陷害，如管教干部于指导员的冷漠麻木，如被病魔和劳累折磨的苦痛，其中也交织着鲜血和泪水，揭露控诉的沉痛之处，也类似那些“伤痕”文学。与《大墙下的红玉兰》等不同的是，《便衣警察》没有在警察队伍内部塑造一些穷凶极恶、无所不为的“造反派”形象，以突出你死我活的党内斗争。在公检法被砸乱多年，17 年公安工作被基本否定的极端政治背景下，甘向前、纪真、陆振羽等警察形象被作者批判，更多是为揭示烙在他们精神之上的“伤痕”，而不是将其丑化为“恶人”：甘向前大权独揽，其思维、行为与“文革”主潮处处相合，呈现出扭曲的政治化人格，对周志明却未用“反革命”罪名置于死地；纪真被政治风潮压得气节全无、性格卑微、精神畏缩，但良知未泯，也有对错误路线些许软弱的反抗、对周志明暗地迂回的保护；陆振羽则更像《班主任》中的谢惠敏，头脑禁锢僵化、不谙世事，却也有对工作的单纯热情。通过他们形象的负面刻画，作者展现了“文革”对公安机关工作的冲击，对警察队伍群体的破坏，不过这些“伤痕”的暴露，较之几年之前的“伤痕文学”显得要冷静客观，不那么声泪俱下、缺乏节制。

《便衣警察》也体现出作者的某些“反思”，有的思索也超越了“文革”时限，对长期以来的制度缺陷进行了拷问，也寄予了对人性较为深入、全面的观照和剖析。在“311案”中，有丰富公安工作经验的干警们被排挤，甘向前以政治权威凌驾侦破的整个进程。他不了解对公安侦查、反特工作的复杂性，想当然地瞎附会、瞎指挥，不容商榷和反对；而纪真等下级只能违心地服从，因而被敌特分子刻意利用，贻误战机。虽然公安工作已逐渐恢复，但“在公安机关内部，政治统帅一切，人成为权力的绝对工具，稍有差池，就是政治问题，使人噤若寒蝉，人人自危”①。公安工作的环境被扭曲、警察的人格精神被“异化”，这是当时的特定政治气候使然。但其中多次强调的“外行领导内行”的情形，以及法律的权威被亵渎，公正被歪曲漠视的现象，似乎并不仅仅限于“文革”时期，而且是牵涉了更长的当代历史和社会的各个领域，和长期以来的知识分子(业务人员)的遭遇、工农干部的工作作风、“红”与“专”孰为主次等问题相关，并触及到国家政治制度、法律制度、民主制度的层面。小说中多次借文中人物之口提出了警察工作的“服从”问题，如“没有自己的思想，上级的思想就是他的思想；没有自己的感

① 高涧平、张子宏、于奎潮：《中国当代公安文学史稿》，群众出版社，1996 年，第 176 页。

情，上级的感情就是他的感情；没有自己的意志，上级……”，“什么叫好侦察员？不叫领导腻歪，就是好侦察员”，“瞎指挥你都得听着，对咱们干公安的来说，上级的命令就是错了，你能说就不服从了吗”等。这不仅是对警察制度的反思，而且对于现代社会中，各种制度、等级、秩序加诸个人精神之上所带来的独立个性的泯灭，也进行了思考和批判。小说中最具“反思”意味的，是在中篇和下篇对施季虹的堕落过程及其心理地刻画。少女的她也有“纯真、童稚的情怀”，“也曾是一个有浪漫理想的小左派”，“也曾痴情地羡慕、崇拜过小说、电影里的那些个英雄人物”，有做“英雄人物的幻想”；在“十一广场”事件中，她依然胸怀“那点热火”，不顾危险走在悼念总理的前列；她的本性善良，“文革”爆发初父母被关“牛棚”，她以 12 岁的稚龄担负起照顾妹妹、探望父母的重任。但是，施季虹后来“越变越坏，越变越油”，她尖刻偏激，对周志明的正直、执著等品质冷嘲热讽；她市侩、自私、虚荣，玩世不恭，“文革”结束后，她流连于衙内圈中花天酒地，并四处为自己谋私；她羡慕国外的花花世界，为达到出国的目的，丢弃贞洁、操守和国格，将身体和灵魂都出卖给敌特冯汉章(即徐邦呈)，堕落为窃取国家机密的罪犯。导致施季虹理想破灭、道德沦丧的重要原因当然是“文革”，她也是一个被激进政治运动重创的“精神伤痕者”。但作者并未把施季虹的堕落仅仅归于“四人帮”，而是通过进一步勾画其心灵变化的轨迹，剖开其人性深处的弱点，反思在现实的挤压和社会的变幻下人性的脆弱易变、自私冷漠。如她自己所想的，“现实，好象是一部更大更真实的小说，把她改造、教育成现在的样子，你自己不去为自己奋斗，社会就什么也不会给你”。“文革”中和“文革”后，她都一样地愤世嫉俗，好像看不惯中国所有的事，时时摆出“众人皆醉唯我独醒”的姿态，其实根本的出发点还是在于自己的私欲、私利，为此甚至不惜构陷多年的恋人。无论失意得意，她总是带着出身干部家庭的优越感，去品评世事和他人。父亲复职后，她身边那些曲意逢迎的环境和人员，更让其人性的弱点膨胀，终至滑向了罪恶之渊。施季虹的人生悲剧固然让人鄙夷，但作者对她的刻画，显然更多是同情，并因其引发了一些历史、现实、社会、人性的感叹与思索，也是对 20 世纪 80 年代初期“反思”思潮的继承。

与宣教、歌颂的政治题旨及“伤痕”、“反思”的人文色彩相并存，《便衣警察》也已大致呈现出一些通俗文类特征。在 20 世纪 90 年代的多次访谈中，海岩提及自己创作《便衣警察》、走上文学道路，是因“地摊文学”的促使：实在是那些打着“法制文学”、“公安文学”旗号的书“很烂”，“有些句子都不通，许多描写公安战线的作品也不真实”，“原来觉得当作家挺神圣，非一般人可为，现在窗纸一破，就什么都没有了”，“烂得连自己写也不见得会比之更烂，于是玩起了文学”①。其创作因由似乎受到 20 世纪 80 年代通俗文学热潮的影响，既带有对“地摊文学”的不屑和反拨，又刻意向故事情节的通俗趣味靠拢。书写“反特”的侦破故事，是 17 年“反特小说”的基本模式，是对敌我对立、阶级斗争、冷战思维的强化，它决定了“反特小说”为国家政治服务的基本性质。但在《便衣警察》中，作者沿袭固有的叙事模式，杜撰出国外敌特机关 D3 窃取我军

---

① 见鲍红：《海岩：一个畅销书作家的写作》，《出版参考》，2002 年第 20 期，第 17 页；及燕怡：《海岩：专业商人业余作家》，《商业文化》，2007 年第 1 期，第 55 页。

工情报的故事，明显是为迎合习惯的世俗审美趣味，借用惊险、神秘等情节元素，制造紧张复杂、悬念丛生的效果，吸引读者的阅读注意，使之获得刺激的阅读体验。在整个的故事发展中，作者还设置了许多巧合，如在“十一广场”上，周志明遭遇的施季虹、江一明，抓捕的小偷杜卫东，都成为其人生转折和案件侦破的重要关节。他因保护施季虹而入狱，狱友恰有杜卫东；“1117案”又是因施季虹等窃取江一明的笔记本引发；杜卫东因周志明的感化两人冰释前嫌，出狱后又成为周志明邻居女孩的未婚夫，他恰在为卢援朝打家具时发现间谍线索而被杀灭口等，这些都符合通俗文学“无巧不成书”的常用路数。但是，《便衣警察》更为突出的通俗特征，还在于它打破了17年“反特小说”的爱情描写禁区，更将爱情作为了全书情节的另一主线，别具一种言情小说特有的缠绵风味。海岩刻意摒弃了以往“类侦探”小说中粗豪刚烈、睿智勇武、不近女色的刚硬警察形象，将周志明描画得像“中学生”一般清秀俊逸、纯真腼腆，且性格有那么点多愁善感、柔婉体贴，所以他同时俘获了少女施肖萌和女警严君的爱情；这两个女性亦都有着美丽的容颜、纯洁的心灵，以及对爱情的执著专一。就此在《便衣警察》中，海岩小说主人公形象唯美化、偶像化的趋势初现端倪，海岩小说爱情书写的纯真化、理想化风格也开始显露。自然，作者顺理成章在他(她)们之间构筑了言情小说屡试不爽的“三角”关系，并在周志明、严君之间加入追求严君不得的陆振羽，在周志明、施肖萌之间加入想借父亲地位夺取女孩芳心的乔真，算上施季虹、卢援朝、徐邦呈三个负面人物间的情欲纠结，又构成另三个小“三角”。围绕着这些“三角”，作者点染出言情小说常见的情节：一见钟情的惊喜，两心相许的甜蜜，俏语娇嗔的情趣，默默单恋的苦楚，忠贞不弃的等待，寄爱无望的嫉妒，误解猜疑的争吵，欲望放纵的沉沦……而且，如大多言情小说所惯用的套数，《便衣警察》中的爱情，也要经受家国变迁、人生跌宕、世俗压制的考验(如周志明入狱后施肖萌与家人冲突，她到农场对周志明的探望；如施父复职后，施母宋凡对周志明的歧视等)，也要与欲望、背叛形成对照(如施肖萌的纯真与施季虹的堕落相对比)。在动荡的政治背景和复杂的案件侦破之中，《便衣警察》始终贯穿着对爱情的细微描绘，呈现出刚柔相济、“铁汉柔情”的文学风格。这种风格近似于武侠小说的“剑胆琴心”，带浓厚的通俗味道，新中国成立后在大陆文坛睽违多年；这种风格也与17年和“文革”的“类侦探”小说用政治大义遮蔽爱情，警察形象斩情灭欲，女性美被视为危险的“美女蛇”等陈规迥然不同，带给读者的阅读感受十分新鲜和强烈。

正是因为多种文类特征的混成错杂，以及创作上的一些突破，让《便衣警察》的思想蕴涵及艺术表现显得较为丰富多元，它被赞为：“中国公安文学发展中的一个里程碑式的作品，它标志着中国公安文学一个新的时期的来临”①，承启了此类小说创作的多种路向；即使在20世纪80年代中国长篇小说创作的整体格局中，它也占有一席之地，是中国当代“类侦探”小说的代表性作品之一。等到了20世纪90年代中期海岩的第二部长篇小说《一场风花雪月的事》出版时，中国社会的面貌、文学的地位、文化的格局也比20世纪80年代有了深刻的变化：改革开放全面深入，“全球化”让中国与世界联系更加紧密；市场经济成为主宰，商业化、世俗化的潮流席卷；乐观的理想消逝，青春

① 杜元明：《中国公安文学作品选讲》，警官教育出版社，1996年，第125页。

的激情褪色，庸琐的欲望张扬；趋实逐利、及时行乐的心态盛行，世纪末的情绪蔓延；知识分子的精英意识和人文精神被挤压，丧失了时代代言人和思想引路者的地位；纯文学日益滑向边缘，不复20世纪80年代的“轰动效应”，大众文化则呈现张牙舞爪的霸主地位，商业话语和消费价值在各种文化、文学形态中全面渗透……而海岩自己，也早已辞去警职下海经商十余年，并取得成功。受这样的背景转变和身份置换的深刻影响，《一场风花雪月的事》、《永不瞑目》、《你的生命如此多情》、《玉观音》、《深牢大狱》、《平淡生活》等海岩小说，容纳了极具20世纪90年代特征的文学和文化元素，多元喧哗、歧路纷杂。它们“包括多种小说类型元素，如警察小说、犯罪小说、惊险小说、侦探小说、言情小说等，电视剧类型元素，如青春偶像剧、励志剧、法庭辩论剧”①等。通过对各种通俗文学和大众文化样式进行“类型融合”，海岩20世纪90年代以来的小说创作，呈现的已是典型的通俗文学(或曰大众文化)面貌，并畅销于世，风行一时。简而概之，这些小说主要融合的是三种小说文类：“公安法制小说”、“社会小说”、“言情小说”。其中，在公安、法制的叙事框架下，以社会变迁、世态诸相作为叙事背景，突出对爱情的咏叹悲歌这一核心意旨，造就了海岩小说最为浓厚的言情风味。

表面看来，20世纪90年代以来的海岩小说，除近期出版的《舞者》、《五星饭店》外，总体还是属于“公安文学”或“法制文学”的范畴，它们往往选取作者所熟悉的公安、法制题材，通过讲述公安机关侦查探案、缉凶惩罪的故事，颂扬公安队伍和人民警察对国家的奉献、为社会的牺牲。海岩曾说，“我的小说还挺文以载道的，写的东西还是比较有社会正义、道德、社会责任感的”②，这所谓的“社会正义”等“道”，即含有对公安专政力量的崇仰，如《永不瞑目》就在扉页写下“献给人民公安50年，献给共和国新纪元”的献辞，表达了明确的创作意图。而这些小说中的警察形象，虽然样貌、性格、职务、警种各异，但是大多正直善良、秉公执法、义务精熟，鲜有贪赃枉法、争名夺利、滥用职权之辈，像《一场风花雪月的事》中的伍立昌，《永不瞑目》中的李春强，《玉观音》中的潘队长，《拿什么拯救你，我的爱人》中的姚队长，《平淡生活》中的周月等。他们忠诚于公安事业，忠实履行维护社会安定、保障人民生命财产的职责，勇敢执著地追索、惩治各种犯罪；作者塑造这些警察形象的时候，延续以往的某些创作传统，倾注了对他们较为真挚的赞美之情，赋予了他们某些英雄主义的光彩。从这些小说的题旨和人物看，“警察情结”依然是海岩创作的一种寄寓，宣教的意味和“主旋律”性质仍在。同时，伴着中国社会“现代化”观念的深入、科学知识的普及，也受域外的犯罪、侦探类文学及影视作品的影响，加上海岩自己曾经的警察经验，这些小说也对与西方侦探、推理小说类似的“侦探元素”有所凸现。作者用了一些笔墨，点染了警察的侦破智慧，展现了缜密的推理过程，描绘了多种的侦破手段，对某些侦查科技也进行了解读。如监控拍摄、外线布控、跟踪盯梢、走访群众、查探情报、引人入彀、讯问询问等侦破手段，在海岩的大部分小说中有着具体地展现。《一场风花雪月的事》、《永不瞑目》、《玉观

① 莫林虎：《类型融合的价值——以海岩小说为例》，《郑州大学学报》哲社版，2007年第6期，第130页。

② 海岩：《时尚的事情和不时尚的结果》，《中国民营科技与经济》，2004年第5期。

音》等小说中，都写到了警察和线人采用乔装、卧底的方式，打入犯罪集团内部或与罪犯周旋，最后成为侦破贩毒、走私案件的关键。《玉观音》中警方利用卫星跟踪技术查出打电话者的位置；《拿什么拯救你，我的爱人》中对龙小羽身上所留血迹究竟是“擦拭”还是“喷溅”的鉴别，确定了真凶；《平淡生活》中从几个孩子的离奇中毒而死探究一种名为乙二醇的化学物质的特性、与人体遗传的关系，最后为优优洗雪冤屈等。这些对警察侦破查案经过、方法、规律的具体叙写阐释，一定程度上揭开了公安、法制领域的隐秘面纱，满足了读者的好奇心和新鲜感；而介绍逻辑推理和科学方法在探案中的应用，也迎合了读者的求知欲，一定程度上也起到了倡明理性和科学的作用。而神秘的猎奇性故事、理性思维的贯穿，恰是正统的西方侦探小说比较显著的特征，在这两点上，海岩后期的小说已经显现了向侦探小说回归的某些倾向。

只是，20 世纪 90 年代以来的海岩小说，“主旋律”的色彩比诸 20 世纪 80 年代已大大淡化，侦探类因素强调的智慧较量和理性思维，也仅仅是叙事需要而带过的末节。与《便衣警察》将焦点集中于破获威胁国家安全的间谍案不同，20 世纪 90 年代以来在海岩笔下层层展开的那些新的“罪与罚”故事，更多是刑事犯罪案件；以往因“重大题材”的政治意义带来的神圣性、崇高性、严肃性一定程度上被削弱，而与凡俗社会的生存状态相关的广泛性、世俗性、庸常性一定程度上被强化。海岩将这些广泛、世俗、庸常的刑事案件，置于更为激荡的社会经济转轨的时代、更为繁复的世相人心变迁的环境之下，显现出比单一的政治性案件更为纷乱庞杂、烦琐纠结的面貌：如《永不瞑目》和《玉观音》中的贩毒吸毒、疯狂仇杀，《一场风花雪月的事》中的走私文物、黑帮火拼，《深牢大狱》和《你的生命如此多情》中的家族倾轧、谋夺财产，以及《平淡生活》和《拿什么拯救你，我的爱人》中的商海血斗、亲人反目，还有各种诡诈欺骗、阴谋暗算、行业黑幕、心理变态、因爱生恨……后期海岩小说虽然还是以公安题材为主，但在侦破这些刑事案件中占据主导地位，具备睿智英勇、精明老到、执著坚韧等品质的警察，如上面提到的伍立昌、潘队长、姚队长等人，只是书中占据次要地位的配角；而匡扶正义、惩治邪恶、保家卫民的题旨也不太强烈。这些小说的主人公多是少不经事的青年警察，如《那一场风花雪月的事》中的吕月月，《玉观音》中的安心，《深牢大狱》中的刘川；或是与案件相关的其他身份的当代青年，包括大学生、律师、模特、富豪公子、都市白领、商人、打工妹、打工仔，如《永不瞑目》、《拿什么拯救你，我的爱人》等小说中的肖童、韩丁、罗晶晶、优优、龙小羽等人。这些青年，连接着当代社会的多种生存方式、生活领域，其共同的特点是情智尚不成熟，性格存在很大缺陷，如单纯、偏执、软弱、自私等。他们每个人都不由自主被裹挟进时代的激流，受到社会转换的冲击，面临生存环境的挤压，都可能遭遇心灵的腐蚀、陷入精神的困惑、走上人性的迷途、滑入堕落的泥潭，即便是职业神圣、作为正义象征、惯被认为意志坚韧的警察也概莫能外。海岩称，“我选择的人和事，包括他们的行为，他们的情操，他们的某种心态，他们所处的环境，都反映我对这个世界的看法”①。作者借自己多年从警和经商获取的经验阅历，刻意撩开现代都市一派安定繁荣、歌舞升平的面纱，书写了当代青年兜转于人世各种欲望

① 海岩：《我笔下的七宗罪》，文化艺术出版社，2002 年，第 145 页。

的漩涡，不幸被卷入各类刑事案件的人生悲剧。不管是警察还是富家公子等其他身份，出入恍惚与迷惘、血腥与欺诈的险境为求活寻爱而苦苦挣扎，似乎是这些青年的人生主流；困于私心与公正、物欲与忠诚、兽性与良知的角力而不能自主，似乎是这些青年的普遍心绪；应对善与恶、美与丑、爱与恨、生与死的强烈冲突，走向祸福难测的未来，似乎是这些青年的共同宿命。这些青年，不再是周志明式的逐渐成长、怀抱理想主义的“英雄”，而是身处各种现实困境、命运无奈的“俗人”。一方面，用紧张刺激、神秘惊险的公安探案故事，吸引读者的阅读注意，取得畅销效应；另一方面，则从特殊的角度投射出时代激荡和现实变幻的某些影像，用不乏细致的笔墨描绘了当代青年的心路历程，传达了作者对社会生活的观照、对人情世态的剖析，也引发了读者的共鸣与思考。这样看来，20 世纪 90 年代以来的海岩小说，与日本的“社会推理小说”有共通之处，但推理意味远远不及；倒是与中国通俗小说一脉的“社会小说”相比，类似的地方更多。

在中国社会向市场化、商业化转换的潮流中，辞警经商的海岩获得了很大的成功①，然而他对 20 世纪 90 年代的人欲横流、精神失落，却表示出深切的悲观。他称在 20 世纪 90 年代，“社会与时代愈演愈烈的物质化和功利化，也促使许多人渐渐远离了自己的精神家园”②。对于 20 世纪 80 年代及更早的“激情燃烧的岁月”，他则充满了留恋。他自陈：“读者当然能看到，我的目光总是留恋着那个激情时代，青春的纯情、浪漫、率真、挚爱、狂放不羁，甚至苦难，都是我倾心向往却终不可得的。因为我们被太多现实的烦恼纠缠着，有时会忘记了人的本质。烦恼皆由欲望产生。和我的成长年代相比，90 年代的各种物质欲望实在是太泛滥了，令人在精神上感到无尽的失落”③。此期的海岩小说，往往充溢着当下的时尚味道和靡费气息：富贵公子、豪门小姐、成功商人、都市小资，是人物常有的身份；别墅豪宅、高档写字楼、豪华夜总会、健身会馆，是人物出入的场合；名车时装、高档化妆品、钻石珠宝、奢侈用具，伴随着人物的行止；鱼翅鲍鱼、异域美食、酒香脂浓、歌啭舞乱，是人物的感官享受。海岩对这些“时尚”或“品质”生活，给予的态度是抨击而非赏玩，他点出这种生活方式的中心是金钱、物质和欲望，往往是酝酿罪恶的温床，是案件发生的源头，背后充满了血腥和丑陋。如《拿什么拯救你，我的爱人》中，大小姐罗晶晶早年在名贵服饰和化妆品上的挥金如土，建立在保春药业的繁荣之上，而保春口服液可造成人体长期中毒的秘密却被其父刻意隐藏；《玉观音》中钟宁家族的房地产业涉及层层黑幕，却赚得亿万财富，颐指气使；《平淡生活》中凌荣志为了笼络大主顾，逼迫优优献出贞操，承受性虐待之辱。在海岩看来，20 世纪 90 年代以来的中国社会，很多人让金钱主宰心灵，被欲望支配人生，它们带来的是精神失落、道德沦丧和理想崩毁的趋势，就此他的小说显示了明显的社会批判

① 海岩对自己在商业上的成功确认无疑。他在商场上的头衔包括：高级经济师，锦江(集团)有限公司副总裁，锦江(北方)管理有限公司董事长、总经理，北京昆仑饭店有限公司董事长，中国旅游协会副会长，中国旅游饭店协会会长，中国国有资产青年总裁协会副会长等，见《海岩：一个畅销书作家的写作》，《出版参考》，2002 年第 20 期第 17 页，以及其他访谈。

② 海岩：《我笔下的七宗罪》，文化艺术出版社，2002 年，第 199 页。

③ 海岩：《我笔下的七宗罪》，文化艺术出版社，2002 年，第 201 页。

立场。

在多部小说中，海岩还通过人物之间的关系及命运，或借人物之口和叙事者的议论，表达了自己对上述社会趋势的痛惜和谴责。《永不瞑目》中的欧阳天集团、《玉观音》中的毛放一家的贩毒罪行祸害尤烈，他们囤积了巨富，却让无数家庭破碎、生命沾血，其中也包括自己的家庭和亲人，如欧阳兰兰被击毙，毛放一家都因罪丧生。《你的生命如此多情》中执迷于金钱的刘文庆，让女友林星色诱、敲诈吴长天，却失去了女友，自己也丢了性命。《深牢大狱》中的女演员季文竹见异思迁，甩了庞建东主动投向世家子弟刘川的怀抱，在刘川入狱、不名一文后又漠然离开，名利主宰了她的人生追求。《平淡生活》中的姜帆、钱志富、阿菊，为了金钱和利益将道义、爱情、亲情、友谊全然抛开。姜帆以“这世上人与人，事与事，都是交易”为信条，他设局让女友仇慧敏引诱凌信诚，谋夺凌家财产；他挟恩安排优优进入凌氏集团，意图窃取商业情报肥私；后又因与仇慧敏发生利益冲突而反目。优优姐夫钱志富的淳朴本性进城后被扭曲，堕落成一个唯利是图、反复无常的拜金者；为了金钱，他薄恩寡义地作伪证，将无私地帮助过自己的妻妹推向死地，并禁止她们姐妹相见。阿菊认为别人爱自己只是一时一阵，只有自己才真心爱自己，为此她当人“二奶”，抛弃父母，后为自保撞死男友，诬陷密友优优，并在信佛的面目下发下重誓，撒下弥天大谎。除了批判这放逐道德、污损心灵而导致罪恶血案的物欲社会外，海岩还对自己小说中人物的人生悲剧，作了进一步的人性剖析和生存思考。海岩被公认是通俗小说、畅销书名家，他自己并不否认，有时却又要表白一下自己的精英意识和人文立场。他曾经略有所指地提到，“我的小说比较传统，有性格鲜明的典型人物，我不太赞成按主人公的职业把文学分类，文学就是文学，是为了表现人的命运、人的观念，在我的作品里，案件只是背景，主人公不论从事何种职业，他在生活中的状态才是文学主要表现的东西。设置的职业、事件都是为了表现人物的生活态度，我的作品关心的是人本身”①。如《一场风花雪月的事》中的漂亮女警吕月月，为追回一把失窃的名贵小提琴，身负监视香港黑帮头子之弟潘小伟的任务。她却忽略了自己的身份，在潘小伟的英俊、多金、热情、殷勤中迷失，两人相爱；后来更抛却职责，“背叛组织与黑帮分子私奔”；又在内心情与法的冲突中，给公安局打了一个鬼使神差的电话，导致情人在自己面前殒命；她不容于警队，沦落为夜总会小姐；又因生下潘小伟的遗腹子，加上贪恋富贵享受，赴港定居，卷入家族继承权的斗争，母子在街头遭枪击惨死。她美丽的青春匆匆毁灭，令人叹惋，但悲剧之源与她自身的性格不无关联，用她的上司伍立昌的话来说，“她太幼稚了，而且，有了很不好的毛病——太善变了……太不安分的人，过于忠于自己的人，是很难相交共事的。因为这种人是不肯为了团体的事业或者他的伙伴而使自己牺牲忍让一点的。如果一个人总以自己一时的喜怒和利益为进退的取舍，那我看实际上就丧失了起码的操守”。这就涉及了人性深奥之处的缺陷。在《拿什么拯救你，我的爱人》中，龙小羽转头回去杀死旧情人祝四萍，表面上是为了保护新恋人罗晶晶，保护保春制药厂，但这不是简单的负心薄幸，更多是为了维护自己已改变的人生，为了不再挨饿。他在韩丁面前的一段表白，其实就是他最

① 海岩：《我笔下的七宗罪》，文化艺术出版社，2002年，第315页。

根本的杀人动机，“你尝过饥饿的味道吗，你尝过贫穷的味道吗？饥饿和贫穷对我来说，是一种心理的压迫，是一种精神的屈辱，饥饿和贫穷让我没有任何快乐，让我一天到晚只是想找吃的，只是想找地方睡，只是想挣钱，只是想怎么活着，只是想……想着第二天上哪儿去，能干上什么活”。在《平淡生活》中，叙事者直接指出了优优的亲人、朋友对她的背叛，也是出于类似的原因——为了生存，“生存法则让饥饿的人只选择吃，让干渴的人只选择喝，让随时可能被遗弃而死的人，自然而然地放弃亲情、道义和对他人的关怀，只选择忍气吞声的苟活”。这里揭示了生命本质的残酷，不免催人深省。

借助公安题材，批判经济社会转型期金钱物欲的泛滥，剖析世态风俗变幻中人性的弱点，这让海岩后期的小说带有“社会小说”的风味。但如何抗拒这社会之病，如何净化这人性之恶，“拿什么拯救”精神的失落呢？海岩宣称，“我抵抗这种失落的武器，就是让笔下的人物充满人文主义的情感，他们的错误，也因他们的单纯，而变得美丽！于是，这些作品的风格貌似写实，贴近生活，实际上都是些幻想和童话。读者喜爱的人物几乎都理想得无法存在。而以我的成见，文学既可以是生活实景的逼真模仿，也可以把生活瞬间地理想化，诱发人们内心深处的梦想。有许多在现实中得不到的感受，做不到的事情，却常常令我们憧憬一生，也恰恰是那些无法身体力行的境界，才最让人激动”①。这里被多加修饰的“人文主义情感”，主要就是爱情，如他自己所言的“没有爱情的小说，还能叫小说吗？”而王朔则不无调侃地称海岩 20 世纪 90 年代以来的小说是“披着狼皮的羊”②，公安题材的“狼皮”下，主体之“羊”就是言情故事。在海岩 20 世纪 90 年代以来的小说中，侦破探案、惩罪究凶的故事只是表象，推理智慧不是叙述重点，《便衣警察》式追求国家大义的崇高理想也退居次席，青年男女的爱情成为作者崇尚的最高理想。它们往往单纯如童话，美丽似幻想，被赋予了一种浪漫化、理想化的色彩。爱情也推动了故事发展，主宰了人物命运，是小说主人公人生的第一要义。他(她)们似乎都为爱情而活，为爱情热切奉献，在爱情之路上成长；他(她)们也为爱情颠倒疯狂，在爱情漩涡中迷失，愿为爱情而死。《一场风花雪月的事》中的黑社会子弟潘小伟，对吕月月爱得近乎偏执，除了深情地表白温存外，还数次在生死莫测的追杀、逃亡中将自己置于险境，只求为吕月月掩护、开脱；而在吕月月把警察带来抓捕自己时，他一语不发，开枪自杀，用生命来殉自己的爱情。《永不瞑目》中的大学生肖童，单纯炽烈地爱着女警欧庆春，为了帮她完成缉毒任务，甘冒危险深入贩毒集团内做卧底。对欧庆春的爱，让他竭力抗拒美色的诱惑，苦苦承受毒品的折磨，支撑他渡过了许多难以想象的苦难，最后贩毒集团覆灭，欧庆春的心愿得偿，肖童则因此殒命。《拿什么拯救你，我的爱人》中的罗晶晶，不顾家世的悬殊爱上打工仔龙小羽，从此便一往情深。即便是遭受自己父死、家破、流浪，而龙小羽也因杀人嫌疑而逃亡的境遇，也执迷不悔。她爱情至上，坚信龙小羽无辜，为替龙小羽洗罪不惜出卖身体、精神的尊严——表演内衣秀赚取律师费，以与韩丁结婚为承诺，哀求韩丁为龙小羽辩护。对龙小羽的爱，让这个涉世

① 海岩：《我笔下的七宗罪》，文化艺术出版社，2002 年，第 201 页。
② 海岩：《我笔下的七宗罪》，文化艺术出版社，2002 年，第 57 页。

未深的女孩的身心饱受奔波、疲累，却也是她最大的心灵安慰。当真相大白，龙小羽自杀赎罪后，罗晶晶还到他曾住过的小屋，为自己的爱情作最后的祭奠。韩丁对罗晶晶也爱得深挚，对漂泊沦落的她照顾无微不至，沉迷于对她的爱而忽略事业前途；罗对旧恋人的眷念、感情的犹疑让韩丁痛苦，但他只有妥协；韩丁还强忍嫉妒，不辞辛苦地义务为龙小羽辩护，并在行刑的前一刻法场救人；而后他将获释的龙小羽带到罗晶晶面前，自己则默默离开。为了爱情，韩丁可以包容一切，全力付出，不计得失。《玉观音》中的杨瑞对安心倾心相爱，为了与她相守，宁可放弃与富家女钟宁、贝贝的婚姻，改掉了自己游手好闲的浮荡习气；对安心的爱，让杨瑞决然地承受世俗的白眼、奚落，甘愿品尝生活的困顿、艰辛；也因为安心，杨瑞感受了一系列惊险的生死遭遇，经历了多次千里往返的奔走寻访，但他心中始终坚守对安心的一片深爱，从未减退。《平淡生活》中的优优从少女时代起，就一往情深地暗恋周月。她一封封地匿名给他写信倾诉心事，没有一封回信也不管；与周月少数几次接触，她几乎铭记了其中的每个细节。入京巧遇受伤失忆的周月后，优优毅然担起照顾他的任务，用尽办法帮他恢复记忆；周月康复后丧失与她相处的记忆，周围的人也将她忽略，她不甘但还是默默承受。后来，当优优卷入系列血腥离奇的案件时，再遇身为警察的周月，对他的爱和信任，是她对抗接踵而至的屈辱、冤罪、痛苦的最大动力；周月的爱最终落在为优优辩护的小梅身上，优优的选择还是离开。其他如《你的生命如此多情》中的林星与吴晓、《深牢大狱》中的小珂与刘川等的经历，也都在爱情至上的意旨中展开。而在小说的某些非主要人物或负面形象身上，爱情带有不顾一切、不讲道理的疯狂意味，最终带来的是毁灭。如《永不瞑目》中的黑帮大小姐欧阳兰兰，性烈如火，跋扈桀骜，对肖童的爱也带有独占的专横霸道，但她爱得也如地火奔涌，义无反顾；肖童对她的推诿，让欧阳兰兰嫉妒如狂，愤恨绝望，为了将爱人留在身边，她不惜诱他吸毒；在情感痴缠和罪案纷争中，她对肖童爱恨难明，但终是爱他难舍；当她最终明了肖童卧底的真相时，她用两个人的生命为自己的爱情作结。《拿什么拯救你，我的爱人》中的祝四萍出身寒微，乖戾泼辣，爱占小便宜，但她对初恋男友龙小羽一往情深；龙小羽落魄时，她全心照顾，与他相依为命；爱人变心时，她用尽了哭闹、疯癫、柔情、要挟等软硬手段，要将龙小羽留在身边，最后因威胁要揭露保春口服液的秘密，而被龙小羽杀死。类似的人物还有《深牢大狱》中的单鹃、《河流如血》中的菲菲。她们对爱情的追求如飞蛾扑火般狂热，强烈深切、爱恨纠缠之处，也别具一种纯粹地让人惊心的冲击力。这些爱情或是浪漫唯美，或是纯真圣洁，或是执著深挚，或是炽烈疯狂，但最大的共同之处就是一种鲜明的浪漫色彩。这些爱情视世俗的价值标准为无物，不顾身份和地位的差异，超越金钱和物欲的羁绊，一旦爱上便全身心投入，为此失去唾手可得的物质享受，饱受各种身心创伤，遭遇人生的重重磨难，甚至牺牲青春和生命，也是无怨无悔。海岩称自己 20 世纪 90 年代以来的创作，是“为无爱的时代作爱情小说”。他笔下的爱情被称做“蓝色爱情”，“像蔚蓝的天空一样透明澄澈，有一种超凡脱俗的性质”①，以此来抵抗当代社会中污浊欲望的蔓延和肮脏金钱的充斥。而当代读者对这些爱情故事的追捧，似乎也是出于对某种再难寻觅的纯净之

① 姚国军：《论海岩小说创作中的两大主题》，《当代文坛》，2004 年第 6 期，第 45 页。

情的向往，海岩说，“我的读者曾赐我醒悟，他们对我那些纯情小说喜爱之甚，远远超越小说价值本身，似乎在说明：越是在功利化的社会里，人们对于单纯的爱，美丽的爱，渴望越深”①。爱情，是海岩小说中人物青春的献祭，灵魂的救赎，人生的归宿；爱情，也成为海岩试图为精神缺失的时代寻找的一种精神寄托，为信仰泯灭的社会再建的一种信仰，有时甚至会透出一些类似于宗教的价值。这种将爱情理想化、神圣化、奉爱情为至上的意旨，强调爱情凌驾一切的地位，极力赞美爱情的巨大力量(甚至可以生死人、肉白骨)的写法，是中外一切言情小说的共通之处。

然而，这种如童话般纯净、如宗教信仰般虔诚的理想爱情虽让人向往不已，但也许只能存在于文学想象的世界里，现实生活中很难寻觅，尤其在物欲日渐蒙蔽人心的时代。海岩曾说，“爱情在我们这个时代里太多的是带有交易性质。我们从小受的教育使得我们向往毫无交易性质的真挚爱情。这种爱情在现在这样一个商品化的社会里，不悲剧很难得，悲剧是正常的”②。海岩的小说向往和咏叹纯情，但又透露出浓浓的忧郁意味，显现对爱情的悲观主义态度。他说，“我相信世间确实存在忘我的爱情，但一切只是瞬间，没有结局，不会久长”③。现实如此残酷，越是想追求至真至纯之美的理想化爱情，越是势难避免悲剧的结局。因此，海岩并不似一些港台言情小说那样，将爱情描画为不沾凡尘的天使，想象为飘渺虚幻的宫殿，更很少安排小说的男女主人公在历经劫波后，获得王子与灰姑娘式“从此过着幸福的生活”或“有情人终成眷属”的结局，而是故意让自己心中纯美的爱情以悲剧来结局，这使他的小说有别于一些中西言情小说的“大团圆”模式。如《一场风花雪月的事》中的吕月月与潘小伟，《永不瞑目》中的肖童与欧阳兰兰，《拿什么拯救你，我的爱人》中的龙小羽与祝四萍，《玉观音》中安心最初的两个男人铁军和毛杰等，都是以死亡为自己的爱情付出代价。即便在生死情仇、爱恨痴缠之后能保全生命，但灵魂的破碎、情感的残缺，留给活者的是更大的悲哀，如《永不瞑目》中失爱而追悔的欧庆春，《玉观音》中寻爱无踪的杨瑞，《平淡生活》中孤独远离所爱的优优，《拿什么拯救你，我的爱人》中爱再难续的韩丁与罗晶晶等。海岩为什么让他钟爱的理想爱情最终成为悲剧？也许和另一种普遍的古典爱情观有关，即不能得到的爱情最难忘，悲剧的爱情最动人，用海岩自己的话来说，就是“爱情的美丽在于它的不完整”④。这种爱情观，在古今中外的文学经典中广被阐释，如莎士比亚的《罗密欧与朱丽叶》、曹雪芹的《红楼梦》等，不胜枚举；通俗言情小说亦多有爱情破灭的悲剧结局，也传达了这种爱情观，如刘云若的《红杏出墙记》、琼瑶的《烟雨濛濛》等。在平庸现实的参照下，人们对文学艺术中的理想爱情沉迷向往，为这种爱情的悲剧而同情感叹，其中影射了人类自身普遍的生存困境，呼应了人类对不能摆脱的悲剧宿命的内心体验；它是人类社会的“集体无意识”，无论国家、种族、肤色，概不能免；海岩小说的悲剧爱情之所以为读者喜爱，多少也有这种“集体无意识”被激发的缘故。至于造成爱

① 海岩：《我笔下的七宗罪》，文化艺术出版社，2002 年，第 196 页。

② 燕怡：《海岩：专业商人业余作家》，《商业文化》，2007 年第 1 期，第 57 页。

③ 海岩：《我笔下的七宗罪》，文化艺术出版社，2002 年，第 196 页。

④ 闰文健：《黑白海岩》，《IT 经理世界》，2003 年第 21 期。

情悲剧的原因，大多数言情小说或归于命运的捉弄、家庭的阻力、心灵的误解、恶人的破坏等；或归于生活的困境、社会的挤压、金钱的收买、欲望的玷污等。海岩属于后面几点，他说，“我的小说以悲剧收尾的比较多，这正是我内心矛盾的冲突，也反映了我对社会的某种情绪”①。如上文剖析海岩小说的社会批判性所述，肖童、龙小羽、罗晶晶、祝四萍、安心、优优等人爱情悲剧的罪魁祸首，主要就是这“功利化”的社会、“物质欲望泛滥”的时代，它放逐了崇高的精神，毁坏了善良的人性，销蚀了神圣的理想……也戕杀了纯美的爱情！此外，海岩小说也和传统言情小说一样，展现了导致爱情悲剧的其他重要原因，如多角爱情的无从选择、因爱成恨的疯狂报复、人物性格的致命缺陷。在《永不瞑目》、《拿什么拯救你，我的爱人》、《玉观音》等多部小说中，肖童与欧庆春、欧阳兰兰，罗晶晶与韩丁、龙小羽，安心与杨瑞、毛杰、铁军，均构成了三角或多角爱情的关系，爱与不爱，进退难明；欧阳兰兰、龙小羽、毛杰也在爱情遭遇背叛和破灭之际，将枪口(凶器)指向了自己曾经的爱人；最后所有人都在这爱的旋涡中遭到毁灭。而“性格决定命运”，肖童的幼稚、龙小羽的卑微、安心的犹疑，也促使了这些悲剧的发生。极力渲染爱情的悲剧，并批判从社会到人性的多种悲剧之源，在中外言情小说都是常见的意旨，充满了对“世道颓崩”、“道德沦丧”、“人心不古”的感叹，深合市民阶层这一通俗小说阅读主体的审美趣味，20 世纪 90 年代以来的海岩小说也是如此。

俊男美女的主人公搭配，是中外言情小说屡用不爽的模式，理想化的爱情经历与唯美的人物外形相辅形成，对应了世俗大众对美丽梦幻的向往，也是对现实的平庸爱情(样貌)的反拨。在代入性的阅读体验中，读者对言情小说中俊男美女形象的赏玩，让自身获得了某些做“白日梦”般的心理满足。中国传统文学惯用的“才子佳人”模式，当代流行文化中打造的“青春偶像”，很大程度也是迎合了对这种大众心理机制的诉求。20 世纪 90 年代以来海岩小说浓郁的言情风貌，也从他对小说主人公偶像化的塑造表露无遗。其中，男主人公大多相貌俊逸，身形挺拔。如《拿什么拯救你，我的爱人》中的韩丁“从小生得唇红齿白，打从上小学开始就是周围女孩子们秋波频送的目标。在中学和大学时期，更是学校里的大众情人”；龙小羽则“确实有一张能让女孩子们为之心仪的脸，眉目清秀但不乏男子气概，皮肤黝黑但健康光洁，虽然坐着，但你仍能感觉到他的身材颀长挺拔，这是一副很能让女孩子产生冲动和幻想的形象”。而《平淡生活》中的周月，则阳光、帅气、健硕，有着“黑白分明的眼睛，挺挺翘翘的鼻子，雪白的牙齿，线条优美的胸脯”。其他如《那一场风花雪月的事》中“清秀单纯”、长得“相当精神”的潘小伟，《永不瞑目》中“年轻俊朗”、“眼神明亮”、“是全校最俊的小伙子”的肖童，《玉观音》中长着“让所有女孩都能过目不忘的脸”的杨瑞等，他们吸引女性的外形魅力都被小说所极力强调。而小说的女主人公，则是无一例外地美丽清纯、光彩慑人。如《拿什么拯救你，我的爱人》中的罗晶晶，“那张眉目如画的面孔，却有着令人不敢相信的美艳。在强光的照射下，少女脸色苍白，眉宇间顾盼生烟，进退中的一动一静不徐不疾，目光中的一丝冷漠若隐若现”；《玉观音》中的安心轮廓优美，“细嫩的皮肤，小小

① 张洁：《海岩：最有说服力的是时间》，《人民论坛》，2004 年第 12 期。

的鼻子，嘴有点翘，眼睛黑白分明，眉毛既清晰又干净，有点男式的英武……这张脸可以让所有男人都心里痒痒，想入非非”。还有《那一场风花雪月的事》中漂亮开朗的吕月月、《永不瞑目》中英姿飒爽的欧庆春、《平淡生活》中清纯似水的优优等，都有着让人过目难忘的美丽，让书中的众多男性为之倾心不已。作者还用当代时尚偶像的表征为他(她)们增加美丽砝码，如韩丁像吴奇隆、谢霆锋，周月头发低垂，像日本韩国的歌星，吴晓像流川枫；欧庆春像模特(罗晶晶本身就是模特)，安心像章子怡，等等。此外，前卫艺术、网络传情、模特表演、摇滚音乐、千禧年、明星八卦、体育运动、拳击比赛等元素也屡屡在书中出现。这种人物形象及围绕他(她)们的各种时尚元素，对读者(特别是青少年读者，时尚粉丝)的阅读期待给予了明确指向。不过，大多数中国传统言情小说在人物外形描绘上，常常不脱千人一面的俗套，如男性“玉树临风”、“文采倜傥”，女性“羞花闭月”、“肌肤如雪”云云。海岩小说中对男女主人公样貌的上述勾勒，多是陈辞滥调，相互重复，明显笔力不足，也陷入了新的俗套。不光鲜有如《红楼梦》般描画大观园众美时个性突出、各具其妍的精妙，比民国言情小说如《啼笑因缘》中的沈凤喜、何丽娜、关秀姑等，琼瑶言情小说的杜小双(《在水一方》)、段宛露(《我是一片云》)等众多人物形象，也是颇有不如，这也是大多数言情小说难以突破的模式。

海岩对这些俊男美女的身份安排、关系设置，被人戏称为“财子佳人”模式。男主人公如潘小伟、肖童、韩丁、杨瑞、凌信诚等，大多出身显贵，家世殷富，却极少被权位或金钱所污，身无富贵子弟常见的豪奢靡费、放纵颓废的纨绔习气，也没有骄横跋扈、欺男霸女的衙内作风。他们大多单纯腼腆、真诚热情、清新明朗，宛如涉世未深的中学生；有时还显露出孩子般的脆弱敏感、多疑易妒，也不免野性叛逆、倔强任性。对于海岩小说中“财子”爱情，王朔曾一针见血地指出，“爱情小说中一有金钱出现就像童话了。有钱人也是人，谁也没权力不许他们有感情，但他们不适合出现在小说中，因为生活实在无趣，一天到晚做生意，还有比这更难看的吗”①？但海岩不是美化金钱和爱情的关系，这正是他所极力批判的，他以“财子”为男主人公，就是为了构造爱情的“童话”宫殿。唯其富贵，他们比普通百姓有了更多“风花雪月”、“衣香鬓影”的爱情邂逅；唯其单纯，他们对浪漫爱情的追求抛却金钱、地位束缚，更显炽热执著、一往无前；唯其幼稚，他们对人生和情感才无从把握、波折迭生。这些“财子”并非现代商业文化的产物，而是继承了东西方世俗文化的传统，借用了当代大众文化的某些套路。他们的至纯至情至性，他们的不成熟等性格弱点，宛如现代的贾宝玉、安骥安公子(文良的《儿女英雄传》)，也似西方童话中英俊多情的王子，读者甚至在其身上可看到好莱坞浪漫喜剧《风月俏佳人》②中青年富豪、日韩偶像剧中“花样男子”的影子。而当代某些港台言情小说女作家，如岑凯伦笔下的男主人公，最多的也是那些驾着劳斯莱斯、住着豪华别墅，一掷千金、高大英俊，却对所爱深情专一的富家公子。中外言情小说的一个重要

① 海岩:《我笔下的七宗罪》，文化艺术出版社，2002年，第60~61页。

② 片名 *Pretty Woman*，美国1990年摄制。导演：加里·马歇尔(Garry Marshall)，主演：理查·吉尔(Richard Gere)，朱莉娅·罗伯茨(Julia Roberts)，讲述的是一个英俊的百万富翁爱上一个美丽而有自尊的妓女的故事。

读者群是女性：从情感初萌的少女，到生活乏味、婚姻平淡的中青年女子；她们或可在中外通俗文学(文化)塑造现代的“王子”身上，暂时寄托自己绮丽虚幻的爱情梦想，权且获取精神的抚慰，海岩笔下的“财子”们也是属于此类。相应地，海岩笔下对女性身份、男女之间爱情的强弱关系的设置，也与中外言情小说(及言情影视剧)的传统模式大致相近。海岩小说的女性可分为“圣女”和“魔女”两类。“圣女”或如欧庆春、安心、优优般出身平凡，或如罗晶晶般家世沦落，她们却始终在爱情关系中处于强势，让身份、财富优于自己的“财子”们处于弱势。虽然，她们常常潦倒漂泊，也被男主人公收留、救助、保护(如罗晶晶、安心、优优)，但金钱、安逸从来都不能束缚她们，当不能爱、难以爱时，她们都会决然远去，即便再遭困顿也在所不惜。她们当然首先是以美貌征服了男性，但更重要的是，她们用宛如“观世音”一般圣洁纯净的心灵，对单纯幼稚、迷惘懵然的男性主人公进行身心的救赎，促使他们人格的成长。这些“圣女”式的女主人公对男主人公灵魂深处的情感激染，似乎还带有母性的温润与博大，所以才让他们眷念不已。如《玉观音》的题记中所述，“观世音菩萨到了中国，在外形上被人塑造为女相……似乎就代表了一切母性的崇高、伟大、温和、善良、怜悯和无处不在的爱心”①。所以杨瑞说，“像我这样一个早已习惯见异思迁的男人能这么脱胎换骨地爱上一个固定的女人确实是个奇迹，这奇迹的发生首先应该归功于安心的人格人品，是她的人格人品对我产生了包容和感动作用，这说明好的道德品质对人的感染力和吸引力，在任何时代都是存在的……”《永不瞑目》中的欧庆春对肖童的精神影响，是左右他生死情仇的关键；《平淡生活》中优优对失忆的周月不离不弃的照顾，也有着爱情之外的悲悯情怀。海岩小说中的“魔女”，则包括欧阳兰兰、祝四萍、单鹃等，她们对爱情往往心态畸形，疯狂似火，嫉妒成病，往往让男主人公避之不及，碰上了就会同归于尽。她们拉着男主人公的身心向下沉沦，与“圣女”带来的心灵涤荡截然相对，带来了剧烈的矛盾冲突，改变了书中爱情的走向和结局，也为小说增加了戏剧性和可读性。将女性放于爱情中的强势地位，隐隐呼应的是女性挣脱世俗束缚，追求身心自由的渴望。而“圣女”和“魔女”形象的二元对立，让男女读者纠缠于“圣洁之美”和“罪恶之美”的冲突，体会到自我犯忌、灵肉分离、人格分裂等种种微妙心理。这些模式，在中国传统的明清通俗话本、笔记中就略有显现，但和民国“鸳蝴”小说，以及西方民间童话中“公主”和“女巫”的原型形象之间的渊源更深，在当代台港言情小说和日韩偶像剧中也是屡屡得见，海岩继承和借鉴这些模式，也加深了自己小说的言情色彩。

通过上述分析，再回到王朔的那句评价，“与其当披着狼皮的羊，不如直接当羊”②，将20世纪90年代以来的海岩小说的基本类别定位“言情小说”，将海岩称为“男琼瑶”，应大致无误。但与民国的“社会言情”小说，琼瑶的“婉约言情小说”，香港女作家如亦舒、严沁、岑凯伦等的“豪门恩怨”式言情小说等其他言情小说相比，海岩谈情说爱的最大特色，是将爱情化入“公安题材”之中。他的小说大多是“爱情+案件”的模式，一方面，人物出入于特殊的生活处境、复杂的人物关系、险恶的罪案漩涡中，紧

① 海岩:《玉观音》，文化艺术出版社，2004年，第283页。

② 海岩:《我笔下的七宗罪》，文化艺术出版社，2002年，第57页。

张的侦查过程和推理步骤、警匪之间刺激的斗争场面，让小说笼罩在独有的惊险色彩下；另一方面，纯美的爱情因罪案卷入，被置于种种极端化的环境和故事中。深入毒窟、身入牢狱、反爱成仇、逃亡追杀、众叛亲离、生离死别等经历，与缠绵悱恻、柔情蜜意的青春之爱形成鲜明对比；爱情也因此饱受磨难和煎熬，在突出爱的悲剧性同时，更赋予了这爱情惊心动魄、荡气回肠的传奇色彩。因此，海岩小说惯被称为“公安言情小说”。它们融合“公安文学”和“言情小说”的元素，再糅入一定程度“社会小说”的现实批判和人性剖析，“生死之谜之中就有了爱情的选择，感情的弥漫之中有了人生的探求，轻松浪漫之中有了严肃的逻辑推理，既愉快又痛苦，既轻快又沉重”①，呈现了较为多样的内容蕴涵和较为丰富的文类特征，赢得了比较广泛的接受面，造就了海岩小说20多年的畅销效应。海岩自己，也成为“新时期”以来“公安文学”、“法制文学”中最具代表性的作家。

尽管对商业化社会持批判态度，但海岩小说的畅销，除融合多种通俗文类、迎合多种阅读趣味外，还有赖于他明确的商业化创作策略，和对影视传媒的娴熟利用。海岩几乎所有的小说都曾被影视翻拍，多数都还是他自己亲自编剧；他与海润影视集团、导演赵宝刚长期合作，海岩电视剧多年成为收视保证，也推动了其小说的进一步流行。海岩后期的小说创作刻意为影视拍摄提供便利，追求动作激烈、情节紧凑、节奏快速，多安排巧合和戏剧化场景，并且大量采用平行剪辑、快速切换、特写镜头等影视技巧入文，加深了小说与影视的联系，强化了小说的大众文化色彩，背后的宗旨是为获取金钱利润，这与海岩曾标榜的精神立场显然不无矛盾。在《平淡生活》的开头和结尾，海岩还以“书中文”的形式，尽将与书商、电视剧制作商一道炮制畅销书、畅销小说的商业伎俩不无调侃地尽数道出。叙事者如王朔般自称“码字”的，为影视制作人提供“在影视市场上相对好卖的东西，比如，古装戏最好卖，特别是这一阵最走俏的清宫戏或武侠戏；又如，警匪戏也好卖，警匪大战多年来叱咤荧屏，高低好赖都容易出手，若再能与反腐挂钩，则更加如虎添翼，一沾上主旋律就能把片子卖到黄金时间主流频道，让贴片广告的收入高上几倍轻而易举。再如，喜剧。写不出《我爱我家》那种隽永的，写个《还珠格格》那类闹腾的也行，也是眼下时兴的一路。电视剧本来就是大众娱乐，本来就是文化快餐，就是商品。一沾商品二字，‘消费者就是上帝’的规则放之四海而皆准。这年头老百姓下了班打开电视就图一乐，所以一定要搞喜剧。”此后，海岩简要回顾了自己从《便衣警察》以来的创作经历，自嘲“纵观这几年警匪戏一浪高于一浪，情节人物早被高手用尽用光，步其后尘还能让观众拍案惊奇，已是不可能完成之任务”，用当年被“由著名的煽情大师赵宝刚搬上荧屏，把一位正在电影学院上学的新人徐静蕾捧为当时全国的头号青春偶像”的《一场风花雪月的事》来自我反讽一把。然后，叙事者在电视投资商“最好写点隐私什么的，更好是写那种纪实的，情感纪实现在可是流行得很呢”的诱导下，如安顿的“口述实录”一样，开写自己拿手的“小情小调”。从一名记者处获取“痴心女子负心汉，包了二奶设二房，或负心老婆贪富贵，跟着金钱走他乡……之类”的故事却不够凑足电视剧的戏份，无奈之下才引出对优优的访谈，展开整个故事。

① 汤哲声：《中国当代通俗小说史论》，北京大学出版社，2007年，第268页。

在故事的进程中，当优优一路坎坷、身遭杀人嫌疑入狱，诸多细节由叙事者向制片商告知，“他在啧啧叹惜的同时，压不住欣喜若狂。他说你好好写，快点写完，这片子拍出来肯定好卖！少女杀人，无论其心路历程还是案件的侦破过程，都天生具备了充分的可看性，足以和广大观众的好奇心强烈互动。他进而提出了一个新的策划，以若干年前曾经热播的一部电视系列剧《命案十三宗》为例，主张我的这部作品，一旦改编成剧，不妨也照猫画虎，渲染些纪实风格，甚至索性向观众挑明该剧以真人真事作为背景，是一部名副其实的‘情感实录’！因此当务之急，是趁故事的人物原型还活着的时候，抢拍一些真人镜头，以备今后片头片尾之用。……商得监狱管理部门同意，明天就要到看守所去拍摄与优优谈话的实景。谈话的内容有两个策划，一个是请律师出面和她谈上诉的事情，话题必须涉及案情。另一个是请编剧——也就是我——对其进行狱中采访，以‘临终关怀’的名义，让她谈些内心隐秘，最好能谈出点‘千古恨’那一类的感慨，和当初“一失足”的思想动机”。到了最后，当优优的一切生死、爱恨、恩怨都尘埃落定，远去回归“平淡生活”之际，这位电视投资商又出场了，“我把凌信诚终于来电寻找优优一事，作为饭后的谈资，听得投资商不停地啧啧感叹。他甚至忽发奇想，要求剧本的末尾一定要写上这段。他相信当这个电视剧播放之后，说不定能感动主人公自己，然后不约而同地站出来重新露面，美好的爱情于是破镜重圆。他进而把这个剧定位于主旋律作品，他相信广大观众看完后定会与他同感：这世上虽然坏人不少，但还是好人居多。虽然坏人也能一时得逞，但咱们自己，和咱们的孩子，还得像优优信诚那样，努力去做一个好人。还有周月和小梅，还有吴队长那帮刑警，也都是好人！所有这些好人，能让我们在这个不义的世界，也都活得彼此有情”云云。《平淡生活》中贯穿全书的这种“书中自道”写法，不太留情地讽刺了在商业利益左右下，文学常常沦为大众文化的奴仆，历史被戏说，警匪戏泛滥，个人隐私被娱乐，“主旋律”也充满矫情等当代文化怪象，其实也隐含了自己的作品多年畅销后，海岩对自我已形成的模式化、商业化创作的怀疑和否定，寄予了自己突破创作窠臼的希望。所以，从《河流如血》开始，到《五星饭店》、《舞者》，海岩逐渐背离了“公安言情”题材，进行了新的创作尝试，究竟成效如何，尚需时间来检验。

20 世纪 90 年代以来的海岩小说，其最大特点是“多种类型”的融合，这种“类型化”、“模式化”的风格，使其受众广泛、畅销一时，但这也是海岩小说最大的弊病，使其也难以摆脱多数通俗小说的基本特性——媚俗。这些小说以迎合世俗大众的多种趣味、获取广泛的商业效益为目的，糅入了众多中外通俗文学、畅销书、流行文化的元素，就如一道道配料丰富、色彩繁丽的拼盘，初尝满口生香，久吃却有些腻味。如何继承各种文学资源，精炼取舍、自如驱遣、合理安排，并寄寓独特的思想意蕴，追求艺术的突破创新，需要作家深邃的眼光、深沉的哲思和高超的艺术修养，对此海岩显得有些力不从心。各种文学元素被一股脑地塞入他的小说中，缺乏筛选提炼，不免芜杂混乱、堆砌拼凑之嫌。从其小说主要融合的言情小说文类来看，海岩对爱情的描述，虽也涉及了爱情与法理的无法兼顾、爱情与道德的两难情境、爱情与物欲的冲突交错等，但皆流于俗套，社会和人性的开掘都不够。这些爱情集中在都市社会、公安领域的青春男女身上，总体视野还是浅显狭窄，很少用纵深广阔的思维，在家国变迁、历史转换、时代动荡的背景下，思考爱情与人性、本能、生存、命运等终极命题的关系，匮乏思想的深刻性和艺术的超越性，自然不能写出如马尔克斯的《霍乱时代的爱情》、杜拉斯的《情人》、昆德拉的《生命中不可承受之轻》、鲁迅的《伤逝》、张爱玲的《倾城之恋》、王小波的《革命时代的爱情》这样的文学经典。即便同为通俗言情小说一脉，民国张恨水等的“社会言情小说”生动描绘底层社会的生活风习，剖析华洋杂糅的旧中国都市背景下，传统伦理和民间道德的艰难困守，这是海岩显然不及的。台湾言情小说女作家琼瑶等，则惯写知识男女的爱情故事，人物性格刻画和心理描写细腻柔婉，用语清丽雅致，书卷气浓厚，富于古典的诗词韵味，被称为当代的“婉约派”；与之相比，而海岩小说的人物，大多空有俊美外表、高贵身份、时尚气息，却知识贫乏、言辞浅薄、个性单一，小说的文化含量比起前者也要逊色得多。再从海岩小说融合的公安文学、社会小说两种文类来看，他写侦查探案，笔墨集中于对警匪斗争场面的铺排，又不时插入青年男女的情路纠缠，冲淡了正义的思考、缜密的推理、智性的探求，从中读者所能获得智慧启迪，远远不如西方侦探小说和日本推理小说的经典作品。他写社会现实，涵盖的也不过是公安机关、娱乐圈、商界等有限的生活领域，题材范围比较狭窄。其社会批判的焦点只在“金钱”、“物欲”，不比 20 世纪 80 年代那样触及更广阔和更根本的政治、制度、法律等层面，对人性弱点剖析、人生悲剧的探寻，也显得有些皮相。此外，20 世纪 90 年代以来的海岩小说，已经消减了《便衣警察》式的真诚、自然、清新味道（这大概也是 20 世纪 80 年代的特色之一），在叙事、语言、人物塑造和情感表达上，不时地显出某些略带做作的姿态，刻意唯美、矫情悲壮、假装深沉、好发议论，读来使人感觉虚浮不实。在笔者看来，虽然海岩在 20 世纪 90 年代后的小说影响力、读者（观众）面要远超 20 世纪 80 年代，但从蕴涵、容量和艺术表现上，似乎都未超过《便衣警察》的水平。作为“新时期”以来影响最大的“公安文学”、“法制文学”作家，海岩的创作，既代表了这类文学从 20 世纪 80 年代到 20 世纪 90 年代的变迁，也包含了这类文学在当代发展的多种路向。其小说的上述缺憾，其实也代表了 20 世纪 90 年代以来中国“公安文学”、“法制文学”整体缺憾，这表明此类文学在看似繁荣的创作局面下，依然没有可与世界侦探小说经典媲美的作家、作品出现。

三

除海岩外，20 世纪 80 年代以来“公安文学”和“法制文学”还有众多的作者，这些作者依然可以划分为“圈内作家”和“圈外作家”两类。“圈内作家”的身份多是警察，或隶属于公安宣传文化部门，或有过公安工作经历；他们的创作，除了表现警察与犯罪分子的较量，更重在书写警察作为普通人尴尬困惑的生活处境、喜怒哀乐的凡俗人情，塑造了身处激荡时代、遭诸般冲击、不甚完美的警察形象，但对其忍辱负重、坚韧顽强、职责信念仍是进行了正面的宣扬赞美，整体仍属于“主旋律”文学和通俗文学的交叉范畴中，其中较为知名的有张策、张卫华、魏人、孙丽萌、胡玥等人。“圈外作家”的身份则多为其他行业的业余读者，也包括一些专业作家；他们的创作，多通过展开查案寻凶的推理过程，切入历史、社会、道德等多种层面，探求隐秘深微的犯罪动机，表现出作者的社会批判和人性思考，正统侦探小说的文类特征也有所凸现，性质介于通俗文学与纯文学之间，其中较有影响的包括李迪、李建、钟源、蓝玛、曹正文等人。在 20 世纪 80 年代中后期至 20 世纪 90 年代，这两类作家创作的“公安文学”、“法制文学”的共同之处，是多以公安、法制的特殊题材，继承“干预现实”的文学传统，采用或浅或深的现实主义手法，对转型期的社会心理、经济法律、世态风习、道德人性等进行了展现和剖析，沿袭的都是“社会小说”这一路数。这两类作家的区别，在于艺术成就高低不等，其中某些作家的某些具体作品，也呈现了比较鲜明的个人特色。

曾同为《金盾》杂志编辑的张策、张卫华，20 世纪 80 年代共同创作了一组中短篇小说，包括《第四民警小组》、《女民警的坎坷经历》、《飘雪落无声》等篇，后结集题为《警察生活录》出版。这些小说，不再着力刻画在警匪斗争中智慧过人、英勇无畏的警察英雄形象，而是将警察还原为芸芸俗世中的“人”，突出他们处于“两种社会角色的各种人生遭际与心灵忧伤：爱情的波折，婚姻的破裂，价值的失落，事业的挫折，情感的匮乏等，仿佛人世间的一切不平和困苦都聚集在这里，让男女主人公忍辱负重地去煎熬、去品尝”①。像《女民警的坎坷经历》中的女民警刘洁，就遭遇了来自工作、家庭、社会等各方面或明或暗的压力，虽颇具才干，也有一腔热忱和决心，但却不能改变工作和生活中的各种陈规痼疾，最后矛盾激化，她的所长之职被撤。作品把刘洁置于一张由警察的特殊工作和日常的生活琐事组成的网中。这张网从外到内，无所不在，其中包括警局内部错综关系的纠结、各怀心思的倾轧，如于副科长对刘洁冠冕堂皇的刁难；也包括执法办案时面对复杂人性的疑惑和抉择，如方延庆和二凤这对所谓“罪犯”、“堕落女子”身上的善良品性；还包括刘洁自己在警察职业和世俗女子两种身份之间的性格冲突，执著、强干又温情、柔弱。小说由此细腻描绘了身处网中的刘洁复杂的心灵世界，诸多困惑、焦虑、烦恼、痛苦、矛盾，使小说带有某种忧郁和沉重的意味。作者穿插安排了几个重要场景，讲述刘洁的“坎坷经历”，也赞美其艰难处境中的美好心灵，但重点仍是落于社会环境对人性、人心的挤压，表达对社会的反思和批判。然而，对某些犯罪过程的炫奇性描写，以及略显零碎的家长里短，也让小说显出浓厚的世俗味道。《警察生活录》中的其他几篇，也和《女民警的坎坷经历》有着大致相似的面貌。到了 20 世纪 90 年代，张策创作的中篇小说《无悔追踪》，则展现了一种别样的警察人生，贯注了对警察命运的深切感叹。小说浓缩了新中国成立初期到 20 世纪 80 年代末近 40 年的时间，在时代变幻激荡的大背景中，以子承父业的老肖之子“我”的视角，结合顺叙与追叙、铺垫与呼应，讲述了民警老肖对军统潜伏特务冯静波半生无悔的追踪之路。围绕着老肖、冯静波之间追踪与反追踪的较量，小说让这一漫长过程中的相关人物纷纷登场，聚焦于不同年代的三个故事中多个人物的命运轨迹。表面看，小说采用的是传统的“反特”小说套路，情节也打下了某些传奇色彩，但作者未曾去颂扬公安民警以其凛然无畏、智慧过人让狡猾的敌特分子束手就擒的英雄事迹，反而让老肖作为一个“失败者”的形象出现，小说似乎仍带“伤痕”、“反思”的意味。老肖的眼光敏锐，从一些细微的表现对“瘦瘦高高、似笑非笑”的冯静波产生怀疑，但因为冯静波潜伏的隐秘及刻意“立功”的表现，更因为“大跃进”、“文革”等历史风波的爆发，让老肖的追踪一次次中断。

① 高洞平、张子宏、于奎潮：《中国当代公安文学史稿》，群众出版社，1993 年，第 239 页。

当“文革”中公检法被砸乱，老肖被遣返原籍监视劳动时，不忘对冯静波的追踪调查，却不幸因此落得腿残、子亡、妻死的结局。一直到“文革”结束，老肖双腿残疾，过着孤寂的退休生活，还把唯一的亲人“我”送进公安队伍，继续这追踪的任务，“我不怕你说我傻，说我精神病，我只要求你把冯静波的真面目查清楚，哪怕是证明他清白无辜而我错了也没关系”。但冯静波已回国，反成了有意回国投资的“台胞”。最后，冯静波的一封信将谜底揭开，身为5182号特务，在老肖的追踪紧盯下，他始终未能启动任务，为此他在海外寄上自己的感佩和忏悔。这里，老肖的“无悔追踪”充满了悲剧的意味，作者批判了造成悲剧的某些社会原因如“文革”，作者也慨叹了命运的无常、荒诞对人生的捉弄；不过，其中更寄托了一种悲壮情怀，一种经常被当下用来赞颂警察敢于牺牲奉献的“无悔”精神，《无悔追踪》这篇小说也就具备了较为丰富的意蕴和思考。

另一位公安作家魏人，则是以创作“刑警系列”小说而闻名，代表作有《刑警队长的誓言》、《警官的眼睛》等。这些小说多以刑警队长傅冬为主人公，书写了他和战友们侦破杀人、贩毒、诈骗等恶性刑事犯罪案件的过程，在对勇与智的表现、罪与罚的渲染中，那些涉及女尸、偷情、追杀、营救的情节，在夜总会、酒吧舞场、商圈等环境中展开的故事一般较为惊心动魄，颇能吸人眼球，通俗品位鲜明。不过小说最具特色的，则是主人公傅冬的形象。魏人曾对以往中国“反特小说”和“公安文学”中的警察形象表示过不满，“写中国刑警的作品汗牛充栋，然而真正的中国刑警形象在作品中出现不多，给人印象不深……大多是概念的警官和概念的杀人犯”①。《刑警队长的誓言》等小说中的傅冬，一改以往“公安文学”中警察的严肃、正统面目，其性格更为鲜明的表现，是不拘小节的幽默诙谐，豪爽仗义的江湖习气，甚至略带看破红尘的讽时嘲世。他时常地语带调侃，耍嘴皮，开玩笑，侦破案件也时常剑走偏锋、不拘常规，但在看似游戏人生的表象下，傅冬依然有着对事业的满腔忠诚，意志坚韧果敢、强悍自信、智勇双全。这样的性格表现，让傅冬不时会在侦破案件的过程中赢得女性的倾心和爱慕(尽管他自己的婚姻遭遇不幸)，甚至碰到美丽的艳遇，这使得其与西方“硬派侦探小说”中的警探形象取得了某些相似。为深化对人物的塑造，这些小说往往以傅冬为第一人称口吻叙事，书写他内心深处的回忆、思索、感慨、疑惑、痛苦、追悔；在多部作品中，前妻孙岩的背叛出轨、家庭的破裂、与女儿团团的分离，成为傅冬心底永远的伤痛，他的心理活动，大多也是因各类案件触发自我这样的人生不幸展开。因此，通过铺叙警察和普通人的双重身份、双重的人生境遇，以及二者之间的交叉冲突，主人公的形象就被赋予了较为复杂的心理内涵和较为浓重的世俗味道，更具立体感、丰富性。除人物形象的突破外，魏人小说的特色还在于“注意赋予作品中所描写的那些发生在20世纪八九十年代中国大都市中的刑事案件以及所处的这个时代所具有的种种社会的、心理的特征”②，显现出了“社会小说”似的批判立场。魏人社会批判的焦点和海岩类似，也是于形形色色的罪案查探之中，注目中国社会剧烈变幻中的商业化、物质化、世俗化潮流，剖析人们在这些潮流中的心理失衡、道德裂变、人性扭曲，抨击这些潮流带来的赤裸裸的金钱

① 转引自汤哲声：《中国当代通俗小说史论》，北京大学出版社，2007年，第256页。

② 杜元明：《中国当代公安文学作品选讲》，警官教育出版社，1996年，第197页。

崇拜和疯狂的欲望沉沦；魏人笔下的警察队伍也不可避免地被卷入这些潮流，遭遇各种心灵的困境、人生的变故、家庭的危机和事业的冲击。如《刑警队长的誓言》中傅冬，视“消灭一切刑事犯罪”为誓言，矢志为之奉献一生，但因工作繁忙冷落家庭，更因物欲化社会风潮的熏染，其妻孙岩投入商人曹大翔的怀抱，与傅冬离婚，甚至甘心替曹背负贪污罪名入狱。傅冬七年后所面对的一件绑架勒索案，也与曹、孙、曹妻阿玲有关，阿玲也正是傅冬后来的女友(但傅冬并不知她的身份)。错综复杂的关系、爱恨情仇的纠缠，让几个当事人痛苦、疯狂，究其根源，就是金钱的侵蚀、欲望的放纵(如孙岩的背叛、阿玲的报复)，在此，傅冬的誓言似乎遭遇了无能为力的尴尬和讽刺。在《警官的眼睛》中，傅冬面对的是一起母女相残的惨剧。小说虽然仍是采用“类侦探”小说的固有模式：发现尸体—多方查探—抓捕凶手—解说案情，但最令人印象深刻的，则是被层层剥开的凶手、被杀者双双灵肉堕落的历程。母亲常倩当年卖身求活，认识到“钱真是个好玩艺”，她不顾一切地攫取金钱，后来因贩毒而发迹；女儿华春柳在屈辱中长大，对母亲充满憎恨，在自暴自弃中染上毒瘾，反过来为此疯狂出卖身体，甚至与继父乱伦，被万念俱灰的母亲杀死。这母女二人的悲剧，与她们身边灵魂丑陋的男人们有关，如华春柳自私变态的生父华子良，卑琐阴险的继父朱，但畸形病态的社会，却是导致都曾是“纯情少女”的母女二人人生毁灭最大的原因。总体来看，对物欲化社会的种种黑暗与腐化的展示和批判，让魏人的“刑警系列”小说也带有日本的“社会推理小说”，如《人性的证明》等名作的影子，尽管批判力度不如松本清张、森村诚一等人。

孙丽萌和胡玥是两位公安女作家，其小说创作独有女性的细致、舒婉、沉静，在“公安文学”中显得别具特色。孙丽萌的代表作是长篇小说《血象》，其以这样一句话作为题记：“血是人体所必需的，血象的变化显示着血液内部的变异，而机体的死亡往往是血液内部的自相残杀”，蕴涵了小说某种象征意义，即一桩桩血腥惨案的产生，许多生命和家庭的毁灭，其根本原因是权力、金钱、欲望等藏于社会机体内部的毒瘤。它们导致人性的异化、良知的沦丧、道德的崩毁，带来人与人之间的相互戕害和残杀，又进一步把人性、社会推向病态和畸形。小说根据这一象征意义入手，来设置背景、铺展情节、塑造人物，表达出较为鲜明的社会批判立场，这一点和20世纪90年代的海岩小说如出一辙。小说的罪案故事颇为错综复杂：云州市副市长田培文一家遭枪杀几乎被灭门，仅长子田江幸免；田培文的情人，即沈副市长秘书林涛的妻子于慧心又被神秘地杀死，林涛具有杀人重大嫌疑；深爱林涛并以身相许的沈副市长千金沈媛，又陷入杀害杨树风的嫌疑之中；而一个机械的声音时时通过电话造访林涛……血案接二连三发生，谜团层层叠叠令人难辨。三位老刑警“醉猫”、“鬼猴子”、“麻雷子”主动请缨，要侦破这系列大案。他们抵住各方压力，排除重重迷障，经历了灵与肉的交锋，情与法的抗争，最后终于将真凶锁定：他就是田家长子田江。但田江也是“麻雷子”的女儿周芸芸深爱的恋人，他们马上就要订婚。小说在田江与周芸芸举行订婚仪式之后达到高潮，警方出现在他俩面前，田江奋身跃下高楼，他在保险柜中给周芸芸留下的四封信，揭开了整个案件的真相，也将悚目惊心的权欲之恶、人伦悲剧、人性丑陋一一剖开。原来这扑朔迷离的情中案、案中情和重重悲剧，罪恶之源就是道貌岸然的田副市长本人。在公众面前总是一副廉洁强干、仁人君子面目的田培文，早已因权力和欲望的遮蔽而人性泯灭，他让亲子田江在虐待、殴打的血泪恐惧中长大；他强奸关爱田江的少女保姆杨芳鱼(芳姐)，长期和养女乱伦并共同虐待田江；后又玷污田江成年后纯真美丽的女友司雾，导致司雾自杀……这样的成长环境和人生经历，让田江的心灵扭曲，种下刻骨铭心的痛和恨，“这样丑恶的家庭不该毁灭吗？这样丑恶的家庭不该下地狱吗”？他举起弑父、杀亲的枪口，为这无尽的罪恶作出一个了结，也是以更疯狂的行为向这罪恶作出控诉。田江在那四封信中的自白和忏悔，令观者(包括查案者和读者)瞠目，引发的人性思考可算深刻，作者的主观意图却不是揭露西方侦探小说式的“原罪”，而是要批判造成这些惨案的社会环境之罪，如田江自陈，“人原无罪，罪在我处的环境中有着太多的罪恶，和太多的不可告人。”但小说对田副市长丑陋欲望的最终揭露，无意之中也触及了某种植根于人性深处的“恶”之本能，给小说注入了某些弗洛伊德精神分析式的命题，使得作者的创作意图与表达效果之间也出现抵牾，反倒造成了小说较为丰厚的意蕴。《血象》的缺陷也很明显，如情节巧合太多，人物关系显得混乱，案件推理过程也有些牵强。

胡玥的代表作，则是长篇小说《墨吏》(又名《危机四伏》)，它讲述了一系列的夺枪杀警、抢劫杀人案，情节离奇惊险、动人心魄。1987年的古城在平静下危机乍生，三名警察相继被害，警枪被夺；到1988年，银行又遭劫，多人被枪杀；但案件跨越近十年，始终悬而难破，恐怖的阴影多年来笼罩古城。警察队伍遭遇严重的信任危机，众多警察的人生、爱情、事业也因此而被彻底改变。最终，一个福尔摩斯式的年轻警察叶千山，配合着一群有着沉着智慧的警察，于人心惶惶、波诡云谲之中摆脱干扰，运用高超的推理手段破解迷局、锁定目标，在十年后让凶残狡猾的罪犯现出原形。但小说推演故事的前后因果，铺叙正邪间的较量，主要不是为警察的智勇英武来树碑颂美，反而以不动声色的冷峻笔墨，勾画出一个狡猾隐忍、残酷冷血的凶手形象。这就是隐藏在警察队伍内部的刑警——陈默，他甚至还长期是侦破这“1145案”专案组的核心成员。他枪下的亡魂，要么是曾同窗数载的同学，要么是朝夕相处的同事(孙贵清是其同事，林天歌是其警校同学、同事)。他杀人夺枪的动机也很简单，不是醋意横生的情杀，也非工作矛盾、权位争夺的仇杀，就是仅仅谋划抢劫银行。而每次杀完人，“就如踢开一块小石子”，他仍泰然自若地回到专案组，心平气和地与昔日的同学、如今的同事一起研究案情。当案情最后大白，面对以往的警察同事，听闻同事对自己妻女的照顾，他仍然没有忏悔之心，妄图为结案设置证据障碍，在法庭上也拒不认罪。临赴刑场之际，他的顽固依旧，还要留下最后的未解之谜，争辩案件的输赢。这桩警察杀警察的案件，最为让人压抑、骇人听闻之处，在于无人完全知晓陈默根本的犯罪心理和动机，如险成他枪下之鬼的警校同学、现为记者的江心月所想，“罪犯竟是和林天歌同桌且就在她身后坐着的陈默，她的心再次被揪紧：怎么会是那个人家说话他总眯着眼笑的、不哼不哈的陈默呢？她感到惶然、困顿、恐怖……”陈默之罪，甚至他自己都不太明了，也许就是深植于其内心深处不能言说、无法捉摸的“恶到极致的灵魂”(叶千山语)，亦或就是一种“原罪”。这种“原罪”也可能存于每一个人的内心深处，它诡秘莫测，一旦萌生蔓延、无法抑制，其危害之烈让人深感恐怖。文末作者试图用一个比喻解读此案，“他一开始并没想犯罪，谁生来都不是先天的罪犯，这里有一个渐变的过程……就像一树的果子，他们汲着同一棵树身上相同的养分，大多成长为好果子，个别的却长成坏果子。果子的坏也并不是从一开始就坏，它可能是从微小的一个斑点开始坏起，然后从表层漫延到内里；也可能是有一种菌潜伏在它的内里，遇到外在向坏生长的契机，它便由里向外坏得透彻，坏得没有转变的余地……一个犯罪的人很像一枚由表及里或由里及表腐烂的果子……”但这开始腐坏的斑点究竟是什么？作者仍未点出，也许要留待读者思考。正因为此，《墨吏》并不以社会批判视角构筑全篇，而是透露出较为深刻的人性思考，甚至触及了某些终极的生存命题、哲理命题，再加上小说始终以无形的恐怖气氛，笼罩在文中人物乃至读者的心上，增加了小说的心理含量，这让《墨吏》在评论界和读者群中都赢得了较高的声誉。

较为知名的公安系统“圈内作家”，还有彭祖贻、尹曙生、修莱荣、胡祖富等。他们代表性的小说，与上述所论作家的作品在题旨和写法大致类似，都是以公安侦破探案题材，揭露金钱对现实生活的腐蚀，批判欲望导致的社会阴暗、人性异化，如在金钱面前不堪一击的亲情恩义（彭祖贻的《天堂梦旅》、尹曙生的《魂断夫差河》），如在对金钱疯狂追逐的欲望为自己和亲人挖下了犯罪深渊（修莱荣的《警察的隐秘》），如金钱、肉体的贪欲对高级干部和公安干警的腐蚀（胡祖富的《地火》），等等。从海岩到张策、张卫华、魏人、孙丽萌、胡玥，再到彭祖贻等人，相当数量出身公安司法系统的“圈内作家”及其作品，汇成了“公安文学”、“法制文学”的主流，在新时期以来近30年的时间中也不断产生影响。但“公安文学”、“法制文学”常被归入通俗一类，并被纯文学界、学术评论界忽略的情形，多年来并未得到改观。对此，“圈内作家”是颇有不愤的。胡玥就说，“这许多年，一提公安写作，其实许多人就把它归到通俗文学那一类，而事实上，世界上那么多的名著，那么多的大片，都是有关罪案的，它们的面容上没有被贴上俗的或纯的标签，这并不影响它们名著和大片的地位，也并不影响人们对它们的喜爱。我想，我们写什么，跟我们的俗或纯文学立场没有关系，而是跟我们每个人特定的生活有关。最起码我在写作的时候，从来不会去考虑我的写作定位，我相信生活，只有生活，才是艺术的最高境界。因为没有比事实更精彩的”①！这里，固然有长期“雅”、“俗”门户之分带来的偏见。但除上述所论的作家外，大部分的公安作者即便占据了十分丰富的案例资源，现实的针对性也强，其创作的小说仍大多如破案记录的流水账，缺乏艺术的锤炼和哲思的挖掘；有的还刻意地将案例不加提炼、不加掩饰地用自然主义地写法血淋淋地展示在文中，以追求猎奇的效果，作品欠缺深度。“圈内作家”穆玉敏自己也承认不理想，“有的突出枪战、恐怖、谋杀、追捕，有的则太沉重，也有的胡编滥造……真实性和文学性的关系处理得不太好”②。另一位“圈内作家”程琳则认为，警察作家的职业特点束缚了他们创作的进一步提升，“大多数警察在一线摸爬滚打，欠缺文学素养，没能挖掘出警察内在的东西”③，所以忽视了对人物的深刻挖掘。甚至海岩这样的代表作家，也未能从通俗文类的融合中突破到更深入的思想超越、艺术提升，创作

① 舒晋瑜：《公安文学作品如何提升》，《中华读书报》（第3版），2007年7月18日。

② 舒晋瑜：《公安文学作品如何提升》，《中华读书报》（第3版），2007年7月18日。

③ 舒晋瑜：《公安文学作品如何提升》，《中华读书报》（第3版），2007年7月18日。

日益显出模式化、媚俗化的倾向，向商业趣味和市场效益全面妥协，更遑论其他公安作者了。不过，对于自己的创作往往被纯文学界、评论界忽略的根本原因，“圈内作家”也许没有意识到的、或者没有提到的，那就是他们文学艺术创作的根本立场，匮乏独立精神和自由姿态，如本节开始所论，在体制的规约下，被意识形态主宰、为政治任务服务、为宣教呐喊的文学，往往只能成为“传声筒”，而很少能留下直指人心弱点，直面社会的弊端，并超越时代局限、思考人类终极命运、可传诸后世的经典。因此，“圈内作家”的“公安文学”、“法制文学”的创作，总体的艺术成就平平，仍是属于中国当代“类侦探”小说的通俗一路。

非公安系统出身，创作“公安文学”、“法制文学”的“圈外作家”虽在作品数量上不及“圈内作家”，但大多艺术成就要高过后者。其中李迪和李建的“法制文学”作品，也是以较为深刻的社会批判见长。李迪的代表作，是20世纪80年代初发表的中篇小说《傍晚敲门的女人》。小说以预审员梁子“我”作为第一人称叙事者，讲述了一件杀人案的侦破过程：电器公司总经理王少怀被人用锐器杀死在其养父家中，嫌疑指向了和死者有染的公司医务室女大夫欧阳云；在“我”提审欧阳云时，她将罪责全揽，并揭开王少怀道德败坏、对自己始乱终弃的丑陋面目，侦破似乎可以据此终结。但欧阳云对犯罪过程的陈述颇多矛盾，杀人工具的来由也交代不清，案件实则别有隐情。“我”17次审讯欧阳云，与她反复交谈，百般诱导，她也痛苦、犹疑、恍惚，却拒不改口。直到送煤工人丁力主动投案自首，真相才彻底大白——原来丁力多年照顾欧阳云母女，与她真心相爱且已拟婚约，但欧阳云意志不坚，被王少怀诱惑又被抛弃，丁力知晓后愤而杀死王少怀，欧阳云追悔之余欲以己身担罪，保护丁力。小说最后以丁力被判死刑，欧阳云获释后自杀而结局。《傍晚敲门的女人》的社会批判性，首先接续了“伤痕”文学的传统，欧阳云前夫因“文革”浩劫而早逝，导致了她们母女孤苦无依的命运；但小说社会批判的焦点，更聚于造成欧阳云、丁力悲剧的现实根源，探究了此案背后的复杂动因和人性善恶。杀人者绝非行为不端的轻浮女子、或穷凶极恶的歹徒，反都是善良淳朴、身份低微、家境贫寒的弱者；被杀者却恰是道德堕落、多行不义的恶人。在权位、金钱日益成为人心主宰的时代，在良知、道德逐渐被欲望所遮蔽的社会，善、恶往往易位，弱者往往成为势高财厚者恣意玩弄、欺辱、伤害的对象。王少怀被丁力杀死，实际有祸延自身的意味，丁力杀人报仇、欧阳云以死殉情的命运，似乎是无奈的抗争，更能激起人们的同情和感慨，引发更深刻的批判意识和人性思考。

然而，《傍晚敲门的女人》最为突出的特征，是传统叙事、现代技巧的交汇使用，在写实与象征、表象与心理之间，显示了融通中西、跨越雅俗的艺术效果。小说以“一女二男”(或“一旦一生一丑”)构筑人物关系，以“恶人夺妻”、“鸳鸯拆散”、“始乱终弃”、“隐忍复仇”、“以身殉情”等安排故事的具体经过，承袭了中国古代话本、小说和戏剧的模式，其中亦不难看出与张恨水的《啼笑因缘》等民国“社会言情小说”的相似之处。而小说的情节的展开，也以时间先后为序，首尾完整，连绵贯通，读来清晰流畅。中间又不断突出案件悬念，“谁是凶手?”“傍晚敲门的女人是谁?”“作案工具在哪儿?”“杀人动机是什么?”悬念迭出，波折丛生，故事更显曲折变化，引人好奇，读者的阅读兴味也被层层激发，欲罢不能，一直到凶案谜底被解开。这种叙事流程，既暗合了中国古代文学的讲究起承转合的叙事传统，“设谜—解谜”的模式，又是正统侦探小说基本的叙事套路，所以它迎合了受众普遍的“期待视野”，大大增强了小说自身的可读性。但是，《傍晚敲门的女人》与一般侦探小说不同，它几乎将缜密的现场勘查、严整的逻辑推理、紧张的追踪抓捕等侦破过程完全隐去，而是集中笔墨将“我”对欧阳云的17次审讯一一呈现，描绘“我”与欧阳云变化多端的心理状态。二者既各自有曲折的心理轨迹，又在言辞间产生相互心理的缠绕交叉、冲突碰撞，加上不时跳跃闪回的梦幻、回忆、联想等，让小说的心理开掘和心理分析颇具深度，也略显一种现代意识流小说的风格。但这些心理描写处处与现实案件、人物经历对应，并不游离、散乱，它们突出表现了“我”对案件的探查智慧、对人的复杂心绪：理性的推断，冷静的审视，难解的疑惑，遇阻的焦虑，深切的同情，伤感的追思……也渲染了欧阳云的内心隐秘：羞愧、哀怨、追悔、痛恨、甜蜜、留恋、决然……读来让人不觉有什么晦涩，反而情不自禁地被带入文中人物波澜起伏的心理之河，并随之而泛起心潮的涟漪，为案件的真相而惊奇，亦为人物的命运感叹，这也让小说增加了艺术蕴涵。特别是“我”的心理轨迹，始终围绕对“秃耳朵”母狐狸的回忆展开，在小说现实的情节主线外，设置了一条虚化的心理主线，赋予小说浓郁的象征意味。现实中的“我”一次次审讯欧阳云，而当年的知青“我”追踪“秃耳朵”的情景也一次次在梦境中浮现，两条线索并行交织、互为映衬，逐步推动小说的情节发展和心理呈现。那为幼狐觅食而反复在“我”的枪口下周旋、受伤、逃脱的“秃耳朵”，就象征着为了生存而艰难挣扎、经历坎坷的欧阳云，它的坚韧、智慧、悲凉，恰如护犊、护爱的欧阳云。母狐的结局也为欧阳云的命运作出了预言：“秃耳朵”被捕兽夹夹住发出凄厉的叫声，欧阳云听闻“我”点出丁力时，也发出绝望的尖叫声并当场昏厥；为免公狐来救自己而被猎人射杀，“秃耳朵”咬死了自己，欧阳云得知丁力被判死刑后也自杀身亡。作者通过象征的手法，将回忆和现实融合，对一种深沉悲怆、惊心动魄的“爱”进行了喟叹和思考，给小说笼上了不尽的悲剧氛围和较为强烈的感染力。复杂的心理分析贯穿、实虚双线的安排、整体象征的运用，这些纯文学的创作技法，被李迪自如地化入惯被视为通俗的公安探案故事中，使作品在保持可读性的基础上，艺术品格也大大地提升，《傍晚敲门的女人》因此成为“公安文学”中难得的佳作。

李建的代表作品，也是在“法制文学”的外衣下，以描摹当代女性的悲剧人生、伤痛心路为中心，揭露现实社会的动荡污浊，批判道德人性的扭曲变幻，笔端既指向被金钱腐蚀、物欲驱使的世道人心，又寄托了对人的心理、人的命运的哲理观照。中篇小说《她在歌声中死去》以侦破一件离奇的“旅馆爆炸案”为线，讲述了女歌星林绣珠惨痛的人生经历：她原名苏娴，出身革命家庭，但“文革”的爆发将她抛入父母双亡、沦落乡野的境遇。她被远亲张家收养，与其子张长顺产生情愫，却因成分不好被张父所阻，只有偷偷领取结婚证。又不幸被人所骗惨遭贩卖、奸污，她愤而用铁棍打死三个迫害者，从此远走新疆，改名换姓。再次经历了投亲未遇、被人轮奸、跳湖自尽的惨遇后，林绣珠与救她之人在养父女的名义下同居，并开始学习声乐。“文革”结束后，她考入大学声乐系回到都市，后来成为一名红歌星，有了新的恋情、婚姻，且将要出国深造。幸福的新生活似乎将林绣珠环抱，未来似乎更加美好，但过往的劫难时时煎熬着她的心灵，让她总是在午夜的噩梦中惊醒。残酷的命运终究没有放过林绣珠，张长顺进城找到她，逼她回去结婚，否则就告她重婚罪和有杀人命案，并威胁用炸药与她同归于尽。为了保住现有的光鲜生活，陷入绝望的林绣珠设局炸死了张长顺，真相败露之际，她也在歌声中结束了自己的生命。林绣珠的人生，总是在伤害、污辱、毁灭中循环，似乎充满了宿命色彩。她是手有四命的杀人"罪犯"，却并不让人痛恨斥责，因为她又是被戕害到极致的可怜女性，她的每一次杀人，都是被逼入绝境之时的无奈抗争，似乎都情有可原，不禁令人同情感慨，引发对其悲剧命运的探究。正如文中的叙事者"我"——《中国法制报》记者的所思，"回想起她那惨痛的经历，我真不知说什么好，她到底是罪犯呢，还是一个真正的受害者？难道她该受审判吗？难道法律在那个时代不能保护她，却有权在这个时代判她的死刑吗？她能从那个时代活下来，并且站了起来，实在是九死一生，没想到欠那个时代的旧债还没还清，还要被那个黑暗的时代拉回到黑暗之中去。这公平吗"？这篇小说曾被翻拍成电影《疯狂歌女》，林绣珠之所以变为"疯狂"杀人的罪犯，究其根本，还是要追溯到"文革"的浩劫；她个人的人生悲剧，实在也代表了历史和时代的悲剧。是那"疯狂"的时代和"疯狂"的人性毁坏，"疯狂"地将灵与肉的重重灾难加诸于这个弱女子；即便浩劫过去，依然给她留下了永难弥合的精神"伤痕"和无法摆脱的心灵梦魇，并最终将她的现在和未来推向了毁灭。因此，《她在歌声中死去》并不刻意强调探案智慧和推理过程，公安人员的形象也很模糊，它书写林绣珠的坎坷命运，依然承续了新时期的"伤痕文学"传统，对"文革"的"疯狂"进行了揭批、控诉，其中极端化的"伤痕"展现，激越痛切的情感表达，不加节制的评说议论，不下于20世纪80年代初那些名噪一时的"伤痕文学"作品，所持的社会批判立场自是十分鲜明。小说对女性形象的塑造十分鲜明突出。在历史和现实的环境摧折下，林绣珠人生的苦痛和抗争，她灵魂的纠结和挣扎，她在善与恶、罪与罚之间不能自主的困境，以及最后的"疯狂"行为，当然还有她的才华和聪慧，明显和松本清张的《砂器》中的和贺英良、森村诚一的《人性的证明》中的八杉恭子相似，可见日本社会派推理小说对作者的影响。

1990年，李建的另一部长篇小说《女性的血旗》出版，依然是一位女性走向毁灭深渊的人生记录，贯穿着盗窃、出卖、淫媾、欺诈、构陷、杀人、自杀等种种罪恶和丑行，而"文革"背景在这部小说中已经淡去，对转型期中国社会的现实批判则成为小说的重点。主人公王仙丽的命运轨迹、心路历程和性格表现，也已不再象林绣珠那样处于弱势和被动，而是强悍不屈、主动出击，如小说之题所示，她擎起"女性的血旗"，在浊世的污流中"掘泥扬波"，用染黑自己的方式与社会黑暗抗争。王仙丽自小美丽高傲，性格不甘雌伏，有着强烈的占有欲。她少女时主动向方宇恒示爱献身，为此与父母闹翻、从大学退学。为筹措资金开个体书店，两人一起偷盗而双双入狱。监狱的历练，让她性格深处的"恶"得以开掘、强化。她对狱友宣称了自己将走的人生之路，"从社会最底层干起，以智慧对智慧，以腐败对腐败，以善报善，以恶治恶，一步一步向上爬，出人头地，让那些把我们逼到这里来，又管制我们、看不起我们的人，重新向我们弯腰低头，顶礼膜拜"。她践行了此言，出狱后靠牺牲色相进入商业公司。并在尔虞我诈的权位争夺、钱欲纠缠中进一步让心灵沉沦，同样为达目的不择手段，但刚刚获得成功险又被人陷害入狱。自此，她更加放诞无忌，恣意将自己的青春身体、美丽容颜出卖，与魑魅魍魉交易。她做港商孙为以的情妇，不料被玩弄女人的老手孙为以所骗。她没有自怨自艾，威逼孙帮她伪造证件，意图进行巨额商业诈骗。图谋行将暴露时，她又冷血劝诱前男友方宇恒自首入狱，转嫁罪责，自己却设立“仙丽教育基金”转移资金。在残酷地报复杀害了孙为以之后，王仙丽蹈海自沉，用生命舞出了自己“女性的血旗”最后一抹凄艳的色彩。王仙丽的形象，比林绣珠更具当下的时代特征，更具特殊的女性色彩。她性格顽强、多谋善虑、精明能干、极具才华，但在金钱的诱惑、欲望的驱动下，为了作“人上人”，主动选择让身心蒙垢、人性丧失，与社会的各种罪恶和光同尘，并最终为这罪恶殉葬。王仙丽的堕落悲剧，与社会环境有着密切联系，更多却是她灵魂深处的“恶之花”蕴育、开放的结果。她自私、独占、狂恣、极端、不顾一切的性格和心理，一改“公安文学”、“法制文学”中女性为“弱者”的传统形象，宛如现代的潘金莲，中国的包法利夫人。她的人生固然也经历不幸、让人同情，但读者在她身上，更深化了对人性复杂性、人性弱点的认识。所以，《女性的血旗》将社会与人性相结合，突出人的主体因素，如《她在歌声中死去》，现实批判的深度、广度都有所加强。至于所涉罪案的探查和侦破这些“侦探元素”，只是人物性格、命运展现的过程，并非小说的重点。

钟源、蓝玛、曹正文三人的作品，有别于其他“公安文学”、“法制文学”之处，就是他们以明确的侦探文类意识，表现出对正统侦探小说模式的有意运用和回归。虽然，他们铺叙种种离奇古怪案件的发生，追踪案件背后的玄机和隐秘，也笔涉社会的阴暗、物欲的侵蚀、人性的贪婪，表达出一定的社会批判意图，但让读者印象最为深刻的，却是警探们运用高明智慧和严密推断，采取科学方法和心理分析等，拨云排雾、破解案件谜团的过程，读之唤起了思维的乐趣、启智的满足、求知的快感。如曹正文的《紫色的诱惑》有意以“中国第一部心理推理小说”冠名，讲述了对苏珊被杀案的侦破过程，女记者文杼也参与其中。苏珊留下的五个电话号码是案件的关键线索，在层层追查中，文杼以女性敏感的心理直觉，将嫌疑锁定名人蒋竹亭之女蒋欣如，原来是贪财鄙俗的苏珊无意知晓了蒋欣如实为蒋竹亭养女的真相，想借此敲诈招致杀身之祸。文杼思考此案，认为“每个人都有自己的秘密”，有“一个心灵深处的隐秘世界”，旁人无权窥视和以此要挟，所以蒋欣如“不幸无辜”、苏珊“自食其果”。当文杼感觉与蒋欣如的心理交锋占据了上风，她不忍揭破这一心理隐秘，在机场放走了蒋欣如。小说中还加入心理学者朱灵洒在案件中的心理变化，加深了小说的心理蕴涵。《紫色的诱惑》重点切入对人物心理推断，而模糊了传统的善恶界限，理性冷峻的风格与西方的心理推理小说类似；而以蒋欣如从国外寄回的两封信，细说前后因果，揭开谜底结局而结局，沿袭的正是古典侦探小说的模式。除侦探小说创作外，曹正文还致力于侦探小说的理论研究，出版了《世界侦探小说史略》等多部理论著作。

《夕峰古刹》是钟源侦探小说的代表作，叙写了刑警队长陈庭率部下乔装改扮，侦破夕峰寺“怪风杀人案”的故事。但案件的背景复杂，神神怪怪的传说扰乱人心，还牵涉久远的历史恩怨、神秘莫辨的古寺藏宝，而突然回乡投资的归国华侨、古怪乖僻的寺院主持、偷情男女的桃色纠葛，更让案件陷入波诡云谲之中。陈庭等公安干警根据多次明察暗访获得的线索，科学分析夕峰寺周围的地理、气候环境，通过冷静周详的布局、推理，终于破获心怀叵测的“归侨”唐纳及其帮凶佟涧川、潘冷月等精心策划的，利用涡流发生器设备制造气流漩涡、掩人耳目的盗宝阴谋，而竭力护宝的智本法师，也显现了他古怪外表下真实的坚执和忠诚。《夕峰古刹》设置的气氛神秘，悬念诡异，情节曲折，读来引人入胜，体现了钟源提倡的“强情节小说”理论，即“主张应当可以有一种故事性特别强，情节节奏特别快的小说品类”①。为此，钟源借用了电影“蒙太奇”的手法“连接和结构故事”，在场面切换、人物塑造、动作描绘上力求洗练和明快，其作品因而显出较强的节奏感和动作性。但钟源不是为情节而情节、为节奏而节奏，《夕峰古刹》的故事线索虽繁多错杂，但条条相关；推理过程虽波折起伏，却环环相扣，最后的案情解读，条理严整、逻辑合契，并无牵强的漏洞，总体颇有传统侦探小说之风。此外如《夕峰古刹》一般，钟源的小说常常论及地理、物理、民俗、文物、历史等各类学科知识，既为案件的侦破提供了多方面令人信服的证据，又丰富了作品的知识含量、增强了作品的文化气息，所以获得了较多的好评，而融合科学理性的知识传播，正是古典侦探小说的显著特性之一。

蓝玛创作侦探小说的指向十分鲜明，他宣称，“侦探小说是我最酷爱的一种文学样式”，“在我眼里，侦探小说是一种很雅致、很有品位的文学样式，它的读者多为文化程度较高的人。它的作者想必也需要相当高的智商才成。总而言之，如果一定要人为地将文学划出雅俗，那么侦探小说在我眼里便是一种真正的大雅大俗”②。十余年来，他执著于古典样式的侦探小说创作，作品多达几十部。蓝玛对古典侦探小说模式的继承，主要体现于他所塑造的侦探形象——神探桑楚。桑楚是蓝玛十余部“神探桑楚推理小说系列”中的主人公，他虽是中国的官方警察，但其样貌、行为、做派，处处闪现出西方名探的影子。他身材矮小，其貌不扬，成日笑眯眯的，出语风趣诙谐，妙语连珠，有时又显出孩子般的单纯，是一个可爱可亲、极具个性特色的小老头，完全颠覆了1949年以来中国“类侦探”小说中的警察形象，和阿加莎·克里斯蒂笔下的大侦探波洛倒有些相似。在这样让人可亲的外表下，却有着睿智的头脑、敏锐的感觉、犀利的眼光、广博的知识、缜密的思维。在《女明星失踪之夜》、《不可思议的谋杀》等小说中，桑楚目光如炬，常在看似不经意之间，于人所未见之处发现案件的关键细节，并进行令人信服的分析推理，一步步接近案件真相；而《玩股票的梅花老K》、《神秘的绿卡》、《珍邮失踪之谜》中，桑楚又运用他对股票的学习了解，对心理学、宗教、文化、医学、社会习俗的熟悉，为案件的侦破寻找佐证；在《湖边别墅的鬼影》、《夏日疑云》等作品中，他探案究凶，表现出常人不及的惊人直觉，似乎笼罩着的传奇的“神探”光辉，其实不过是多年侦探生涯形成的心理经验；而在《天堂并不遥远》等小说中，他显示出更重要的侦探素质，还是讲求实际证据的理性判断、逻辑推演，对待案件严谨周密，不敢有丝毫忽微，也不轻下决断。为了让桑楚的形象更加鲜活，蓝玛还赋予了他普通人的凡俗品格，他也爱在同事面前卖关子、吊胃口，再揭开谜底，自己享受一种洋洋自得的炫耀快感；他遭遇侦破困境时也垂头丧气，或大发脾气；面对社会的不合理，经济大潮的冲击，他也显出无能为力的愤懑或犹豫。如果说要在中国当代“类侦探”小说、侦探小说中寻找

① 高润平、张子宏、于奎潮：《中国当代公安文学史稿》，群众出版社，1996年，第231页。

② 转引自任翔：《文学的另一道风景——侦探小说史论》，中国青年出版社，2001年，第198~199页。

让读者印象最为深刻的侦探，那么桑楚定会是其中之一。桑楚的出现，表明了中国作家在努力创作自己的代表“神探”，隐含可以和西方古典经典侦探形象比肩的希望；作出这种尝试并产生一些影响的，还有翼浦的《警探雷鸣系列推理小说》，何家弘的《洪律师探案系列》等。只是受读者面有限、作品还存在“中国化”不够、通俗性与艺术性结合不足等多种复杂原因影响，这些现代的中国“神探”，还远没达到像福尔摩斯、波洛等家喻户晓的地步。

上述所论的“圈外作家”大部分出身科班，后从事专业写作，或从事某些学科领域的专业研究，有一定的学术造诣①。他们创作“公安文学”、“法制文学”或侦探小说，虽然也显现了很多的通俗特征，但他们的优势在于以文学理论和专业知识作为创作支撑，文学修养大多丰厚，眼光相对广阔，思维较为深入，具备娴熟的写作技巧和语言运用，所以创作出的同等题材的“公安文学”、“法制文学”，比“圈内作家”在艺术性上整体高出一筹。但他们的劣势也很明显，缺乏面对犯罪、侦破探案的直接经验；对警察的生活、精神也较为隔膜，甚至带有偏见；对纯文学技法大量使用，却没有和通俗手法取得恰当的融合，也让一些世俗的读者望而止步，不能获得广泛的阅读反应，阻碍了他们作品在影响面上进一步扩大。若将他们的作品放到世界侦探小说的整体格局中加以考查，缺陷则更为突出。像李迪、李建的作品，人物命运总隐含有“善恶有报”的价值判断，道德教化意味浓厚，缺乏对人性更为细微、复杂的认识。此外，他们探求各种罪恶、凶案、丑剧发生的根源，或归于历史，仍有“伤痕”色彩，或归于现实物欲，较少触及更深层面的政治制度和司法体制的缺失，较少追溯更沉重久远的文化、历史负累留给中国人精神上的创伤，也很少对世界进行形而上的哲理思索，所以历史剖析的深度、社会批判的力度皆不够。在这几点上，李迪、李建的《傍晚敲门的女人》和《女性的血旗》等小说，就比日本的松本清张、森村诚一等的“社会推理小说”逊色不少（虽在人物和情节上大致相似）。至于钟源、蓝玛等人，虽在推理智慧、侦探形象向西方古典侦探小说传统靠拢，但也存在着上述几个创作弱点；而他们笔下的中国警察，有时似乎不被中国现实的制度、风俗、道德所制，而是像西方侦探那样洒脱、自在，处理的却又是中国的案件，这就有些不合逻辑，与读者所熟悉的现实生活拉开了距离，也难获得普遍的阅读共鸣。所以在“圈外作家”创作的“公安文学”、“法制文学”和侦探小说中，也难以看到如《福尔摩斯探案》这样脍炙人口的经典。这里需要区分的，是另一批曾介入侦探题材的先锋作家、纯文学作家，如马原、余华、王朔、格非、苏童、叶兆言、方方等。虽然他们所作的“类侦探”小说，常被编入某些“公安文学”、“法制文学”或“侦探小说”的作品集中，但他们多是以先锋的文学立场、刻意的文类探索，借侦探题材别抒怀抱，与大部分“公安文学”、“法制文学”相差很远，与古典侦探小说也是泾渭分明，这就是侦探为表、先锋为里的“玄学侦探小说”。而正是这些颠覆、解构侦探文类的“玄学侦探小说”，在“公安文学”、“法制文学”最缺失的几点上，显现了自己的独特之处。

---

① 如李迪、李建都曾是专业文学编辑，曹正文多年从事文学研究和文学评论，钟源曾是清华大学教授，后专业从事影视编剧，蓝玛为专业作家，翼浦是首都师范大学中文系逻辑学教授，何家弘是中国人民大学法学院教授、诉讼法博导。

第四章　中外玄学侦探小说

第一节　外国玄学侦探小说鸟瞰

——兼论几部重点作品

如当年侦探小说这种文类是移植于异域一般，“玄学侦探小说”(metaphysical detective fiction)也是一个舶来的概念，首先由国内学者袁洪庚翻译引入①。据他考证，这一命名最早出现于1941年美国学者赫克拉夫特(Howard. Haycraft)对契斯特顿小说的评论中，意指契斯特顿在书写布朗神父探案的过程中，以神学作为背景，以“偶然和命运来取代因果必然的尝试”②。但当代西方从未有过专门的“玄学侦探小说”流派和专力于“玄学侦探小说”创作的作家，这一命名也并未得到一致认可③。这一概念所指的，包括一切以非常规的学说、意旨、技法，借用侦探题材进行的小说创作，尤指在20世纪后半叶，在现代主义、后现代主义、符号学、新小说、魔幻现实主义等文化和文学潮流的影响下，对传统侦探小说所作的互文性、戏拟性、颠覆性创作。袁洪庚承认，取“玄学”为之冠名，带有西学“形而上学”(metaphysics)和中国老子思想中“玄而又玄，众妙之门”的意味，隐含了“对这一文类的认识论、本体论哲理探究性质”，④ 在侦探式的探案、追凶、究明真相的外衣下，它根本的文学立场是先锋的、超越的，文学性质属于纯文学范畴。

自爱伦·坡创立侦探小说的基本模式以来，在西方古典(或曰正统)侦探小说之外，对侦探文类突破模式的尝试在西方文坛一直存在。侦探小说其实是承继了“罪与罚”的永恒命题，其母体可追溯至古今中外凡涉犯罪行为的文学作品；不过侦探小说问世于19世纪后半期，突出了“罪与罚”之间的“查”的过程和智慧——谜底终将解开，真相终会大白，表明了对理性思维、科学精神的崇尚，它的思想根基即是逻各斯中心主义。但在一些经典侦探小说中，神秘的命运、莫测的心理、无常的人生、奇特的宗教却在案件

---

① 见袁洪庚：《转折与流变：中国当代玄学侦探小说发生论》，《文艺研究》2002年第2期，第77页；另参见袁洪庚的另一篇文章：《旧瓶中的新酒：玄学侦探小说论》，《兰州大学学报》(社会科学版)1998年第1期，第128~129页。

② 李琼：《略论玄学侦探小说的基本特征》，《外国文学评论》2008年第1期，第67~68页。

③ 另有“反侦探小说”(anti-detective fiction)、“后现代神秘小说”(postmodern mystery)、“解析性侦探小说”(analytic detective fiction)等称谓，见上。

④ 袁洪庚：《转折与流变：中国当代玄学侦探小说发生论》，《文艺研究》2002年第2期，第77页。

侦破中占有重要的位置，并对理性提出了挑战，如柯南道尔的《血字的研究》、柯林斯的《月亮宝石》、契斯特顿的“布朗神父探案”等。而另一些非侦探作家采用类似侦探的题材，寄予的往往是传统理性之外的深入思考。如卡夫卡的《审判》中，约瑟夫·K. 无端被控有罪，他费尽努力想证明自己无罪，这似乎又是“寻找证据或真相”的侦探思路，但约瑟夫·K. 最终被屠杀，小说重点展现的是在可怕的异己力量下，人类永难摆脱被控制和被挤压的生存困境；又如霍桑的《红字》，海丝特私生子的父亲究竟是谁？这完全近似侦探小说的悬念，但全书的中心并非揭开这一谜底的企图，而是对情欲冲突的人性、道德进行深切地探索。这些小说都可看做是所谓“玄学侦探小说”的先声。然而，随着 20 世纪中后期西方社会的思想、文化遭遇一系列重大转折和变化，如海德格尔的“语言是存在之居”的论断，如索绪尔的“能指”和“所指”区分带来的所谓“语言学转向”，如德里达无限“延异”的阐释对西方传统知识体系的“解构”等种种新异的学说、理论让逻各斯中心的宫殿在普遍的质疑中摇摇欲坠。在西方的人文传统和学科体系被全面“重新构想”(reconceptualizing)，历史和现实被“重新审视”(rethinking)、“重新整合”(reconstruction)，文学的话语被“改写”(rewriting)①的背景下，许多作家注意到，侦探小说这种以塑造几乎无所不能的侦探(理性的代言人)为主人公，采用严整的推理思维、实证手段(现象—本质)，言之凿凿可解开所有谜底(真理或意义)的小说文类，为他们提供了一种可供重构和“改写”合适对象。他们不约而同地化用或重写侦探题材，将“案件—真相”、“话语—意义”的二元思维彻底推翻，拆解直指以理性为主宰的线性逻辑和因果律关系，重视语言和叙事的本体，刻意建造“能指”的话语圈套和叙事“迷宫”，隐匿模糊“所指”或让“所指”不断滑动(让侦探无功而返、罪犯不知所踪、案件结局流于迷茫)，并且模糊文学虚构与现实生活的界限，表达了许多对世界、历史、时空、知识、语言、文学等各领域新的理解和思考，而这些理解和思考，大多涉及形而上的“认识论和本体论的哲理探寻”。这些作家包括多位文学巨匠、小说大师，如博尔赫斯、罗布·格里耶、马尔克斯、纳博科夫、昂贝托·埃科、杜伦·马特、保罗·奥斯特等，他们也因此跨越文类界限，在侦探小说和纯文学两块园地中造就了一朵成功嫁接的花朵。

外国当代“玄学侦探小说”常被有些论者称为“反侦探小说”(anti-detective fiction)，视为后现代主义思潮、后现代文化催生的产物，呈现鲜明的后现代小说特征，它“建立了一个认识论框架，以便使读者相信(西方的)认识论在过去太被人自然而然地接受了，它必须重新考虑它的效能，必须承认它难免有误。由于反侦探小说强调认识论难免有误甚至完全不管用，它迫使我们承认我们不了解这个世界。它意味传统认识论的结束”②。这些小说往往在“零度叙事”或“语言游戏”的写作立场下，广泛使用“仿拟”、“反讽”、“拼凑”等手法，除颠覆“逻辑演绎”的理性规范外，“侦探的英雄角色、神秘事件的圆满解决”等传统价值也被打破，侦探形象窘迫可笑、备受嘲弄，叙事“致力于探究与神秘

① 盛宁：《人文困惑与反思——西方后现代主义思潮批判》，三联书店，1999 年，第 37 页。

② 汉斯·伯顿斯(Hans Bertens)：《论侦探小说》(*The Detective*)，转引林玉珍、胡全生：《后现代主义小说中的通俗性——通俗小说类型在后现代主义小说中的使用》，《当代外国文学》2006 年第 3 期，第 53~54 页。

事件无关的各种问题”，琐碎、冗长、乏味、无意义，并不断地“自我指涉”、“自我观照”，结局不了了之或开放地提供给“读者解读”，文本整体呈现出零乱松散、重复循环、荒唐怪诞的风格①。所以有论者据此宣称，在“晚期资本主义的文化逻辑”中，具有后现代特征的“玄学侦探小说”的出现，标志着文学雅俗界限的消失②。这两种论调有其道理。如“法国‘新小说’中，零碎的、片断的材料永远不能形成某种最终的‘解决’，只能在永久的现在的阅读经验中给人一种移动结合的感觉”③，种种杂乱的意象堆积，宛如“东拼西凑的大杂烩(collage)”，这些后现代的特征，在罗布·格里耶带有侦探外壳的《橡皮》和《窥视者》中处处可见。而博尔赫斯的《玫瑰角汉子》、《死亡与指南针》“重述”了黑帮格斗凶杀、侦探与匪徒斗法的故事，其精彩、曲折也不下于任何通俗传奇，也的确是跨越了雅俗边界。但是，后现代的知识背景和文类特征，不能涵盖后现代文化思潮繁盛前、衰落后所有的外国“玄学侦探小说”，如前述卡夫卡的《审判》、契斯特顿的“布朗神父探案”系列，以及丹·布朗的《达·芬奇密码》；一些作家的“玄学侦探小说”所容括的内容蕴涵和话语特征，也大大溢出了后现代主义的范畴，如博尔赫斯的《交叉小径的花园》、马尔克斯的《一桩事先张扬的凶杀案》、昂贝托·埃科的《玫瑰之名》等。虽然通俗性和可读性，恰是大多数“玄学侦探小说”的主要特征，但像《交叉小径的花园》、《一桩事先张扬的凶杀案》、《玫瑰之名》等名篇，往往在惊险的侦探故事中，构建各种时空、历史、宗教、知识、符号的“迷宫”，意味丰厚深蕴之处，又颇含对普通读者阅读能力的挑战。因此，将“玄学侦探小说”归入“后现代小说”的范畴，略微显出某些化繁为简的草率；再将后现代的诸多文类元素对“玄学侦探小说”进行一一比对式的观照，也不免生搬硬套之嫌。解读这些“玄学侦探小说”，仍应立足不同作家的具体作品，辐射更久远多元的知识文化背景，提炼共同的文类特征，突出各自的新异独创之处。尤其是当这些外国“玄学侦探小说”随着让人眼花缭乱的各种外来思想、学说一道涌入中国，共同对中国作家产生从观念到技法上全面的影响，并且与中国本土的思想文化传统和现实生活发生碰撞时，更不能用一种简单的思维对中国“玄学侦探小说”作出削足适履的裁剪。

一

在当代世界文坛，书写过重要的“玄学侦探小说”作品、产生了重大影响的(当然也包括对中国先锋作家的深刻影响)，首推阿根廷作家博尔赫斯。他被人评说不已的名作《交叉小径的花园》，就是在对侦探小说的“仿拟”中，构筑了意蕴奇奥、让人惊叹的“迷宫”命题。这篇小说最初在美国推理小说家艾勒里·奎因编的《迷案杂志》上发表，博尔赫斯自己也将其定位作侦探小说，“读者看到一桩罪行的实施过程和全部准备工作，在

① 参见袁洪庚：《转折与流变：中国当代玄学侦探小说发生论》，《文艺研究》2002年第2期，第76页；以及李琼：《略论玄学侦探小说的基本特征》，《外国文学评论》2008年第1期，第67页。

② 李世新：《中西侦探小说及其比较研究》，四川大学博士学位论文，2007年，第158~160页。

③ 弗雷德里克·詹明信：《晚期资本主义的文化逻辑》，三联书店，2003年，第292页。

最后一段之前，对作案目的也许有所觉察，但不一定理解”①。这桩罪行由一个名叫余琛②的华人间谍的自述供词展开，深具侦探小说风格：“我”(余琛)是青岛大学前英语教师，“一战”时替德国谍报部门工作。“我”获知了英军集结重兵和猛烈炮火准备向德军前沿防线发动攻击的情报，并确认了英军阵地所在的城市，但小说开头并未点出这座城市的名字，这里恰如传统的侦探小说，设置了第一个谜：是哪座城市？与此同时，心狠手辣的英国特工理查德·马登发现了“我”的行踪(时间发生了不可思议的重叠)，“我”正被紧逼追捕，时间万分急迫，如何在被抓住或打死之前送出情报？向上司证明“一个黄种人能够拯救他的军队”，第二个谜就此产生。这时电话号码簿给了“我”一个人的名字，“唯有他才能替我把情报传出去”，所以“我”匆匆登上火车，赶往这个人所在的芬顿郊区。第三个谜就此浮现，此人是“我”的同伙吗？等“我”抵达，第三个谜很快揭晓，他是斯蒂芬·艾伯特博士，曾在天津做过传教士的中国通、汉学家，与间谍活动毫无关系。巧合的是，艾伯特对“我”的曾祖崔朋深有研究，尤其是对崔朋穷其一生创作的一部“迷宫”式的小说沉迷不已。当然，“我”对曾祖的“迷宫”也有所了解，因此“我”和艾伯特一见如故，围绕这一话题，还有崔朋神秘的“我将小径分岔的花园留诸若干后世(并非所有后世)”的遗嘱，展开了一些玄而又玄的讨论。到此侦探故事的原有链条似乎被中断，前设的几个谜仍然毫无解开的征兆，小说陷入云遮雾绕的玄思怪谈中。直到小说结尾，“我”在背后“特别小心地扣下扳机”打死艾伯特，所有的谜底才被揭开：原来英军的阵地就设在艾伯特市，当报纸刊登了余琛暗杀艾伯特的消息，“柏林的头头破了这个谜”，轰炸了艾伯特市。

从侦探小说的角度看，这是绝妙的构思，真相出人意表，但小说目的，不是为解开间谍杀人之“谜”，反而是为建造一座无限分岔的“象征的迷宫”、“时间的迷宫”，有意拆分了侦探王国的理性根基。恰如有论者所分析的，这首先是表面上故事情节和心理情绪的双重“迷宫”：怎样传送情报？真相似乎总在走向“分岔的小径”，最后才让人明了。在陷入走投无路的现实困境和胡思乱想、恐怖害怕等各种情绪组成的“迷宫”之际，余琛去见艾伯特，是为挣脱“迷宫”作出努力，但完成任务的他却“无限悔恨和厌倦”，他始终还是走不出这“迷宫”③。而艾伯特孜孜以求崔朋的“迷宫”的奥秘，并自觉已窥得天机，却死在似乎是“知音”的余琛枪下，并且根本不知道自己致死之因。情节的谜底最后似乎被解开，但人们(包括书中人物和读者)对命运之谜的迷茫和困惑，却并未随小说结束而终止，小说由此颠覆了传统侦探小说严整的因果律逻辑和正邪对立的价值判断，揭示了人生命运的荒诞莫测、道德伦理的善恶莫辨。然而，《交叉小径的花园》所构筑的，更是形而上的哲理层面的“时间迷宫”，它蕴涵了博尔赫斯对时间的思考，书

---

① 转引自陈晓明：《后现代真相与博尔赫斯的〈曲径分岔的花园〉》，《北京文学》2007年第11期，第125页。

② 小说中的人名、地名因译本不同，也存在差异，如余琛也被译为余准、俞聪，其他的人名、地名也是如此，这里取通用译名。

③ 见陈晓明：《后现代真相与博尔赫斯的〈曲径分岔的花园〉》，《北京文学》2007年第11期，第126页。

中艾伯特向余琛阐述自己对崔朋“迷宫”的理解，在小说中占据大部分的篇幅，其实正是博尔赫斯的自道。艾伯特一直在思考着使“一本书成为无限”的难题(这是带有终极意味的象征)，崔朋的手稿给他提供了启示，即“小径交叉的花园”这个庞大的谜语及其谜底——“时间”，这是博尔赫斯所要传达的核心意旨——“无限的时间”中，世界与人生的本质是“无限的偶然”、“无限的可能”。文中艾伯特说道，“崔朋心目中宇宙的不完整然而绝非虚假的形象。您的祖先和牛顿、叔本华不同的地方是他认为时间没有同一性和绝对性。他认为时间有无数系列，背离的、汇合的和平行的时间织成一张不断增长、错综复杂的网。由互相靠拢、分歧、交错，或者永远互不干扰的时间织成的网络包含了所有的可能性。在大部分时间里，我们并不存在；在某些时间，有你而没有我；在另一些时间，有我而没有你；再有一些时间，你我都存在。目前这个时刻，偶然的机会使您光临舍间；在另一个时刻，您穿过花园，发现我已死去；再在另一个时刻，我说着目前所说的话，不过我是个错误，是个幽灵”①。在博尔赫斯看来，“时间”不是单向、线性的，遵循从因到果的规律和前后承继的顺序，而是多维、混乱、无序、网状的。它歧路分岔，通向“无数的将来”；有时它也会“交叉汇合”，包含“所有的可能性”。所以它又是无限的，“衍生不已”，就是一座深不可测的“迷宫”。在这座“迷宫”中，“偶然”成为主宰，“错误”带动一切。因此，“偶然”地从电话簿中发现的名字，促使了余琛对艾伯特的拜访和枪杀，让他在几乎不可能的情况下完成任务。在时间的“迷宫”中，一个随意的岔路小径，一个“偶然”的时间可能，却让本来与间谍案毫无关系的人，成为最后的谜底，恰如艾伯特对自己的谶语，“时间永远分岔，通向无数的将来。在将来的某个时刻，我可以成为您的敌人”。正是运用“迷宫”这一意象，博尔赫斯表达了自己的时间观：无限、永恒、自在、混沌，难以理喻，也不可言说和预料。卡尔维诺曾言，“我之所以喜爱他(博尔赫斯)的作品，是因为他的每一篇作品都包含有某种宇宙模式或者宇宙的某种属性(无限性，不可数计性，永恒的或者现在的或者周期性的时间)，②”《交叉小径的花园》在对“时间”这类终极命题的审视中，显示了同样意蕴无限的哲理深度和思想奥义。通过阐述时间的无限可能，展示艾伯特被杀的偶然律，传统侦探小说中以时间为轴，各种事件环环关联的线性思维，以及其所代表的必然律，自然让博尔赫斯给完全推翻。然而，《交叉小径的花园》中一系列通俗式侦探之谜的设置，读之初使人感到悬疑的乐趣，欲罢不能，最后却从象征丰富的“迷宫”意象中，引出形而上的哲思玄想，想象力之奇和艺术之妙，令后起的作家赞佩不已。

而在《死亡与指南针》中，博尔赫斯又构建了一座“迷宫”。这也是一部“玄学侦探小说”，当12月3日第一桩命案发生，侦探伦罗特就否定了这是一起“偶然事件”的推断，而是根据死者犹太教学者的身份，及现场留下的宗教书籍和一张写着“名字的第一个字母已经念出”的纸条出发，向宗教冲突的方向究凶，这是典型的传统侦探逻辑，似乎每个细节都有其存在的意义。案件也朝着伦罗特的推理思路发展：1月3日和2月3日，又两个人被杀死，现场留下了“名字的第二个字母已经念出”和“名字的第三个字母已经

① 博尔赫斯：《博尔赫斯小说集》，王永年、陈泉，译，浙江文艺出版社，2005年，第78~79页。

② 转引自吴晓东：《从卡夫卡到昆德拉》，三联书店，2003年。

念出”的线索，而三位死者分别死于城北、城西、城东，恰好构成了一个等边三角形——“完美”的几何图形。侦探思维的焦点，顺理成章指向了 3 月 3 日的城南，因为只有完成这一点，才符合那本犹太教书籍对 JHVH（希腊文中“耶和华”的缩写，此处意味深长）的暗示，才能构成一个菱形，一切逻辑才算完整合辙。当伦罗特赶到城南，才发现这是仇人夏拉赫利用宗教传说设下的圈套，在夏拉赫“非常小心地瞄准，扣下扳机”后，侦探用自己的死完成了这个神秘的菱形。其实故事的最初肇始，就是一件“偶然”走错了房间的盗窃案，这真是绝妙的创意。借此，博尔赫斯嘲弄了规律、经验等理性观念给人带来的迷障，同样传达了“偶然”和“错误”决定命运的题旨；通过痴迷理性的侦探伦罗特自蹈死路的遭遇，传统侦探小说主要的思维模式又一次被博尔赫斯彻底颠覆。更重要的是，《死亡与指南针》借夏拉赫之口，赋予空间、信仰、文化、知识以“迷宫”的象征，“一个爱尔兰人试图让我皈依基督教；他不断地对我重复那句非犹太人的话：条条道路通罗马。夜里，这个比喻使我更加谵妄：我觉得世界是个走不出来的迷宫，尽管有的道路通向北方，有的通向南方，实际上都通向罗马，我弟弟蹲在里面受苦的牢房和特里斯勒罗伊别墅也是罗马。在那些夜晚，我以那个两面神和所有掌管热病的神的名义发誓，必在那个害我弟弟蹲大牢的人周围筑一个迷宫。我筑起了迷宫，万无一失；建筑材料是一个被谋杀的异教学者、一个指南针、18 世纪的一个教派、一个希腊字、一把匕首、一家油漆厂的菱形图案”①。这段话，加上也具有象征意义的“指南针”，以及频频在文中出现的“对称”一词，首先表明了博尔赫斯对空间的思考：人类生存的空间是完美对称、有律可循的，还是混乱扩展、无边无际的“迷宫”？“殊途同归”是指向人类最终的乐园（罗马），还是无法摆脱走向坟墓的宿命（死亡）？“指南针”预示的是正路还是迷途？很明显，博尔赫斯的空间观都是指向了后者，空间和时间一样无限、自在、偶然，不可捉摸，二者构成了人类生存的世界、万物所在的宇宙，博尔赫斯由此完成了其思想体系的整体时空架构——一座宏大的、无限的、不可测的“迷宫”。而文中引侦探上当的各种书籍，包括犹太教、哲学、古代文化、传纪、语言学等方面，借此作者提示所谓神之名（JHVH）及其代表的“永恒”，也有着十分丰富深奥的象征意义。自有文明以来，作为知识的象征和载体的书籍、图书馆，不断引领人类从各种个角度试图去解说世界、宗教、历史、文化的本质（侦探也希望从中查到真相），希望触及那最高的神性（终极信仰或终极真理），最终却堕入无边无际、无限循环的迷茫歧途，或像侦探一样被带向死亡。所以，知识也是偶然、混乱、循环、重复的，它并无凌驾一切的神性，它也是“迷宫”——这便是博尔赫斯的基本主题。对此，博尔赫斯在《通天塔图书馆》中，通篇运用意味深长的象征和隐喻，融合对时空的思考，将人类在知识追求和文明创造中对终极真理的追求，比做寻找“一本书，也许是目录的总目录”，比做千变万化的书籍组合、消灭、重写，比做重建通天之塔以求迈向天堂。但“图书馆是无限的、周而复始的。假如一个永恒的旅人从任何方向穿过去，几世纪后他将发现同样的书籍会以同样的无序进行重复”②。对于人类来说，“迷宫”无所不在、永不消逝、始终循

① 博尔赫斯：《博尔赫斯小说集》，王永年、陈泉，译，浙江文艺出版社，2005 年，第 95 页。

② 博尔赫斯：《博尔赫斯小说集》，王永年、陈泉，译，浙江文艺出版社，2005 年，第 69 页。

环，根本无法走出，这也许是博尔赫斯对“迷宫”意象最为奇特、也最为全面的总结。那么，在无限的“迷宫”环绕下，侦探们侦破各种案件迷局，只能在“偶然”和“错误”中打转，又怎能找到指向真相和谜底的正途，可见博尔赫斯对侦探小说的“重写”，根本上立足于他的神秘主义理念的。

二

昂贝托·埃科的《玫瑰之名》也借侦探小说的情节线索，构筑了一座宏大的图书馆，意义类似于博尔赫斯的“迷宫”，不过这“迷宫”的核心不涉时空观念，而主要指真理和知识。其中围绕着一本神秘之书发生的系列凶杀案，也象征着人类追求知识奥秘的繁难艰险、探寻永恒真理的荒诞悖反。身兼哲学家、历史学家、文学评论家和美学家等多种身份，更是全球知名的符号语言学权威的埃科，用西谚“昔日的玫瑰只存在于它的名字之中”作为隐喻，在中世纪神学主宰的故事背景下，展开了所涉繁复、扑朔迷离的真相探寻：如福尔摩斯和华生一样的一对搭档——圣方济格教士威廉和弟子阿德索，受邀调查一所修道院发生的一连串离奇死亡事件。在调查伊始，修道院殿顶的图书馆就悚然立于侦探乃至读者面前。它藏书宏阔，在纷乱的中世纪俨然智慧的灵光、知识的圣殿，为人们作出信仰的指引；但它依世界地图的布局建成，如迷宫般神秘往复，只有馆长才能开启。死亡依然在继续，并且对应了《圣经·启示录》中七天使吹号惩戒罪人的预言，一本怪书也在凶案现场若隐若现，所有的秘密似乎都隐藏于图书馆中。终于，威廉师徒解开了“非洲之末”的密码，冲进图书馆密室，凶手就在那儿：他是图书馆前任馆长，瞎眼教士佐治①，怪书就是久已失传的亚里斯多德的《诗学》(第2卷)——喜剧之书(这是作者的虚撰，象征着颠覆神学的知识)，为了不让这违背基督教义的异端邪说为人所知，佐治炮制了这一桩桩血案，他的动机，恰是来自对信仰的虔诚和对“真理”的坚守，所以他不惜使用任何手段来推翻“谬误”，捍卫“真理”。小说的结局是一场大火，修道院、怪书、佐治，皆化为废墟、灰烬。表面看来，《玫瑰之名》有着十分明显的侦探文类特征：恐怖离奇的凶案，博学睿智的侦探，触类旁通的推理，封闭自足的结构，“设谜—解谜”的情节，真相大白的结局……以及接受过程中带给读者的介入式推理体验等，都与阿加莎·克里斯蒂等人大致相似。《玫瑰之名》也仿如“百科全书式小说”，涉及了神学、哲学、政治学、历史学、犯罪学、语言符号学等各个领域，“互文”迭现，但作者并不将这些学科知识作为侦探行动的参考，也无意卖弄自己学者的广博，“百科全书”式的“知识”和其中的“真理”，恰是作者“仿拟”的载体、质疑的对象。小说的主旨，就是以符号语言学家的特有眼光，反观人类用话语符号“所指”的真理、知识的虚妄，它们作为人类信仰的支撑、精神的家园，似乎总将人置于无限的“迷宫”之中，或者根本就不曾打开它的大门，或者将人引向偏信和迷狂，其神圣庞大的架构也将和人们一道崩毁破灭。小说结尾，威廉修士说出了以下几番话，“要警惕预言家和那些准备为

① 此人原名 Jorges de Burgos，其名、其身份的设置，带有对博尔赫斯(Jorge Luis Borges)及其作品的影射意味，如博尔赫斯曾任阿根廷国家图书馆馆长，晚年失明。修道院的图书馆与博尔赫斯《通天塔图书馆》中的图书馆如出一辙。

真理而献身的人，因为他们通常会拉上众多的人与他们同归于尽，经常是先于他们，有时则是替他们去死"；"佐治做了一件恶事，因为他对真理爱得过于卑鄙，为了消灭谬误它可以不择手段"；"热爱人类的使者所执行的使命，就是让人们对真理大笑，或者让真理自己发笑。唯一的真理就是学会解脱对于真理无理智的狂爱"①。推倒逻各斯中心的权威和所谓终极信仰，指出世界不可知、真理不能企及，反省长久以来人类对真理、知识、信仰的极端狂热，质疑妄图通过掌握真理、知识、信仰来改变人类命运的乌托邦理想，这就是埃科置于《玫瑰之名》中的深蕴哲思，表达了作者在某些重要命题上的立场。小说也在这种哲思、立场下，将相互指涉的知识"迷宫"、层层推演的逻辑推理、令人沮丧的侦探结局相互融合，对传统侦探小说进行了反讽和颠覆。

无独有偶，法国"新小说"代表作家罗布·格里耶也爱在小说中建造"迷宫"，他也写过题为《在迷宫里》的小说。但他的"迷宫"，更多是无所不在的"物"——那些看似组成人物活动的环境和背景。正如罗布·格里耶自己所言，"世界既不是有意义的，也不是荒谬的，它存在着，如此而已"②，这些物往往与人物并无严密关联，不具备烘托人物的"所指"意义，它们构成所谓的"物化背景"，独立自在、自成主体，如"迷宫"般不断出现、周而复始，成为小说叙事的中心。因此，《在迷宫里》中反复出现相似的街道、相似的咖啡馆、相似的住宅、相似的大雪纷飞，整个城市就像"迷宫"，人物在其中屡屡迷路，不能摆脱窘状，几乎成为宿命。由自在之"物"筑造的"迷宫"，在罗布·格里耶的"玄学侦探小说"《橡皮》中，也始终占据主导地位。小说讲述了一个侦探故事：因为上层政治冲突牵连，杜邦教授某夜遭到刺客暗杀(此前已有八人被杀)，街道上、咖啡馆内人们对此议论纷纷。不过杜邦只被击伤手臂，为避危险，他离开家与茹亚尔医生商议，向外谎称已伤重不治，又暗中委托商人马尔萨，替自己潜回家去取己方政治集团的重要文件。与此同时，与杜邦关系密切的内政部长得知杜邦未死，一方面，压制当地警察局停止调查；另一方面，又派出侦探瓦拉斯赶至这个外省小城市密访。瓦拉斯不知杜邦未死，为了弄清真相，他当晚埋伏在杜邦书房里，守候刺客对马尔萨的刺杀。孰料马尔萨由于害怕，临时变卦，逃之夭夭，杜邦只得亲自来取文件，结果杜邦被瓦拉斯误杀。其实，《橡皮》也是对传统侦探小说的"仿拟"，它以古希腊剧作家索福克勒斯的话作为题记引出故事，"时间，自己决定一切，不由你作主，它就已提供了问题的解决方案"，同样阐释了时间的无限、偶然决定命运的哲思。在序幕中，传统的时间秩序就被搅乱，"遗憾的是，不久之后，时间就再也不能主宰一切了。这一天所发生的一些事情——虽然可能是微不足道的——在错误与疑惑的围绕下，过一会就将开始活动，逐步地损坏完美的布局，暗中使这儿或那儿发生时间颠倒、位移景动、境界混乱、形象歪曲，最后一步步地全部收场：呈现的是初冬的一天，杂乱无章、不知所向，既难以理解又骇人听闻"③。在其后的情节发展中，时间的先后顺序也被作者有意颠倒、错置、重复，人物的行踪和对话更如无头苍蝇。刺客格利纳蒂最初暗杀杜邦，似乎严格遵循上司

① 昂贝托·埃科：《玫瑰之名》，林泰、周仲安、戚曙光，译. 重庆出版社，1987年，第623页。

② 罗布·格里耶：《橡皮·译者序》，林青，译. 上海译文出版社，1981年，第1页。

③ 罗布·格里耶：《橡皮·译者序》，林青，译. 上海译文出版社，1981年，第3页。

的交代，线性的思维和程序指引着他的每一步，“每一个行动都是经过精心算计的。完全调度好的机器，不能有半点意外差错。只要按照写下来的，一句句照本宣读，上帝的意旨就可实现……”然而，时间秩序会时而中断，时而延续，周密的筹划隐含无数未知的变故，按通常的推理去思考却会让人陷入“迷宫”。格利纳蒂的刺杀失败，是一个小“错误”所致——未关上书房的灯；杜邦最后死于瓦拉斯之手，更是“偶然”之手的荒唐捉弄。“错误与疑惑”主宰着时间的进程、人物的活动，当然也触发了罪案的发生，世界似乎毫无秩序和逻辑所言，在这样的世界中，古典的侦探们想要凭理性寻找并揭示真相，结果只能是徒劳。

在时间的混乱无序中，罗布·格里耶式的“物”的“迷宫”被凸现——小说从头到尾，处处浮现各种琐碎凌乱的“物象”，沉闷乏味的景象，并且不断重复：街道、咖啡馆、商店、电车、橱窗、港口(及港口的开合桥)、发生谋杀案的住宅(及门、电铃、发出刺耳嘎嘎声的铰链、灯钮)、浮渣、垃圾等。这些“物”与侦探故事毫无关联，它们构成了一座“迷宫”，瓦拉斯漫无目的地在街道上游走，经常会在其中迷失，“是什么厄运，使他今天不得不沿途到处都要提出解释呢？是否由于这个城市街道布局特殊，迫使他只好不断地问路，而得到的回答，每一次都使自己走了弯路？过去他曾有一次在这些意想不到的分岔路口和死胡同中，游来荡去迷了路——特别是那些死胡同，更是容易叫人迷失方向——幸亏由于偶然的机会，最后找到一条能够一直走到底的路”。这里的叙述，在文字和意蕴上与博尔赫斯的《交叉小径的花园》有着惊人的相似，不过瓦拉斯是在主体化的“物”中走向歧路。小说尤其写到茫然无措的瓦拉斯屡次走进文具店买“橡皮”的行为，并不厌其烦地描写“橡皮”的样子，但他根本“不知道拿来干什么”，作者也不予交代或暗示。作为小说之题，“橡皮”其实没有任何象征意义，甚至连道具都算不上，文中另一多次出现的“物”——杜邦书房的熔岩镇纸，也是如此。它们仅仅只是“物”之“迷宫”中的两个，存在而已，妄图寻找它们对人物的意义、价值，似乎都是徒劳的、可笑的。也许，“物”于人终究是自足的、异己的、无法役使的，这就是罗布·格里耶对人类生活的世界和环境的冷酷认识。在罗布·格里耶的另一部“玄学侦探小说”《窥视者》中，由电影广告画、照相、油画、山凹、青蛙尸体、油漆花纹、海鸥眼睛等“物”构成的背景，以及雅克莲被奸杀现场留下的绳子、烟蒂、糖果等“物”，似乎都作为传统侦探小说的证据，将马蒂雅思置于嫌疑人的位置。然而，所有这些都只是马蒂雅思在“窥视”过程中，将自我臆想为凶手的参照，它们对真相毫无意义，“物”与认知、意义之间的关系再度被割裂。所有的谜最后都未能解开，“无结局”的结局又完成了对传统侦探小说的嘲弄。当“物化背景”成为独立自足的叙事中心，构筑起纷杂繁乱的无尽“迷宫”，时间顺序被打乱，“物”与人的关联也被斩断之后，罗布·格里耶小说的另一个重要特征——“空缺”也得以显现①。本应连贯的故事链条被拆分，许多关键细节被悬置，因果关系也变得莫名其妙：那块“橡皮”究竟有什么用？杜邦教授和前妻的关系究竟怎样？瓦拉斯知道他打死的是杜邦教授吗？绳子、烟蒂、糖果究竟是否马蒂雅思作案后留在现

---

① 当然，制造情节的断裂，叙事的“空缺”，也是博尔赫斯小说结构的一大特色，但主要在《圆形废墟》等作品中出现，《交叉小径的花园》等“玄学侦探小说”表现不太明显。

场的？本应由侦探(或作者)揭示的过程、谜底，被交由读者来加以解读、补缺，小说变成了开放性的“可写”文本，传统侦探小说自圆其说的逻辑思维就此破产。

三

马尔克斯的《一桩事先张扬的凶杀案》讲述的侦探故事，却和上述诸篇不大相同。它在近似于侦探小说的情节框架内，另外寄寓了一种深刻至极，又是鞭辟入里的人性哲思和命运感叹，叙事也在平缓庸常中呈现出一种冷峻残酷，“魔幻现实主义”小说特有的虚实相生、寄托深远的象征反而显得从容内敛。小说没有着意去构筑形而上的玄学“迷宫”，而是以第一人称的叙事视角，采用查访取证式的纪实笔墨，试图再现一桩凶杀案的来龙去脉，这是古典侦探小说“解谜”的常见模式。案件缘起于一出失贞丑行：显赫富有的花花公子罗曼决意找一位美女为妻，在“我”的家乡(一座加勒比海沿岸的小镇)，他相中了贫家女安赫拉·维卡略，权势和金钱很快让他达成心愿。新婚之夜，罗曼发现新娘不是处女，一怒将她休回娘家。家人气急败坏地盘问抽打，让安赫拉情急之下信口供认坏她贞节的是同城的富家子圣地亚哥·纳赛尔。于是，从当天凌晨开始，安赫拉的两个孪生哥哥——维卡略兄弟公然磨刀霍霍，大肆宣称要杀死纳赛尔，以挽回家族荣誉，消息很快传遍全镇。可是由于种种“巧合”，这桩“事先张扬”的杀人“阳谋”未得到有效阻止，兄弟俩在众目睽睽之下杀死纳赛尔，然后自首。法庭判定他们是为荣誉而杀人，短短地监禁后便将凶手释放，镇里的人还把维卡略兄弟视为“好样的”。从小说题材、情节表象、叙事方式看，叙事者以亲历者的口吻，在27年后遍访故旧，“为这篇记叙文搜集材料”，追溯整个事件的前后因果，他扮演的恰如侦探的角色。叙事者“援引了30多位知情人的证词、法官的报告和他自己的记忆，他的叙述随意性很强，不断变换时间和视角。于是，事件的背景被分成大段大段偏离主题的子叙事插入纳赛尔生平，尤其是他活在世上的最后一个小时的细节。先后登场的被谋杀者、凶手、事件的调查人以及弥漫全书的神秘气氛”①，似乎都显示了这是一篇典型的侦探小说。但传统侦探小说诸多重要的“设谜”关窍早早被揭破：小说第一句便披露纳赛尔死于谋杀，凶手身份在开头显露无误，因败德而遭情杀这个颇为合乎一般侦探逻辑的谜底，也在小说中段就已揭开，这就丢开了传统侦探小说以悬念来推动情节、以悬念来对应读者“期待视野”的模式。当然，从“我”的回忆和法官报告中的分析，也可得到明确无疑的论断——纳赛尔与安赫拉毫无交集，他是无辜的，这又带来了一个待解之谜：那个坏了安赫拉贞节的人究竟是谁？作者并不像传统侦探小说那样最后安排让元凶现形，惩恶扬善，也不像霍桑的《红字》那样最终将谜底昭示，进行道德拷问，而是让它成为“永远不能披露的秘密”。所有的人都清楚：纳赛尔是冤死，认为安赫拉想保护真正的情郎；文中甚至还有些指涉乱伦的隐晦暗示(如安赫拉之父的怪异行为)，但法官的审讯、后来“我”的造访，都不能让安赫拉吐实，真相始终模糊。更让人迷惑难解的，当初安赫拉嫁给罗曼是被家庭所迫，她也不愿掩饰失贞——“我决心死”，似乎真有情郎。而她被

① 袁洪庚：《解构中的建构：“两桩案件”的侦探小说程式分析》，《兰州大学学报》(社会科学版)，2001年第6期，第13页。

弃归家、纳赛尔被杀后，“荣誉”得到恢复又宛如处女的她未见和其他男人交往，反倒近乎疯狂地爱上了罗曼，她给他写了2000多封信(尽管从未收到回信)，最后等到了罗曼的到来。本是必须被揭示的最大谜底，在《一桩事先张扬的凶杀案》中彻底被悬置、被弄乱，传统侦探小说逻辑的合理性、自主性荡然无存。也许，马尔克斯压根就没有将此篇作为侦探小说来写，他也不打算回答这个谜底。

对于历史悠久、文化奇特，又经历几百年殖民统治，现实屡遭贫困、动荡、战乱侵扰的拉美大陆和拉美民族，马尔克斯有着深彻睿智的了解，也深怀痛彻和热爱交织的悲悯感情。而《一桩事先张扬的凶杀案》据说是根据真实事件创作，结合拉美社会的历史、现实和文化背景，以及作者自己的人生之路和思想特点，小说的社会批判性明晰可见。叙事者对凶杀案的追寻，出入于过去的回忆和现实的访谈中，间离又参与，但作品绝不晦涩难解。作者以新闻记者的冷静观察和敏锐眼光，运用高超的场景安排和细节表现能力，让种种画面、样貌、细节随叙事者的回忆和行踪浮现于字面。因为是亲历、亲见、亲闻，所以涉及30多人的证言看似零碎模糊，场面全景化又变动不居，却显得那么真切可触、历历在目。如令人作呕的血腥凶杀和尸体解剖，奢靡浮华、挥金如土的婚礼，人声熙攘、杂乱拥挤的广场和港口，淫靡肮脏、引人堕落的妓院赌场……就像时时跟踪的纪实报道再现于读者面前。小说最精彩的，其实是围绕凶案对形形色色的人情世态、风俗民习所作的照相。读者在小说中看到的是：下层官吏装腔作势、故作威严却糊涂痴肥，任凭凶案发生不加阻止；上层的将军贵妇趾高气扬、跋扈做作；世俗百姓则趋炎附势，匍匐于金钱权势脚下，又特别爱窥人隐私、切切议论，尽显卑琐下作；主教、神父和修女貌似高高在上、神圣纯洁，让人敬畏，但贪欲、情欲潜藏于心，对杀戮也视若不见；青年男子无所事事、狂嫖滥赌，青年女子只想嫁给有钱的公子哥；妓女们则卖弄风骚，放荡矫情；在装模作样的繁文缛节下，人们之间的关系充满了尔虞我诈和相互猜疑，爱情、亲情、道义、忠诚、友谊、勇气被欲望、兽性、金钱、利益、自私、怯懦所替代……当然，还有直接导致纳赛尔被杀的所谓“荣誉”——那依然游荡在人们心头的陈腐礼教和贞节观。作者借着带有浓郁拉美风情的全景式描绘，对社会的陋习、宗教的虚伪、文化的沉渣、人性的弱点进行了全面的“风俗”批判。

但是，作为马尔克斯自认为最得意的小说，《一桩事先张扬的凶杀案》并不单纯是颠覆侦探文类的、表象的社会批判小说，他笔尖戳入的最深处，是人性在命运面前的卑弱，是人类在命运面前的无力。“我”在小说结尾揭示了这一意旨，“晨鸡的啼鸣把我们惊醒，使我们想到去梳理造成那件荒唐的凶杀案的数不清的巧合事件。显然，我们这样做并不是为了澄清秘密，而是因为如果我们每个人不能确切地知道命运把我们安排在何处和给了我们怎样的使命，就无法继续生活下去……不幸的命运使我们都变成了瞎子”。这里的“巧合”一词在文中多次出现，和“事先张扬”一道成为解读小说的关键。“从来没有过像这样事前张扬的凶杀案”，维卡略兄弟之所以大肆“事先张扬”杀人企图，使得尽人皆知，目的是希望有人出面阻止自己。也有人做出了行动，如警察收缴了凶手最初准备的凶器，如有人从门缝塞进一封预警的信，如纳赛尔的某位朋友着急找他躲开……但凶手又找到两把刀，信未被看到，朋友与纳赛尔错过了，很多人则认为是玩笑，有些人忘了告诉纳赛尔，平时紧闭的正门刚好被打开让凶手守个正着，纳赛尔往家逃时母亲又误将此门关上……众多的“巧合”，只要有一个中断，凶杀就不会发生，而荒唐的是，“巧合”恰恰都发生了。“巧合”造就的“命运”，又似乎对应了“无限的偶然”这一命题，但它未走向“无限的分岔”、“所有的可能”，而是最终交叉于一点，这似乎不是无意之中所犯的“错误”，而是命定的结局，纳赛尔在劫难逃。也许所有的人，包括预先知情者、不知情者、纳赛尔自己，共同用“巧合”建造了一座“迷宫”，“巧合”是它所有的路径交汇点，纳赛尔踏上了每一点，穿过“迷宫”的所有分岔，最终走向了死亡。正如小说中写到的，“那一天一切都散发着圣地亚哥·纳赛尔的味道”，似乎每个人身上都有，洗都洗不掉，在这“事先张扬的凶杀案”中，每个人(甚至纳赛尔的母亲、朋友)都是凶手，他们共同用“巧合”杀死了纳赛尔。也许，这才是马尔克斯想要告诉读者的最大秘密，他构建的杀人“迷宫”，不是形而上的时空，也不是冷冰冰的物，而是清晰鲜活的人类社会、生活之圈！多么残酷！又多么真实！小说还借预审法官的思考传达了这样的发现，“特别是，生活中竟然出现了那么多连文学作品中都不曾描述过的巧合，毫无阻碍地酿成了一起如此张扬的凶杀案，他始终觉得这不可能是真的”。而当“我”多年后再见安赫拉时，“看见这个女人这般模样坐在富有诗意的窗户里，我不愿相信那就是我要找的那个女人，因为我不愿承认生活最终竟是与拙劣的文学作品如此相似”。在命运之手带来的无数“巧合”下，生活显得如此的荒诞、残酷，它像“虚构”(文学)一样令人不能置信，甚至比后者更不真实。小说所采用的叙事手法，也让现实与虚构之间的界限更加模糊：其一，“我”所追溯的，几乎全是记忆，自己的、众多受访者的，而记忆经过了岁月的磨砺，其特点往往是有选择的、易忘的，支离破碎，有如幻觉。其二，几十个知情人谈及案件，立场、视角、心态都有差异，有些评价、细节、线索甚至截然相反(如女仆骂纳赛尔是“流氓”，其女却对他很留恋；如众人对天气印象不同，有人回忆是“风和日丽”，多数人却记得是“蒙蒙细雨”)，多声部、多方位、多层次的叙述，宛如巴赫金所论的“众声喧哗”，让寻找真实的企图更显虚妄。再加上作者不着痕迹地将梦境、预兆、幻觉化入叙事进程中，使这件本就众说纷纭的案件变得更加虚实难辨，好似迷宫。可见，《一桩事先张扬的杀人案》在看似纪实的叙述中，也具备了整体象征的意味，蕴涵了对人类命运充满哲理的审视和追问：是冥冥不可知的力量主宰人类的命运？还是“他人即地狱”带来了我们的悲剧命运？生活的本质是什么？面对无法捉摸的命运之手，人类如何生活，如何前行？作者并未作出回答，可能也无法回答，但小说那深切的悲悯情怀，带给读者的思考和震撼却是久远的。

有论者指出“玄学侦探小说”具有“元小说”的性质，认为“它所关注的不再是具体的虚构的外部世界，而是小说写作本身……具有自我观照性质(self-reflexive nature)的实验”，是“一种自我意识小说”①，它的语言充满了“能指的不断替代和所指的无尽延异”②，也代表了当代西方文学重视语言实验和形式创新的趋势。上述所论的几部代表作品，相当程度上也显示了这种趋势，如刻意地“重写”固有题材、“重构”话语秩序，

① 袁洪庚：《旧瓶中的新酒——玄学侦探小说论》，《兰州大学学报》(社科版)，1998年第1期，第128页。

② 李琼：《略论玄学侦探小说的基本特征》，《外国文学评论》2008年第1期，第67页。

如或重复颠倒、或众声喧哗的叙事，如开放式的"可写"结局，"互文"手法的运用等。但是它更注重的，还是"从本体论的角度出发，含蓄地质询虚构的小说世界以及其中人物的存在方式，展示它的多变性、多元性，不论它是'真实的'、虚构的，或是情理之中的。它试图回答的问题是：这是一个怎样的世界，人将在这个世界上扮演何种角色"，是对时空、世界、话语、人类"自我观照式的沉思冥想"①。通过分析几部国外"玄学侦探小说"代表作不难发现，这类小说核心特征，第一便是——非理性的"迷宫"：在博尔赫斯心底，它是歧路交叉的无限时空；在罗布·格里耶笔下，它是异己于人类的自在之物；在埃科那里，它是引人狂热的虚渺真理；在马尔克斯眼中，它是困惑所有人的命运主宰。因此，"迷宫"之于"玄学侦探小说"，最重要的是观念意义、哲理价值，其次才是叙事、人物、话语、形式、细节，如前述曾提及的叙述的循环重复，"仿拟"、"拼凑"等手法，"失败的侦探"形象，开放的结局，倒错零散的文字，毫无意义的场景……当然，无处不在的"迷宫"，也让这些"玄学侦探小说"笼上了神秘主义的风格。正是在上述文学大师的参与下，"玄学侦探小说"全方位地呈现对传统侦探小说的颠覆，意蕴深远，手法新异，令世人瞩目。当这些作家、作品被介绍进中国，受其影响和启发，中国的新锐作家们也借用传统的罪案、侦探题材，创作出一系列在当代中国文坛有着特殊面目的"玄学侦探小说"。

第二节　以先锋之名：外来影响与自在要求
——中国玄学侦探小说及代表作家、作品

和国外情况相似，当代中国也从未有过专门的"玄学侦探小说"流派和作家群。那些创作过非常规的侦探小说的作家，大多被划入"先锋"范畴(如马原、余华、王朔、格非、叶兆言、苏童、北村等)，也有所谓"新写实"作家(如方方)，或"新生代"(如刘继明，发表过《儿童乐园谜案》)，还有一些不能被严格归类的作家，如刘醒龙(《威风凛凛》)、范小青(《天砚》)、尤凤伟(《一种案件的三种说法》)、麦家(《解密》、《暗算》)等，他们笔下类似侦探的小说创作所呈现的面貌也并非完全一致。从20世纪80年代中期以来，纯文学作家们笔下之所以不断有"类侦探小说"问世，其主要原因大概有两个：(1)外来的影响。20世纪80年代以来的中国文学，始终处于开放多元的文化背景下，从来自域外各国的学说、作家、作品中获得感悟，有所借鉴，形成创作的呼应，这是不争的事实。所以受"后现代主义"等各种西方思想的影响，又特别从博尔赫斯、法国"新小说"及罗布·格里耶、马尔克斯等那里汲取滋养，马原、余华、格非等先锋作家被激发了"文体自觉"的意识，开始重视叙述、话语的本体意义及其与存在的关系，强调小说的虚构性和文类的创新性，写作焦点由"写什么"转向"怎么写"。他们设置"叙述圈套"、构筑叙事"迷宫"、制造逻辑"空缺"，强烈冲击了以反映论、"现实主义"原则为中心的传统文学观和写作方式，也曲折地表达了自己对世界、现实、历史的看法。而

① 袁洪庚：《旧瓶中的新酒——玄学侦探小说论》，《兰州大学学报》(社科版)，1998年第1期，第128页。

“零度叙事”视角、原生态的“物化背景”等元素，也深刻影响了方方等“新写实”作家的叙述策略。自然而然，博尔赫斯、罗布·格里耶等阐释自己世界观和文学观，有意“重述”和“仿拟”传统文类，或颠覆逻各斯中心，传达玄深哲理和新异技巧，或寄托人性关注、命运思考的“玄学侦探小说”甫被译介进中国，就引发了中国青年作家的浓厚兴趣和纷纷效仿，从而催生了《大师》(马原)、《河边的错误》(余华)、《褐色鸟群》(格非)等先锋色彩极强的中国“玄学侦探小说”。此外，20世纪90年代以来，在汹涌奔流的大众文化潮中被全方位引入各类域外通俗文学和影视作品，除了各类侦探小说外，还有吸血鬼和狼人的传说，斯蒂芬·金的恐怖小说，托尔金的《魔戒》、罗琳的《哈里·波特》等“魔幻小说”及电影，欧美和日本的犯罪、悬疑题材影视等，都对中国人的阅读习惯和文化视野继续造成较为广泛的冲击，给中国作家带来的影响亦大。如麦家的《解密》就被称为“中国的《达·芬奇密码》”，21世纪以来在蔡骏等年轻作家冠名为“悬疑”、“恐怖”的小说创作中，更处处可见外来通俗文学、大众文化的影子。(2)自在的要求。表现犯罪行为的过程(行为的暴力和心理的机诈)，追寻背后的动机和秘密，是中外文学共同的母题之一，中国也有久远的涉及罪案探究、法律惩戒的公案文类，所以重拾“罪与罚”母题，改写公案文类，体现了回归本土文学传统的倾向，呼应了本土各种通俗文学样式全面复苏的潮流。但先锋派及其他新锐作家融汇中外、重写再造的侦探故事，更包含来自当代中国历史、现实的内在“意识形态意义”，“它们对于‘内容’、‘意义’的解构。对于性、死亡、暴力等主题的关注，归根结底，不能与中国现实语境，与对于‘文革’的暴力和精神创伤的记忆无涉”①，曲折地“表达了一代人用另一种形式对历史的记忆或解读”②，如《错误》(马原)中“文革”背景的指涉、《我是狼》(王朔)用精神分裂症患者的臆想方式去回忆过往的青春、追怀逝去的爱情等。此外，西方侦探小说所蕴涵的法制思想这一“现代性”的精神，还刺激了一代作家借用侦探题材表达对中国历史和现实的反讽性思考，如《埋伏》(方方)中叶民主的遭遇等。然而，需要进行细微区分的是，先锋作家或纯文学作家介入侦探题材，绝大多数是借此进行先锋的文学探索，并没有俯就通俗文类、改弦易辙的创作意图，其写作立场和表述方式总体还是精英的、纯文学的，与同期中国盛行的“公安文学”、“法制文学”等截然两途。然而，当先锋的形式游戏日渐艰涩、走向末路，通俗文学、大众文化却日益繁盛，并逐渐占据文化市场的主流时，先锋作家、纯文学作家也面临着创作转换的艰难选择，有些作家开始有意识地创作更通俗化的侦探小说，有些则继续利用侦探外衣、坚守固有的先锋立场。正是由于外来的影响和自在的要求双重作用，使得中国的“玄学侦探小说”既对应了世界文学(纯文学和侦探小说)的发展，也在本土的文学格局中显出了独特的意义。以下选取几个有代表意义的中国作家及其“玄学侦探小说”作品，略作评述：

① 洪子诚：《中国当代文学史》，北京大学出版社，1999年，第339页。

② 马原：《虚构》，见谢冕、王蒙，等推选：《中国小说50强(1978—2000)》序，时代文艺出版社，2001年，第2页。

一

马原是中国当代“先锋小说”的代表作家之一，也是较早将文体实验、叙事游戏等先锋技法与侦探题材相结合的中国作家，之所以进行这样的创作尝试，与其所受的外来影响有很大关联。在外国的小说家里，马原宣称最喜欢“传奇和推理”这两类。他尤其对霍桑的《红字》推崇备至，指出《红字》在“原罪、信仰、救赎、解脱、升华”的主题中，写透了人类的“灵魂煎熬”①，并颇具神秘感，别的小说很少企及。马原还对阿加莎·克里斯蒂赞不绝口，他直陈克里斯蒂的“伟大”，“虽然是一个畅销书作家，但是一直是我特别钦佩的一个作家，她的书尽管通俗，但通俗里面有一份高级，有一份可能很多知识分子都会体会到的那种优雅……读其他推理大家的小说，读多了，我会发现很多很多的破绽，就像下棋，我总知道他们的破绽在哪里。但是读克里斯蒂，在几十年里，我极少能感觉到明显的败笔和破绽。比方这是一盘棋，结局总是她战胜我，她总是在我的意料之外，给我一份惊喜。其余的推理小说家几乎全做不到”②。对于柯林斯的侦探小说《月亮宝石》、《白衣女人》，马原也是不吝赞美之辞。此外，马原对充斥着“残忍和杀戮”的恐怖小说也大有偏好，他编过一本恐怖小说集，收入了 17 篇中短篇小说，其中包括马尔克斯的《一桩事先张扬的凶杀案》，芥川龙之介的《罗生门》和《地狱变》，博尔赫斯的《等待》和《第三者》，卡夫卡的《在流放地》，大仲马的《德·冈热侯爵夫人》，以及梅里美、福克纳、海明威、霍桑、考德威尔、奥康纳、克莱恩等的小说，马原称这些文学大师“一定是一群冷酷无情的家伙，十足的虐待狂”③。因此，在马原小说那些并置颠倒、循环交错的叙事迷雾，虚实难辨、相互指涉的叙事呓语之下，似乎都隐藏着一种和侦探小说相似的基本心理结构：“悬疑”和“探秘”，往往交织着杀戮和死亡的气息、充溢着恐怖和神秘的色彩。小说的叙事者们，常常被传说和现实、自我和他人、虚构与纪实等因素驱使，卷进某些谜团之中，置身于侦探一般试图解读谜团的处境，如顿珠、顿月、尼姆的故事及结局，以及那来去无踪、力大无穷的人熊(《冈底斯的诱惑》)，如麻风村中表现诡异的老哑巴(《虚构》)等。这种“设谜—解谜”的心理结构，以及叙事者侦探似的叙事视角设置，在马原以侦探故事为外衣的小说中，则表现得更为突出，如《错误》、《大师》、《黑道》等。不过马原所做的，其实是将传统侦探小说由理性主导的心理结构、时空顺序、叙述条理给彻底打乱，用各种“片断的、拼合的与互不相关的”④，并不时强调其“虚构性”的非逻辑性叙事，将故事、人物(包括作品人物、叙事者、读者)都带入晦涩难料的“叙事圈套”，情节发展留下空缺或断裂，人物行动莫名其妙，小说结局不了了之，整体透出神秘的色彩，体现了马原对文学话语、外部世界、现

① 张英：《马原：漂泊者在路上》，见《文学人生——作家访谈录》，上海教育出版社，2005 年，第 100 页。

② 张英：《马原：漂泊者在路上》，见《文学人生——作家访谈录》，上海教育出版社，2005 年，第 99 页。

③ 马原编：《大师的残忍》，新世界出版社，2002 年，第 1 页。

④ 吴亮：《马原的叙事圈套》，见王晓明：《二十世纪中国文学史论》，东方出版中心，1997 年，第 348 页。

实人生的独特观念。因此，马原的“玄学侦探小说”，在20世纪80年代涌入中国的域外思想、文学的影响下，与博尔赫斯、马尔克斯等人的“玄学侦探小说”在主要意象、核心题旨上取得了某些相似性，也涉及了“无限的偶然”、“命运的错误(或巧合)”等哲理命题，某些作品也构筑了使人眼花缭乱的叙事“迷宫”，同样传达了对传统侦探小说进行颠覆和改写的先锋立场。

《错误》是马原最具侦探特色的一部作品，小说以知青年代为故事背景，沿用了典型的侦探模式展开情节、设置悬念：某晚，“我”心爱的军帽丢失，谁拿的？于是，“我”和死党赵老屁充当侦探角色，逐一翻查13个同屋的行李，却一无所获。此时大家得知女知青江梅产下私生子，谁是孩子的父亲？又一个谜插入，暂时让军帽之谜暂时搁置，只是这让暗恋江梅的“我”更添沮丧。当晚午夜回屋后，二狗用那顶军帽抱回一个孩子，并帮赵老屁传话，让“我”照顾江梅和孩子，两个谜似乎同时解开：军帽是二狗偷的，赵老屁明知“我”喜欢江梅，却与她私通产子。但悲剧已然产生，黑枣先前逼“我”作出“翻不出谁要怎么办就怎么办，我没说的”的承诺，已用锹把将“我”的左脚踝扫成粉碎性骨折，“我”也用右脚捣向二狗胯下，黑枣后来自挑脚筋与“我”作了“两清”，三人都留下一生的残疾，而“我”心上遭受的爱情、友情之双重打击，更永难愈合。这样的结局已是十分残忍，但小说并未就此完成一个侦探式的结尾。多年以后，谜底最终被揭开，完全出人意料：军帽是赵老屁让带回来的，说“我”忘在碱滩上了(真是如此吗？又是一个谜)，二狗抱回的孩子是赵老屁和小寡妇张兰所生，江梅的孩子是田会计的，她为此对“我”抱愧在心。只是当年张兰因难产而死，赵老屁不知所踪，江梅后来自杀，二狗始终保持缄默，在患癌将死之际才吐露真相。马原用冷峻俭省、不露声色的语言，指向“文革”那个荒唐、错位的年代，描绘了“一连串知青间的猜疑、背叛、斗殴、伤残，不仅在写实层面上记录了特定时代中这一代青年人的狂热幼稚天真荒唐，也在象征的符号层面上(军帽：革命与暴力)检讨了文革错误……”①，表达了历史“反思”和社会批判的意图。然而，马原从历史记忆中梳理出的这段故事，既让人感到触目惊心的残酷真实，又有着难以言说的荒诞不经。他将这个类似侦探小说的故事，置于由“错误”扣成的链条中，那天晚上及后来发生的一系列悲剧，原来都是源于“错误”，而且是“错中有错”、“一错再错”。正如小说的题记所示的，“玻璃弹子有许多种玩法，最简单又最不容易的一种，是使弹子途中毫不耽搁，下洞”，只要有一个“错误”不发生，不被延搁，如“我”不那么看重军帽，黑枣不那么桀骜，二狗及时将话说明……结局都会大不一样。但弹子总要拐弯，就如《橡皮》和《一桩事先张扬的凶杀案》②中阴错阳差的荒诞故事，一切“错误”都发生了，“错中错”、“连环错”，“我”原先的所有猜想和推理也都是“错误”，悲剧注定不能避免，人物还是不能逃脱命运之手的无情捉弄，小说既将侦探小说应有的合理结局彻底改变，又在内敛的笔墨中隐含着对人性残忍的思考、对冷酷青春的命运感慨，颇令读者回味。用这些“错误”为结，马原仍是编织了一个“叙

① 许子东：《为了忘却的集体记忆——解读50本书革小说》，三联书店，2000年，第39页。

② 马尔克斯的这篇小说让许多中国作家赞叹不已，马原将它编入《大师的残忍》一书的第一编；1990年，中国导演李少红根据小说故事，拍摄了电影《血色清晨》。

事圈套”，从军帽失窃直到十几年后二狗的死，“这些前后接续的事件，因果都是不甚明了的”①，意义的链条既错杂又断裂，有些谜直到终了依然未解：军帽究竟是赵老屁有意拿的，还是无意捡的？二狗为什么不早说那些话……作者还不断跳出来讲自己的创作心迹，“我翻动这些旧事无非是想写一篇小说什么的”，“我实在不想用倒叙的方法，我干吗非得在我的小说的开始先来一句那时候”，“这个故事比较残酷的一面我留在后边，我首先想的是这样可以吊吊读者的胃口”，等等，仿佛刻意强调小说的“虚构性”、消解“似真性”，真真假假之间，又使读者如坠“迷宫”，小说又呈现出一种形式的虚幻。不过，即便隐含哲理命题和叙事探索，《错误》的故事并不太晦涩难解，而是马原作品中少有相对清通、明晰的一部。

而在其他涉及凶杀、死亡，蕴涵查谜、探秘意蕴的作品中，如《大师》、《黑道》等篇，马原则将自己的“叙述圈套”玩得更加错乱往复、扑朔迷离，构筑了类似于博尔赫斯式的叙述“迷宫”。在多篇访谈中，马原并未明确提及对博尔赫斯的喜爱，但他将博尔赫斯两篇小说收入自己编选的文集《大师的残忍》，博尔赫斯笔下常出现的玄秘意象（如“镜子”），博尔赫斯那交叉分岔、时序错乱的叙事方式，以及以叙事者口吻强调虚拟和故事套故事的“套盒方法”，对马原的影响也是无可置疑的。在《黑道》之前的题记中，马原引述了博尔赫斯的诗句，“镜子和交媾，都是污秽的，它们同样，使人口数目增加”，《涂满古怪图案的墙壁》则以“互文”的形式，写到“……陆高终于发现这部手稿与他正在读的另一本阿根廷人博尔赫斯所著的叫《沙之书》的书非常相似。同样没有接续的页码没有逻辑序列的叙述。有的只是一节一段的对发生过的正在发生的必然要发生的事件的叙述。陆高在这部手稿中曾经读到的部分他要重新读时就找不到了……”马原通过作品向博尔赫斯致敬，表明了他在基本叙事符码上确是博尔赫斯的门徒，之所以采用这样半遮半掩的方式，大概是他试图给世人设下一个“圈套”，暗藏不愿被人窥见自己创作的最大秘密的狡黠②。《大师》其实讲述的就是一个养父女乱伦，独眼女人为了丈夫愤而杀父的故事。但叙事者“大马”反复将自己的构思、叙述过程直接植入，将事件的先后时序打乱，将人物的行为置于含混莫测的神秘之境，玩弄着自己的元小说游戏，以构筑叙事的“迷宫”，这才是小说的重点，而非侦探式的推理过程和“揭秘”主题。小说在文中不时出现“首先要有悬念”，“那个叫马原写小说的汉人”，“这一章不是最后一章，是结尾；最后一章不是结尾，车轱辘话”这样的语句，将读者准备从小说中寻找所谓“真实”的企图给抹杀。叙事者最后宣称，“这个故事的这个结局使我心里不对头。我原来试图改变一下结局，我一直自诩可以把握多种可能性，然而我在最后一瞬改变了主意。原因很复杂，一句话说不清。于是我开始在结构上打这篇小说的主意，我故意把那个读者（很多读者）都很想弄清的谋杀（老画师）故事放到后面来讲。那个故事里没有

① 吴亮：《马原的叙事圈套》，见王晓明：《二十世纪中国文学史论》，东方出版中心，1997 年，第 350 页。

② 当然，近年来做同济大学教授的马原，出版了从自己的课堂讲义汇编的《新阅读大师》一书，其中专门对博尔赫斯的《交叉小径的花园》的花园作出解读，更见博氏对他的影响。参见马原：《新阅读大师》，华东师范大学出版社，2005 年。

我。还想说那是个可怖的爱情故事”。小说在结末果然列了一个附录式的专节，用 12 个片段(第 13 个是“没有 13 了”，这又是一个马原式的话语)，通过倒叙和第三人称的限知视角，“翻到老画师出现的那一部分”，将独眼女人不堪变态性虐、将瘫痪养父溺死的缘由经过，以及后续事宜如记流水账一般草草予以交代。这 12 个类似于故事梗概的片段，基本可以胜任对一桩案件全部过程的展现，满足读者追索侦探之谜的阅读期待。然而，它们不过仍是马原的“叙述圈套”中的一环，它们不是前面主体篇幅的补充，而是疏离和悖反，进一步将小说叙述的虚妄性表露无疑。必须指出的是，此前小说主体用第一人称叙事者口吻讲述的故事，也完全就是一座线索层叠、人事纷杂、气氛神秘的“迷宫”。在西藏特殊的地域和宗教氛围掩映下，那唐嘎布画大师、独眼女人、女模特儿、外国游客、文物贩子等人物，那荒僻古寺、神秘小楼等场所，那价值连城的壁画、古董及因之带来的贩卖走私行为，那紧张悬疑、畸形病态的性虐、凶案、火灾等事件，在小说中接连浮现，其间还穿插了《冈底斯的诱惑》中的人物顿珠因车祸而死、“我”追查无果的“互文”情节，既给读者带来了“一种忐忑的、不祥的、惊疑的、难辨的宿命之感”，又让小说的“种种情节构成要件之间，布满了不可知的网络，它是一种整体的恍惚和骇人听闻的不可知”①。可见马原作品中的“迷宫”，并不仅仅是话语层面、叙事方式上的，它还蕴涵了马原对“真实”的观念。这些观念，连接着世界、历史、现实、文化、人类、信仰……以及文学对它们的表述，如有论者所说，包含有“叙述崇拜、神秘关注、无目的、现象意识、非因果观、不可知性、泛神论和泛通神论”②等。在另一短篇小说《黑道》中，马原设置了侦探式的背景、人物和情节元素，如神秘的雪山客栈、矮子老板、凶气的康巴汉子，以及偷窃、追踪、杀人、目击、追杀目击者、杀人者被杀等，但还是运用了回叙、梦境、幻觉等手法，以及重复、零碎的叙事，将人物面目模糊化、因果关系含混化，从而打破虚实界限，构筑了又一座“迷宫”。不过这“迷宫”不是为叙述设置圈套，而是传达作者对“真实”的思考，如小说开头所述，“没有什么比亲眼目睹杀人更不真实了，所以那些像我一样有这个幸运的人们在作证词时往往语无伦次，到了最后他们也许要推翻先前自己的全部证词。不是胆怯或犹豫，只是事实本身不真实，由确信到不确信乃至谵妄到虚妄，确切地说是不再相信自己的眼睛进而不再相信自己”，暴力、杀戮、死亡带给人们的心理恐怖如此之真实，即便你努力将它化为“虚构”，或用叙述加以控制，它也可从现实贯穿到梦境，让人难以摆脱，你“夜里必定要重温那个血腥的场面”，“不能因为熟知它的全部细节不能因为已经没有悬念而习惯它使它最终失去恐怖效果”。《黑道》的叙事看似不知所云，荒唐虚妄，对暴力、杀戮、死亡的强烈恐怖却始终伴随叙事者，这无疑是一种至为“真实”的普遍人类心理。在《大师》的结尾，马原还嘲弄了自己的小说《西海无帆船》，“我记得有个黄皮笔记本和一个自以为是的狗屁作家企图把读者引上岔路，试想哪一个疯子把太阳从西边拽出来又推回

---

① 吴亮：《马原的叙事圈套》，见王晓明：《二十世纪中国文学史论》，东方出版中心，1997 年，第 350 页。

② 吴亮：《马原的叙事圈套》，见王晓明：《二十世纪中国文学史论》，东方出版中心，1997 年，第 348 页。

到东边的日本海里”，并直接指出，“事实比任何虚妄的故事都更是事实”。这些都表明，马原营造的“叙事圈套”，固然意在颠覆性的叙事尝试和本体性的形式强调，但他仍想借此获取某种“真实性”，“‘虚构’不过是认同‘真实性’的一个手段而已”①。《错误》、《大师》及其他马原小说的代表作皆是如此。不过，因为形式探索有些走向极端，过多的叙述游戏遮蔽了人物，故事情节流于隐晦艰涩，可读性被大大削弱，马原在20世纪80年代的大部分小说，始终只能获得小众关注，后来难以为继，这对马原来说不无遗憾。毕竟，马原也很尊崇古典主义的创作指向，对于那些持有古典主义立场，且作品具有跨越时代的畅销效应的中外作家，如阿加莎·克里斯蒂、简·奥斯汀、大仲马、毛姆，甚至中国的金庸、琼瑶，马原还是怀有敬意的，② 希望自己的小说也能企及他(她)们那种雅俗共赏的程度。

所以，马原似乎试图作出改变，在《涂满古怪图案的墙壁》中，“叙述的圈套”依旧：小说以陆高处理姚亮的丧事作为叙述主线，而据说是姚亮所写题为《佛陀法乘外经》的手稿作为另一条线索交替出现，行使“文中文”的功能，还有一只莫名其妙的口红，以及和姚亮有染的两个若隐若现的神秘女人，少年牧神青罗布的预言，陆高梦中与姚亮不作答的交谈等。这篇小说最重要的命题仍是——死亡，“姚亮死了。是背景。不是自杀。不是他杀。不是暴病突然亡故”，这似乎又是个侦探式的难解之谜，然而也是这篇小说的根本奥秘所在。作为马原前期小说中最重要的两个人物，亦或如众多论者指出的，陆高和姚亮是马原本人的两个投影，在相互指涉、身份混淆、交叉叙述中充当其“圈套”的共谋，是马原“怎么写”的元小说尝试中的关键角色、道具、背景乃至叙述本身。但是“马原”这次不留情地“杀死”了姚亮，姚亮在陆高梦中借一个女人与他对话，“他说的最多的是便宜了马原，说马原只是记录了他的生活就成了作家……马原只顾写他的小说骗钱……他明知道马原谋杀他可他对此无计可施，他想过要指控马原也知道结果还是一样。所以，他决定在最后的时间里不再斤斤计较，他说他最终宽恕了马原……他说他高兴这个结局，高兴就此退出马原的小说，他说他再也用不着受这份洋罪了，这使他高兴”。作者化身为“凶手”，将自己小说中最重要的叙述者“杀死”，这不是让人瞠目结舌的侦探故事的真相，而是放弃一种写作姿态的宣言，马原自己好像已厌倦了绕来绕去的“叙述圈套”，他将姚亮“杀死”，似乎也是中国先锋小说的形式游戏开始“终结”的一个预言。未被马原“杀死”的陆高，则“意外逃出了令他烦恼不已的经外经(即《佛陀法乘外经》)”，“决定为一本叫《通俗故事大观》的杂志撰写一篇描述拉萨妓女和流浪汉生活的传奇小说”，这也是一个明显的象征，以另一个化身陆高自喻，马原也有了创作转换的打算：即抛却“经外之经”的小说本体论形式技巧，运用通俗文学的写作方式，走向大众阅读视野下的畅销书写作。也许马原希望能够突破给他带来声誉，又日渐钻进死胡同的写作方式，回归到克里斯蒂、霍桑那样的古典主义文学传统，用传奇和推理为

① 陈晓明：《无望的救赎：从形式到历史》，见王晓明：《二十世纪中国文学史论》，东方出版中心，1997年，第423页。

② 张英：《马原：漂泊者在路上》，见《文学人生——作家访谈录》，上海教育出版社，2005年，第101~102页。

自己赢得既畅销又久远的文学生命。

在后来的《木屋的叫声》、《摩力克窗帘》中，马原的创作姿态和叙事方式果然发生了变化。两篇小说还是类似侦探的故事，也涉及死亡和真相查探，但前篇的叙事者是旁观、转述的身份，后篇的叙事者被隐没，不再对叙述直接进行指涉；虽也运用了插叙、倒叙及多重视角展开故事，但语言节制、表意明确，叙事线索清楚，因果完整，不再刻意设置“叙述圈套”和“迷宫”式的阅读障碍。而且两篇似乎都记叙桃色案件，带有畅销小说、通俗小说的趣味。《木屋的叫声》以一个偷情女子林杏花在自己亲手打造的爱巢中被无意烧死来开篇，追溯了她和情人李克的情史纠缠，刻画了俗世男女的欲望疯狂，林杏花死于封闭性很好的小木屋，很大程度是因她的叫床声太大，这使小说带有一种对“原欲”之罪的探寻。《摩力克窗帘》则讲述了一系列夜班女工被人小刀划臂的性侵害案件，揭开了一个性变态男子林森和两个青年女子张名名、徐小燕之间的身心隐秘。是性的禁锢、性的无知，让当年11岁的男孩、女孩无意中早尝禁果，导致了心灵的极端扭曲，留下了深刻的精神创伤，这和《木屋的叫声》类似，也是颇具弗洛伊德特色的“本我”拷问。从这两篇小说对人的欲望本能的聚焦审视，不难看出马原有意向霍桑的靠拢。当然，马原以往的某些创作印迹也未完全消逝，如《木屋的叫声》中突出林杏花之死的“偶然性”因素，渲染西藏背景的神秘，还有《摩力克窗帘》中揭开另一桩性侵案，运用多故事重叠的“套盒方法”等，说明马原心中对自我的某些坚守。然而，这两篇转换之作并不成功。在失掉了大部分标志性的、也是不合时宜的形式的革命元素后，马原对侦探小说等畅销书的元素其实不太熟练，也许还隐带当年先锋派的清高和不屑为之，使得小说在传奇性、惊险性、猎异性、煽情性等通俗品格上依然匮乏；在人物塑造、情节安排、推理过程、知识含量等方面也显得较为单薄——没有让人钦佩惊叹的侦探形象，没有广阔多元的社会场景和民情风俗，也没有丰厚驳杂的文化知识，所以应者寥寥，不能与那些跨越雅俗的中外侦探小说经典如埃科的《玫瑰之名》等相比，当然更未达到像霍桑的《红字》、克里斯蒂的侦探小说那样的畅销程度。也许，作为当年先锋小说的标志人物，马原在离开西藏的神秘土地之后，多年在象牙塔设坛授徒，以他大部分受西方文学影响的创作资源和知识背景，钦佩畅销书作家却不喜欢金庸、琼瑶作品的精英化视野，想要在当下市场经济主导和大众文化喧嚣的社会中，转向以现实生活为题材，以传奇性、推理性取胜的通俗侦探小说创作，是不太可能取得像海岩那样的畅销效应的。

二

稍后于马原在文坛崭露头角的余华，是当代中国先锋作家中相当重要的一位，他也创作了两篇“玄学侦探小说”，即《河边的错误》和《偶然事件》。这两篇小说讲述和描摹类似侦探的故事，安排对未解之谜的追索过程，承袭了马原式的叙事创新，也是用“仿拟”或“重述”的先锋笔法，进行形式的实验和文类的改造，以颠覆传统的小说观念和叙事规程，传达先锋的哲思玄想，同时“极大可能地融合了他们对生存于其中的现实的感受”①。但

① 陈晓明：《无望的救赎：从形式到历史》，见王晓明：《二十世纪中国文学史论》，东方出版中心，1997年，第429页。

是，对余华创作这类小说产生根本影响的文学资源还是来自域外，而且从作家的访谈、自述和作品自身的内涵和技巧来看，都十分明确地指向了博尔赫斯、罗布·格里耶、马尔克斯、卡夫卡等先锋大师们的思想观念和重要作品，其中前两者的影响最大。这与马原屡次提及对通俗小说作家、作品的喜爱显出差异，表明余华的先锋姿态比起先行者马原要更为纯粹和坚执。恰如他的外来师承博尔赫斯、罗布·格里耶等一般，余华的“玄学侦探小说”也显出大致相同的主题和架构——“迷宫”，以及“错误”、“偶然”等命题。对于余华来说，人类所处的世界和生活最根本的“真实”，不是严整逻辑、理性标准和秩序规范，而是时时处处混乱错杂、虚幻随意，如同“迷宫”，内里充满了疯狂、暴力、杀戮和死亡，身处其中，疯子般的荒唐行为让侦探的智慧和勇敢无以应对。

受罗布·格里耶等“新小说”诸家和博尔赫斯影响，余华确立了自己 20 世纪 80 年代后期小说的现实观、时间观和基本写法，这是他创作《河边的错误》和《偶然事件》的思想基础和创作背景。在那篇视为其创作宣言的《虚伪的作品》中，余华提到了罗布·格里耶的“文学的不断改变主要在于真实性在不断改变”对自己的启发，但他又不简单照搬罗布·格里耶的自足之“物”的观念，而是从精神真实的层面，对人们日常经验的真实性、人类文明秩序的安全性提出了质疑，从而挑战传统小说建立在逻各斯中心上的简单真实。他认为：就事论事往往遮蔽了事件“内在的广阔意义”，生活的常识也使人的“自我融化”、“个性丧失”，文明的“庞大的秩序在意外面前总是束手无策……秩序总是要遭受混乱的捉弄”，生活表象及其秩序其实并不真实，“事实上是真假杂乱和鱼目混珠”。因而他说，“我不再相信有关现实生活的常识”，“真实存在的只能是精神……人只有进入广阔的精神领域才能真正体会世界的无边无际……在人的精神世界里，一切常识提供的价值都开始摇摇欲坠，一切旧有的事物都将获得新的意义。在那里，时间固有的意义被取消……生与死的界限也开始模糊不清”①。余华的这些论述，与罗布·格里耶在《橡皮》开篇那一段描写中对秩序的揶揄十分相似：“时间就再也不能主宰一切了……在错误与疑惑的围绕下，……逐步地损坏完美的布局，暗中使这儿或那儿发生时间颠倒、位移景动、境界混乱、形象歪曲……杂乱无章、不知所向，既难以理解又骇人听闻”②；从中也不难发现法国“新小说”另一理论家萨洛特的观点的影子：“深在的真实”，是“潜意识底下的心理活动，是人物内心的奥秘”③。表面的生活充满了“错误与疑惑”，外部世界毫无秩序和逻辑所言，只有在精神世界，“欲望和美感、爱与恨、真与善”才像“床和椅子一样实在”④，那些看似悚目惊心的罪案更是如此。那么，如何通过文学话语来表达这种“深在的真实”或“精神的真实呢”？“新小说”诸家主张：“破除传统小说格式的限制，不必遵守时间的顺序和空间的局限”，表现“不同的时间和空间往往互交错，现实、想象、记忆、梦境、幻觉、潜意识的活动往往交叉或重叠在一起”的人类生活，情节结构也不必“有头有尾，结局也不是具有必然性的”，因为“事物的发

① 余华：《虚伪的作品》，见吴义勤：《余华研究资料》，山东文艺出版社，2006 年，第 5~13 页。

② 罗布·格里耶：《橡皮·译者序》，林青，译．上海译文出版社，1981 年，第 3 页。

③ 罗布·格里耶：《橡皮·译者序》，林青，译．上海译文出版社，1981 年，第 1 页。

④ 余华：《虚伪的作品》，见吴义勤：《余华研究资料》，山东文艺出版社，2006 年，第 5~13 页。

展是不稳定的，变化多端，难以预料”①。余华则首先借用了“新小说”的理论，倾向使用一种“背离了现状世界……的秩序和逻辑”的“虚伪的形式”，采取“不确定的语言”，“冲破常识，寻求一种能够同时呈现多种可能，同时呈现几个层面，并且在语法上能够并置、错位、颠倒、不受语法固有序列束缚的表达方式”，让“人与人，人与物，物与物；情节与情节，细节与细节的连接都显得若即若离，时隐时现”，以“体现命运的力量，即世界自身的规律”④，也即本质“真实”的表达。然而，余华重点提到了小说时间的安排，又向博尔赫斯靠拢，它“不再是现实意义上的时间，它没有固定的顺序关系。它应该是纷繁复杂的过去世界的随意性很强的规律。当我们把这个过去世界的一些事实，通过时间的重新排列，如果能够同时排列出几种新的顺序关系(这是不成问题的)，那么就将出现几种不同的新意义。这样的排列显然是由记忆来完成的，因此我将这种排列称之为记忆的逻辑。所以说，时间的意义在于它随时都可以重新结构世界，也就是说世界在时间的每一次重新结构之后，都将出现新的姿态”⑤。这番话和《交叉小径的花园》中艾伯特对“时间的无限可能”的阐述如出一辙。在后来的一篇文字中，余华还直接指出，博尔赫斯笔下的现实就是充满“非现实”色彩的“迷宫”，宫殿由“无限、混乱与宇宙，泛神论与人性，时间与永恒，理想主义与非现实的其他形式”建造，让读者迷失方向，“故事总是让我们难以判断：是一段真实的历史还是虚构？是深不可测的学问还是平易近人的描叙？是活生生的事实还是非现实的幻觉？叙述上的似是而非，使这一切都变得真假难辨”②。不过，在受惠于罗布·格里耶、博尔赫斯的余华心中，究竟什么才是“深在的真实”和“世界的规律”呢？余华提到了博尔赫斯小说中的一个核心语词：“恐怖”或“恐怖的现实”③，这个语词连接着暴力、杀戮、血腥、死亡，在博尔赫斯的大部分小说中是情节的关键，当然也是博尔赫斯对世界、对现实洞悉根本的认识。而余华自己，也因“对常识的怀疑”，“直接诱发了我有关混乱和暴力的极端化想法”，“暴力因为其形式充满激情，它的力量源自于人内心的渴望，所以它使我心醉神迷……在暴力和混乱面前，文明只是一个口号，秩序成为了装饰”④。正因为此，以“暴力”(或凶杀)为基本书类要素之一的侦探小说，就给余华提供了一个破除“常识”迷信、传达精神“真实”的范本，造就了他笔下两部颠覆式的侦探小说。

从表面看，《河边的错误》是当代中国最像侦探小说的“玄学侦探小说”，甚至多个选本将它纳入“公安文学”⑤。因为它具备一切的侦探元素：诡异血腥的砍头杀人案连环发生，公安人员(侦探)多方查访、频遇谜团，目击者们各执一词、众说纷纭，嫌疑在身者惶惑不安；而后各方证词参照，案件迷雾渐渐消散，侦探运用推理手段接近谜底，真凶最终浮出水面。小说题目中的“错误”，其实已通过刑警队长马哲的侦查一一

---

① 罗布·格里耶：《橡皮·译者序》，林青，译．上海译文出版社，1981年，第2页。

② 余华：《博尔赫斯的现实》，《读书》，1998年第5期。

③ 余华：《博尔赫斯的现实》，《读书》，1998年第5期。

④ 余华：《虚伪的作品》，见吴义勤：《余华研究资料》，山东文艺出版社，2006年，第5~13页。

⑤ 如《当代中国公安文学大系》就将其收入，见杜元明、李青：《当代中国公安文学大系——中篇小说第二卷》，群众出版社，1996年。

得到纠正：遗失发卡的女孩、王宏、许亮的嫌疑被逐个排除，小孩被人认作撒谎也被澄清，谋财害命之说也因老鼠咬碎幺四婆婆藏钱的麻绳而不成立……小说的情节正是遵循传统侦探小说的模式展开：案发—侦查—曲折（错误）—真相。余华是在有意创作一篇拙劣模仿的侦探小说吗？当然不是，和博尔赫斯惯用的方法相似，一切都是对侦探小说的“仿拟”。《河边的错误》中，也书写了罗布·格里耶式的自在之“物”，如幺四婆婆的那群鸭子；也有马尔克斯式的“众声喧哗”，如多个到过现场者的不同陈述。但小说不像《橡皮》、《死亡与指南针》、《一桩事先张扬的凶杀案》那样，设置循环分岔的“迷宫”，以无限可能的“偶然”、无意随机的“错误”（“巧合”）来嘲弄侦探式的理性，从而思考时空的奥秘、质疑知识的迷狂、感叹命运的无常。余华结合自己的历史记忆和现实思考，没有让《河边的错误》滑入对博尔赫斯等国外作家亦步亦趋地模仿，而是另辟蹊径，使得众多的“错误”最终反而归于“疯子杀人”这一真相，彻底颠覆了传统侦探小说的价值标准：理性和秩序，从而用冷峻的眼光逼视这个表面有条不紊、秩序井然，而实际却是不可理喻、暴力充斥的世界。小说看似纯粹的侦探故事，“程式受到尊重，受到礼遇，没有被恶意歪曲，只是按照程式行动的人物不再具有相应的动机，这样程式就成了无根据的空壳，成了为程式而程式，转向自己的否定”①。全书至为关键的奥秘，就是无动机的杀人动机！马哲作为一名坚韧睿智的侦探，排除了诸多“错误”，走对了侦破的过程，但最后的真相却让他无奈，也让读者疯狂，因为凶手是一个疯子！传统侦探小说的一个重要关节，就是对犯罪动机的追究、分析，往往在结尾由智珠在握的侦探以胜利者的口吻加以解释，“一切犯罪皆有理由”，这象征将理性置于至高权威的思维方式。《河边的错误》让读者看到的，却是毫无动机和理由的疯狂杀人，侦探小说以追根溯源为核心发的恒定因果链从而断裂。有论者将此文归于“常识的错误”②，如大人们不相信小孩看见了人头，如公安人员小李认为许亮是凶手，但这一论断的着眼点的只是落在过程。其实，余华是在首尾两端将这系列凶杀案的因和果完全拆分，其根本意图，是彻底推翻传统侦探小说追溯案件动机、找到杀人理由的必然逻辑，彻底击碎现象（能指）和意义（所指）之间的严整关系，从而破除对所谓生活“真实”的理性认识，并对看似威严的所谓“秩序”进行反讽——真实就是不可理喻，疯狂常是它的主题；秩序总被混乱捉弄，不能完全寄望于此。对于疯子接二连三地杀人，代表文明秩序的法律制裁，代表道德规训的“惩恶扬善”都无能为力（精神病院也因经费不足不得不将他放回）。当理性倒塌、秩序无存，疯狂的杀人再次上演，马哲只能选择让自己变成背离侦探身份的杀人者、变成疯子（马哲的变“疯”，不能简单视作局长、妻子、医生为使他摆脱法律责任策划的高明计谋；其中传达的荒诞讽刺，似乎也隐含了福柯式的对“疯癫与文明”的思考），以疯狂对疯狂，以暴制暴，以杀止杀。这样的景象，在中国的历史和现实中时时都会上演；它们带来的恐怖，也不断在人们心中刻下残酷的印记，看似荒诞的故事下，

① 赵毅衡：《非语义化的凯旋——细读余华》，见吴义勤：《余华研究资料》，山东文艺出版社，2006年，第84页。

② 王彬彬：《余华的疯言疯语》，见吴义勤：《余华研究资料》，山东文艺出版社，2006年，第71～72页。

却蕴涵了一种深刻的"真实"。虽然，《河边的错误》的笔调冷静从容，不动声色，也没有刻意渲染杀人的场面，但疯狂、暴力、杀戮、死亡(除疯子杀人外，还有疯子对幺四婆婆殴打施虐)藏于字里行间，无处不在，仍然让人读之心泛寒意。这篇小说同样是余华心中的"现实一种"，既来自于他以往的人生记忆(并不仅仅是"文革")，也取决于他对世界的看法，它超越了形式、观念的外来影响，取得了属于余华自己的独特品格。

《偶然事件》的基本情节也是侦探小说式的，它以一桩杀人案起，以另一桩杀人案终，两桩凶案的根源是偷情出轨导致情杀。然而，两桩案件发生在同一所"峡谷"咖啡馆，发案场景和人物表现几乎也一模一样，叙事就呈现出首尾的循环，文中又多见时序不明、零散倒错的片段描写，人物的行动来去飘忽，这使得小说的情节、结构宛如"迷宫"，深具博尔赫斯的味道。小说的主体则是两个男子之间的一封封通信，它们贯穿小说始终，来去往复，喋喋不休，语言乏味，与情节发展的线索形成对应，增加了小说叙事的"迷宫"色彩。通信的两人，恰是被戴绿帽者陈河与勾引人妻的登徒子江飘。二人原本并不认识，小说开篇之际，他们"偶然"同入"峡谷"咖啡馆，同时目睹一个男人杀死另一个男人的情景。凶手在案发后没有逃逸，而是冷静地找警察来自首。作为在场的主要目击者，陈河与江飘被警察要去证件记录号码，以随时到警察局笔录。归还证件时警察却"偶然"弄错了对象。就在其后不久，跟踪妻子的陈河无意之中发现，与她私通的就是"偶然"相遇的江飘。于是，借着归还证件的名义，陈河开始了和江飘的通信，并和江飘讨论那件凶杀案的缘由。他们围绕着凶手是不是因妻子与死者私通愤而杀人这一话题，在多次通信中展开了一轮又一轮的周详分析。然而这些通信，正是小说最为精彩、最能引起读者兴趣的地方：一个是意有所指，坚持杀人者是无奈之下报夺妻之辱；一个则懵然不知(陈河之妻始终未在江飘面前提到自己丈夫的姓名)，要将案件引离情杀逻辑，处处替被杀者开脱。虽然看法始终不能一致，却将那个案件几乎所有的可能性，以及相关的细节都讨论到了。同时，江飘还和包括陈河妻子的多个女人周旋，陈河也试图去勾引一个女人却未成功。对话(通信)和叙事的时断时续，推动了故事向前真真假假地发展，也使读者在虚虚实实之中，体会到悬念的刺激、窥视的快感、急迫探知究竟的渴望。最后，两人约定在"峡谷"咖啡馆再见一面。和小说开头完全一样，神情疲惫的陈河在神采飞扬的江飘面前坐定，举起准备好的刀，插进江飘的胸膛，之后他也冷静地走到咖啡店外喊道："警察，你过来。"这又是由"偶然"引发的凶杀案，故事太过"巧合"，匪夷所思，似乎很不真实，但小说以巧妙的构思，将"深在的真实"表露无遗——心理和精神的真实。在《偶然事件》中，开头、结尾出现的警察只是随意摆放的道具，可有可无，杀人过程的描写不过三言两语，人物最后受到怎样的法律惩处更未提及，余华这次关注的，恰是《河边的错误》所缺失和悬置的关键：杀人的"动机"。不过，偷情事件只是表象，根本点在于人物的精神世界和心理轨迹。陈河和江飘二人，其实就在小说中充当侦探角色。他们在通信中讨论、分析，从各种可能角度去推理那个男人的杀人动机，对一桩案件进行了全面的心理查探。但他们的角色十分诡异，相互是"本夫"和"奸夫"(这里借用中国传统的说法)的关系，也是杀人者和被杀者的关系，他们的心理分析，完全把自己给放置其中，而非他人。实际上，江飘还全程参与了杀死自己的酝酿、策划过程，他也是杀自己的主谋之一。这样错杂的人物角色设置及多角度的心理分析，让小说中更像一座“迷宫”，而“迷宫”背后表现出的精神“真实”，深刻之处、隐秘之处，更让小说揭示了人性的丑陋和扭曲。陈河已知真相，他沉溺于自己的臆想不能自拔，但仍强捺嫉妒、忿恨、羞辱、自卑的情绪，不动声色地小心跟踪、试探、窥视；他与江飘的通信条分理析、颇有逻辑，病态和疯狂却随着推理的愈加严密将他的心逐渐充满，终于他带着可怕的冷静，去践行自己从所有心理“可能”中作出的选择——杀死江飘。江飘则是风流自赏、四处留情，但并非贪恋女色，而是专勾人妻(小说中有个情节，当江飘得知某个他正勾引的女子未婚时，即刻溜之大吉)，以获取精神上对其他男人的轻蔑，也是心理病态；他在与陈河通信中洋洋自得于自己对女性的玩弄，又不断强调她们水性杨花、可能和许多男人有染，以示道德上无罪；他好为人师、夸夸其谈也不乏智慧，也正是他和陈河俨然知音的“神交”，促使陈河下定了杀他的决心。对于这两个人物，《偶然事件》几乎没有作什么单独的心理描写，也没有进行什么“本我”、“自我”之类的精神分析，小说的叙事平淡如水，通信上的交谈平白如话，少有夸饰渲染，但对人的心理、精神的表现却达到了相当的深度。这又是一次对侦探小说的“仿拟”，还带有对侦探小说颠覆性更强的“戏谑”笔墨，“偶然”造成的荒唐故事让人啼笑皆非，它依然表现了余华式的主题——暴力和杀戮，疯狂和混乱，传达了他对世界和现实的看法。

不过，以暴力作为核心意旨之一的《河边的错误》和《偶然事件》，与余华其他一些书写暴力的作品却有所不同。像《现实一种》、《一九八六年》、《四月三日事件》、《世事如烟》、《难逃劫数》、《古典爱情》等，都是用近乎冷酷的眼光，铺展冷血的笔墨，精确书写杀戮残害的细节，直接描绘鲜血淋漓的场景，残忍真切、悚目惊心之处，直欲挑战读者接受心理的极限。但在《河边的错误》中，疯子连环杀人的景象没有一人看到，被砍下的人头多为间接转述，本来可如《现实一种》等篇一样浓墨重彩、大加表现的暴力杀戮画面，被作者有意省略，如“于是她(么四婆婆)回过头来张望……”，“他(许亮)走到鹅中间时，不由大惊失色……”，“他刚一说完马上愣住了。随即一个女人的声音哨子般惊叫起来，而其他的人吓得目瞪口呆”，等等。《偶然事件》首尾写到两桩凶杀案，都是十分简单的间接记叙和重复交代，如“‘峡谷’里出现了一声惨叫……柜台内的女侍发出了一声长啸，她的身体抖动不已……头发漂亮的男人此刻倒在地上。他的一条腿还挂在椅子上。胸口插着一把尖刀，他的嘴空洞地张着，呼吸仍在继续”，以及“‘峡谷’里出现了一声惨叫，女侍惊慌地捂住了嘴。穿灯芯绒茄克的男人倒在地上，胸口插着一把刀”等。这样的留白或简略交代，不是罗布·格里耶式的叙述“空缺”，而是侦探小说“设谜”的主要方法：是谁？看到什么？为何？对血腥恐怖的罪案过程进行极致渲染，大多时候并不是侦探小说的主要特点(而是平庸的恐怖小说的着力之处)，这里余华确实借用了侦探小说的技法，而非对其颠覆。何以如此呢？和前述的马原类似，余华也想摆脱让自己成名的写作方式，他的创作也面临着某种转换。他后来多次提到对暴力、死亡的集中书写带给自己的精神紧张和写作瓶颈，“那时一写小说就是暴力，真的受不了，都快到崩溃的地步。每晚都是噩梦，吓出一身冷汗。我发现我再也不能写暴力了。1988年，我开始写得少了，1990年，基本上没有了，但是我那种冷酷保留了下来”①。所以后来，余华的暴力书写转向了更深、更潜在的层次，“暴力的存在其实是无处不在的，除了那些昭然若揭的暴力外，还有更多的无形的暴力掖藏在社会结构的每一个角落，每一个褶皱中”②。在《河边的错误》和《偶然事件》中，暴力也无所不在，它隐藏在文中人物的精神世界和心理深处。小孩、许亮总是情不自禁地要到河边去游荡，也许在他们心中，对于暴力有着一种难以言说的兴奋和向往；许亮后来在反复的心理暗示中，一次次在真实和幻觉中走向河边、看到人头，最后都弄不清自己到底是不是凶手，心中的暴力幻想最后驱使他自杀。陈河则是一个不折不扣的心理暴力的受虐狂，他和江飘的每一封通信，讨论偷情男女的交往，分析戴绿帽者的心理，看似心机深沉、步步为营，其实在不断强化对自己的心理施虐，乐此不疲，甚至从中获得了神经质般的快感，最后他将心理和现实重叠，从内到外完成了自己的暴力仪式。从这个意义上看，《河边的错误》和《偶然事件》，不是心血来潮的游戏之作，它们在一定程度上延续了余华此前的创作特性，又很大程度上隐含了他突破自己创作瓶颈的尝试，预示了作家未来的创作转换。而且这两篇小说在“仿拟”侦探小说、“颠覆”侦探文类之时，却讲述了精彩的故事，悬念叠生，出人意表，引人称奇，可读性较强。小说对于侦探模式似乎也不纯然是否定和嘲弄，倒是多有对侦探元素成功地化用和借鉴，显露出某些融合多种文类、跨越雅俗界限的趋向。这两篇“玄学侦探小说”，加上“仿拟”武侠小说的《鲜血梅花》、“仿拟”言情小说的《古典爱情》，都是当代中国先锋文学中别具特色的篇章。在如何走出形式游戏怪圈、拓宽创作视野、兼蓄中外文学资源、博取各种创作技巧、赢得广泛受众等方面，它们给当代中国先锋文学破除所谓“终结”谶言，开辟更生和新变之路提供了有益的启示和可能。可惜的是，余华后来没有在这些领域继续自己的尝试和开掘。

三

而王朔介入侦探题材，创作“警官单立人探案”系列，则在所受外来文学资源的影响、创作意图、叙事方式、题旨风格上，和马原、余华不大相同。在他以惯有的戏谑口吻谈到的中外作家中，和侦探小说有关系的似乎只有英国小说家毛姆，王朔称，“毛姆的《没有毛发的墨西哥人》我是在一本侦探小说集里看到的，也不能算严格的侦探小说，还是写人，活画了一个狂妄的杀手嘴脸。我是狂热喜欢英国作家写的侦探小说，他们用词极其讲究，翻译过来也很精当，几乎无一例外地喜欢调侃，以至于荒诞，那种冷酷的笔法常使我感到，英国人谁也不喜欢，包括他们自己”③。王朔所欣赏是那种英式幽默

① 余华，许晓煜：《余华访谈：我永远是一个先锋派》，见《谈话即道路——对二十一位中国艺术家的采访》，湖南美术出版社，1999年，第248页。

② 倪伟：《鲜血梅花——余华小说的暴力叙述》，见吴义勤：《余华研究资料》，山东文艺出版社，2006年，第250页。

③ 王朔：《他们曾使我空虚——影响我的10部短篇小说序》，王朔也提到了博尔赫斯，但是论及的是《关于犹大的三种说法》，并未涉及博氏的“玄学侦探小说”。见葛红兵、朱立冬：《王朔研究资料》，天津人民出版社，2005年，第71页。

和调侃的笔法，这也是他自己小说最大的特点之一，对毛姆等的会意在心就在于此，而并非无所不能的侦探形象和逻辑缜密的侦探智慧。对于他那几篇以单立人为主角的中短篇小说，王朔自己后来承认，“算是为了赚钱的凑数之作，大多是由真实案例和市井笑话敷衍而来。那时我追求数量，一是生活所迫，二是炫耀写作能力，我没料到侦探小说所要求的工艺性是那么高”①。尤其在十余年后，他又在《我看王朔》一文中，用“一点正经没有”的口吻，把自己的这段侦探小说写作经历给狂涮了一番。他说自己逻辑思维能力不足，不具备创作侦探小说的基本书类素质，“想到了却做不到……完全不足以应付哪怕是最简单的一件刑事案件的破案”，塑造的人物也是“一帮最愚蠢的罪犯和警察……不但侮辱了我们的专政机关，也贬低了我国的犯罪水平，进而言之，降低了我国人民的平均智力水平”，所以把侦探小说写成了“业余水平贻笑大方”，也给自己带来了“悲剧性”的“心灵创伤”②。虽然，对王朔那些刻意将自己鄙俗化的话语，有时不应当真，有时甚至应将其视为“推背看”的“反语”笔法，但他对“单立人探案”系列的一再自我否定，似乎基本是说的实话，评论界也公认这是一组不成功的游戏笔墨之作，对这些作品持漠视的态度，较少提及。

其实，在王朔自己对“单立人探案”的评价文字中，更值得注意的是他对当时创作背景的回顾、对自己创作心态的反省，“我国的文学创作一向不分层次，通俗小说御用文字和纯文学混为一谈，如同卖茄子的卖电脑的卖珍珠翡翠的都搁一个柜台，这帮顾客都往一块挤，挤着挤着也忘了自己兜里的钱够买什么的，指着大家伙，贵的，乱纷纷喊：给我们拿给我们拿。——给你拿你接得住吗”③？“单立人探案”问世的时间是1986—1988年，那正是文学逐渐失去“轰动效应”的年代。“纯文学”经历了从文化“寻根”到“先锋”形式探索，再到反拨式的“新写实”的历程，变得日渐小众化；“主旋律文学”、“纯文学”、“通俗文学”走向明显的分野，与商业化社会共生的“通俗文学”潮流已是大肆地攻城略地，金庸、琼瑶等港台通俗作家的小说风行天下，域外的侦探、犯罪、科幻等题材的通俗文学和大众影视，也对中国人造成越来越大的影响。这也是中国文学“延伸与转折”④的年代，是坚持纯粹的立场，还是走向市场、迎合大众，或者跨越雅俗、左右逢源，许多作家都面临着选择。身处这样的文化背景下，最初创作就被人视作“爱情+ 案情”的通俗模式，并且从不讳言要靠“码字”博取名利，又自诩有“生意眼光和商业头脑”的王朔，心中不能无感。他有清楚的文学功能观：在“纯艺术的功能”和“流行的功能”中，宁可选择后者，也看不上文学功能和文学评价的错位⑤；他也深谙通俗文学、大众文化“娱乐”大众的秘诀。但是，王朔还有着“大院子弟”的优越感和首

① 王朔：《王朔文集序》，见葛红兵、朱立冬：《王朔研究资料》，天津人民出版社，2005年，第48页。

② 王朔：《我看王朔》，见葛红兵、朱立冬：《王朔研究资料》，天津人民出版社，2005年，第84页。

③ 王朔：《我看王朔》，见葛红兵、朱立冬：《王朔研究资料》，天津人民出版社，2005年，第85页。

④ 见尹昌龙：《1985：延伸与转折》，谢冕，等：《百年中国文学总系》丛书，山东教育出版社，2002年。

⑤ 王朔：《我的小说》和《创作谈——王朔答问》，见葛红兵、朱立冬：《王朔研究资料》，天津人民出版社，2005年，第15、33页。

善之地的高傲，对以武侠小说、言情小说为主脉影响大陆的港台文化不太感冒，而对来自西方、进行智慧游戏的侦探小说却无甚恶感(上述提过他对毛姆等的喜爱)。他在《我看王朔》中指出了侦探小说创作的几个关键：如情节上“设连环套”，运用“反向思维”，让结局“匪夷所思”，和读者玩“智力游戏”，可见对侦探小说基本的思维方式、情节模式还是有相当的了解。所以，王朔似乎是真心实意想创作通俗的侦探小说，以求获得大众认可，赚个盆满钵满，只是，最后留下的几部作品没有取得令他满意的效果。

“单立人探案”系列包括《人莫予毒》、《枉然不供》、《人命危浅》、《无情的雨夜》、《毒手》、《各执一词》、《我是狼》等，全是中短篇，颇有传统侦探小说以侦探为焦点、诸多案件环绕的“聚散式格局”。但从传统侦探小说的基本模式看，其中的大部分作品都是不太成功的模仿秀，主要表现为“失败的侦探”形象——以谐音“山里人”为名的警察单立人。这是上述大部分作品的核心人物、当然的主角——中国侦探，承负查探各类案件的职责，不像西方古典侦探小说那样只是把官方警察作为私家侦探的陪衬。但单立人的姓名首先就被作者嘲弄，出场亮相也是衣着平凡，样貌土气。更重要的是，单立人完全没有福尔摩斯式经典侦探的智慧、学识、勇气，甚至精明、敏锐等警察应备的基本素质都欠缺。不唯才智平庸，他的性格也是软弱怯懦，甚至有些猥琐畏缩，却还常常故作聪明、自以为是。当他处理案件时，即便情况并不复杂，他也总是显得反应迟缓、疲惫不堪。单立人和案件相关当事人打交道时，所有的人似乎都比他强势：罪犯在他面前，要么气焰嚣张(如《人莫予毒》中的刘志彬、白丽)，要么巧舌如簧(如《枉然不供》中的李建平)，毫不把他放在眼里，让他颇感无奈和无力；证人或旁观者也往往对他推诿搪塞，或者冷嘲热讽(如《人莫予毒》中的旅馆女服务员)，或者视为仇雠(如《无情的雨夜》中的歌舞剧院的年轻演员们)，全对他缺乏敬畏或尊重，也使他在案件调查中处于一筹莫展的尴尬境地。警察的身份，除了在外出执行任务时，让单立人凭证件在旅馆换个不太糟糕的单间(《人莫予毒》)外，不会给他增加任何威严的气息和智慧的光环。案件虽然最后都水落石出，不过多有赖于机缘巧合或破绽明显，反而衬出单立人的窘迫和无能。在他的身上，传统侦探小说中担任“城市英雄”、“罪恶克星”角色的侦探形象被王朔完全推翻，读者看到的是一个处处被讥诮、嘲弄，时时面临生活和工作的各种窘境，有着大多数普通人弱点的凡俗一员，警察于他不过是个职业而已。中国“公安文学”中警察被赋予的崇高感、正义性和悲壮色彩，西式侦探被赋予的哲人、智者、硬汉的特性在这个形象上荡然无存。单立人这个“失败的侦探”，也不是作者借以揭露物欲横流、抨击时代污浊、感叹生存困顿、思考历史现实，行使小说社会批判功能的工具(像张策、张卫华的《警察生活录》中的刘洁，魏人笔下“刑警队长”系列中的傅冬等警察)。王朔对单立人所作的主要只是一件事——调侃和挖苦。在人物对话中，单立人及其侦探行为，几乎面临罪犯、证人、群众等所有的人有意无意地讥嘲，尴尬不已。如《枉然不供》的一个片段：单立人精心调查得到的结论，在李建平的狡辩下被不费吹灰力地推翻，十分恼怒，“他阴沉着脸对李建平说：‘我送你副对联：巧舌如簧亦枉然，水落石出终有时，横批：及早回头。’李建平说：‘我也送您副对联：办案不像炖豆腐，看事须长三只眼，横批：还得再练。’‘混蛋!’老单一拍桌子”。而在故事进程中，他的职业人生直接被叙事者所调侃，头尾难顾，狼狈不堪。如《人莫予毒》在开头就安排单立人误被认作迷奸白丽，遭刘志彬殴打，他参与调查这个案件，却被白丽引入恶毒报复刘志彬计划中的一环；虽然后来白丽伏法，但她对单立人说，“我是看你在这件事中无故受了那么多冤枉的摧残，想你和我共同去享报了仇的快乐，没想到你却这么古板、死心眼，那些伪善旧道德和跛足的法统观念在您身上的影响也忒大了。看来，我的心肠还是太软了”。俨然对单立人充满悲悯和优越感，让单立人没有胜利的喜悦。所以，“单立人探案”系列体现了王朔一贯的写作立场和文化姿态，“在王朔玩世不恭的笔触下，一切与正统意识形态话语有关的事物均遭到鄙薄，如崇高理想、政治信念、道德伦理规范，等等。社会地位不同的各色人等均是他讽刺挖苦的对象，连警察也未能幸免”①。他所运用的恰是“仿拟”、“改写”、“重述”的手法，对警察形象和及其职责、使命进行了颠覆，去拆解意识形态色彩较强的传统崇高形象、崇高价值中的一支。

然而，王朔对于警察形象的颠覆，远没有像对知识分子那般尖刻彻底、毫不留情；通过单立人的形象，读者似乎也很难像读王朔的其他小说那样，体会到方言、张明、于观等“顽主”带来的关于一代人精神和生活状态的思考；王朔更没有像博尔赫斯、罗布·格里耶、马原、余华等人所做的，在这个可怜的“失败的侦探”身上寄托时空的无限可能、“偶然”推动命运、世界荒诞无稽、暴力主宰精神等哲理命题。王朔挖苦单立人，嘲弄警察职业，刻画了他们的困窘与无奈，但是不乏善意和体谅，骨子里还是透着亲切，眼中不无温情。在王朔笔下，单立人这样的底层警察，工作平庸、生活琐碎、奔波劳累、处境卑弱，也是现代都市的三教九流之一。按照王朔的“高贵者最愚蠢，贫贱者最聪明”的价值立场，可以把他们写得可笑、可悲，但绝不会可恶、可憎。他似乎就是把单立人当作穿着警服的一个“俗人”来刻画，从他的俗形、俗性、俗事来写，这是王朔最为熟悉的。只是读者不难看出，单立人所有性格、行为皆有些停留于表象，不肯深入。毕竟，警察职业和公安工作有其特殊性、保密性，若将警察完全混同于世俗大众，就容易将他们的性格特性弱化、推理过程淡化。而在中国，侦探题材文学创作的主角就是官方警察，除非作者只是借此名义，传达其他内容和思考(像余华等先锋作家)，不然必须对这个职业领域有所了解。也许只是对题材领域浮光掠影，也许是隐有别样怀抱，声称自己的创作初衷就是写侦探小说的王朔，将单立人的性格和生活“泯然众人矣”，也就断绝了向悬念跌宕、案情离奇、故事紧张的正统侦探小说迈进的路线。但故事总要继续下去，王朔于是转移写作重点，将“单立人探案”故事带入了另外两个方向：一是市井生活百态；二是语言谐谑“狂欢”。因而将侦探小说写成了市井传闻和耍贫嘴游戏。这时的单立人，其实就成为叙事者手中的一个提线木偶，读者随着他查探案件的足迹、眼光，也穿越胡同窄巷、车站港口、旅店宾馆、公园剧院，成为市井轶闻奇事的旁观者、记录者和参与者。这就很像“口述实录”、“绝对隐私”一类的通俗读物，以窥人隐私、猎奇志异的写法取胜，以满足大众的媚俗趣味。读者看到的是：表面甜蜜恩爱的夫妻，背后却相互背叛算计，杀机暗藏(《人莫予毒》)；登徒子巧言令色，四处猎艳，杀人灭迹(《枉然不供》)；人贩子相互勾结，拐卖疯傻女子牟利(《人命危浅》)；已老的

① 袁洪庚：《转折与流变：中国当代玄学侦探小说发生论》，《文艺研究》2002年第2期，第78页。

歌舞剧院台柱，长期霸占主角位置，招来后辈的嫉恨杖击(《无情的雨夜》)；粗鲁狂躁的木匠，屡施家庭暴力，终被养子杀死(《毒手》)；女中学生被无业青年纠缠不清，承受不了各方的压力，羞而自杀(《各执一词》)。这些故事中，还频现男女偷情、爬墙窥视、旁观凑趣、街谈巷议、论人是非……当代中国都市底层的升斗小民、俗众百姓的种种庸碌烦琐生活都有所展现，其中也透出一些北京特有的市井风俗、文化韵味。自然，不论是展现世俗景象，还是采撷奇闻怪谈，作者的口吻还是一如既往的调侃。这样杂取种种、汇聚一体，并有意将正统价值观闲置的写法，就是“后现代文学”惯用的“拼凑”(“拼贴”)。不过在市井生活、民情风习的百态中，王朔已显出了一种“风俗批判”的趋势，其中《各执一词》一篇，和马尔克斯的《一桩事先张扬的凶杀案》、芥川龙之介的《罗生门》十分相似，也是采用“多声部”的叙事框架。小说没有叙述的情节，全部用证人证词、起诉书、辩护词来结构，以追索少女李飞飞自杀的真相。因立场不同，当事人、证人们各执一词，尤其具荒诞和讽刺意味的，李飞飞自杀身死被确认后，每个人的证词又和前述截然不同，而且看来都是异常合理。“众声喧哗”之中，李飞飞致死之因究竟难明，但世态人心的自私、丑陋却得以展现，对人性的剖析已是具备了一定深度。

但是“单立人探案”系列，既不是成功的侦探小说仿写，也不是深含先锋思想、寄予先锋技法的探索之作，它们没有处理好两种笔法的关系，处于通俗不像通俗、先锋不像先锋的境地，画虎类犬，自然无法像《一桩事先张扬的凶杀案》那样，达到相当的哲理和艺术高度，比起马原的《错误》和《大师》、余华的《河边的错误》和《偶然事件》，也是大大不如。如上所述，从单立人到形形色色的市井百姓，所有人的性格都趋于一致化、平面化，没有让人印象深刻、入骨三分的个性特点；对于社会风俗、生活景象的描述也都是浅尝辄止、流于表象，迎合世俗趣味，缺乏洞悉的眼光、悲悯的情怀、深刻的批判力度。是王朔不具备写人、写世态的能力吗？当然不是，他对“痞子”、“顽主”的描叙，也是活画其形、活现其神，尽现其生活状态和精神世界的细微之处。但当王朔以单立人为中心，将笔触至更为广阔的社会生活、风俗人情、奇闻轶事，并尽力将侦探故事讲完整、讲精彩时，他就碰到了后来自己认识到的问题，“想法和能力的差别”，“没料到工艺性那么高”。撰写通俗文类的有些能力，王朔确实并不具备，如要丢开熟悉的、相对狭窄的某类人群题材，走向不太熟悉、范围更大的题材领域；如要构思反常推理的智力游戏、设置紧张悬念和曲折情节；也许还要在嘴上说的通俗笔法和心中藏的先锋技巧之间犹豫不决……更重要的原因，还是他自己所说的：“炫耀写作能力”，即恣意使用“反讽”的手法，不加节制地“玩”着语言，放肆地恃才炫技，极尽调侃戏谑、插科打诨的能事，进行“语言狂欢”，直至堕入“油滑”，成为闹剧。如《枉然不供》中与李建平有染的多个女子的证词——女甲：“我是被骗的，我与李是在前年夏天买啤酒加塞儿中认识的。李经常自我吹嘘他出身名门，家里有的是钱，就没处花，说要送我串珍珠项链，说我的脖子、胸脯长得是那么科学，症状中不足的就是略显光秃、呆板、‘要是配上串珍珠项链就旖旎了’，这是他的原话。也怪我理论水平低，没有辨别真假马列主义的能力，就信了他的，跟他到他家去取项链，结果遭了他的毒手，更可气的是那串项链，我戴回去给别人看，别人说是假的，是化学的。我恨死李建平这个言行不一的骗子了。我平生最恨的就是欺骗，我认为骗是最大的恶行。党中央不也号召我们实事求是么？我们中国的事情搞不好不就是因为很多人讲话不讲实话，有李建平这样的人存在。我对李建平受到应得的惩罚拍手称快，人民政府又为人民做了件好事。你们辛苦了，同志……”这样的语言，将各种话语元素加以“拼贴”，“打破了崇高与粗鄙、幽默与油滑、政治与玩笑、真理与歪理、深刻与肤浅之间的界限”①，在“单立人探案”的多数篇章中比比皆是，和王朔大部分作品的语言属于同一风格。它们带来了“笑”，读来让人忍俊不禁，也确实能带来尖锐的“反讽”效果，消解某些假模假式，颠覆某些貌似正经，传达新的价值建构。然而，这样的语言“狂欢”，几乎出现在“单立人探案”中每一个人口中，街上游荡的小痞子、居委会的老太太、家庭妇女、中学生、教师……铺展这些语言，作者未曾仔细考虑与人物身份、处境、性格，以及与小说结构、情节的关系；在传达“反讽”意图的同时，王朔自己和小说中的人物似乎沉浸于这种语言“狂欢”带来的快感而不能自拔。过多、过滥的语言溢出，将人物、故事、结构、意义全部给淹没掉了，也转移了阅读注意，读者读完，除了能让人“图一乐儿”的那些俏皮话语外，头脑里可能别无一物。如果将《一桩事先张扬的凶杀案》和《各执一词》并置而读，那么马尔克斯叙事的精当，语言的舒缓节制，把握细节的敏锐，以及文字背后的历史、文化、人性、命运的无尽悲悯和深蕴哲思，恰是王朔“单立人探案”的一个参照。因此，“反讽”式语言的过度使用，将“后现代”的姿态玩到极致，对于志在写侦探小说的王朔来说，可说是致命的，正所谓“成也萧何，败也萧何”。

不过，《我是狼》比其他几篇有所不同。它采用的也是侦探小说的形式：小说以第一人称叙事，以海滨漂来一具女尸为探案缘由，单立人突兀出现，对“我”进行调查。这似乎是一桩情杀，女尸依稀是“我”的旧恋人周瑶。小说故事以“我”与单立人的交谈、“我”对往事的回忆交叉推进。让人惊异的是，单立人几乎知道“我”当年在北方军港与周瑶情变的一切细节，相关的人物、事件恍如他亲见。通过分析多方证据，他指出“我”生性心胸狭窄，被弃后多年怀恨，所以来此借机将周瑶淹死并伪装成自杀。然而，最后小说揭开谜底，女尸是另一自杀女子，周瑶根本未死，所有的故事不过是“我”——一个精神分裂症患者的臆想，“单立人”也是精神分裂中幻想的对话角色。“我”无意中在电视上看到他，就在幻觉中构想了这件凶案及其调查的全过程。小说以精神病人的心理活动主导探案过程，却在小说的大部分篇幅将这一线索隐藏，看似丝丝入扣、证据确凿的推理之后，真相却出人意料，这也是对侦探理性的嘲弄，对侦探文类的颠覆，有些像余华的《河边的错误》。王朔以似真实幻的写法，也设置了一个“叙事圈套”，回溯了青春岁月的往事，凸现了铭刻在心的深层记忆，渲染了复杂变异的情绪、感受，特别在不动声色间，对人的心理隐秘进行了细致地探微，这让《我是狼》在内涵和艺术上超越了“单立人探案”的其他篇章，造就了一篇不像侦探小说，但“仿拟”出特异之质的先锋佳作。尤其将单立人的形象虚设的写法，和马原在《涂满古怪图案的墙壁》中杀死“姚亮”有异曲同工之妙，似乎象征着王朔准备将自己总体不太不成功的侦探小说尝试终止。后来，王朔果然再未写过以单立人为主角的通俗侦探小说了。毕竟，能自如地掌控纯文学和通俗文学两套笔墨，并都取得较高成就的作家，中外都是凤毛麟

① 樊星：《当代文学与多维文化》，武汉大学出版社，2005年，第162页。

角，在这一点上，王朔还是心里有数的。从20世纪80年代末到20世纪90年代中期，王朔回到自己擅长的题材领域，也抛弃了在纯文学、通俗文学之间犹豫不决的心态，彻底走向满足市场需求、娱乐大众的创作模式；他和影视传媒结合，炮制出完全迎合世俗心态和大众趣味的文化商品，像煽情的《渴望》，调侃的《编辑部的故事》，从而名利双收。

除前述三位有代表性的作家之外，当代中国还有很多纯文学作家也不断采用类似侦探的题材，进行叙事方式、情节架构、话语风格的探索，寄托对宇宙时空、人类命运的哲理思考，传达对过往历史、现实世界、社会生活的观念。如另一位先锋作家格非，他的一些小说中直接出现了警察和侦探的探案、调查行动，《追忆乌攸先生》以警察对乌攸先生的追查开篇，《蚌壳》中写到警察对一件自杀案的调查，《雨季的感觉》中一个神秘侦探的到来，让几乎所有的莩庄人陷入惶惑、揣测、猜忌中。至于格非那些有影响的代表作《迷舟》、《褐色鸟群》、《青黄》、《敌人》等，即便没有警探形象出现，也无不涉及神秘的死亡事件、诡异难解的重重迷团。这些小说，几乎全部蕴涵了“解谜”或“寻找真相”的侦探式的心理结构，并以此作为小说的基本叙事框架，推动故事的进程。但格非小说中的警察、侦探只是一个道具或符号，只负责引发某些莫名其妙的事件，让某些潜藏很深的东西被激起，如“记忆”和“时间”(《追忆乌攸先生》)，如人心内部的阴暗险恶和欲望躁动(《雨季的感觉》)，在此之后就隐没不见，由警探主导的侦破行为也游离于小说叙事主体之外。格非大部分小说中的死亡(案件)往往古怪诡异，情节也离奇曲折，但那种用理性思维和逻辑推断来抽丝剥茧、层层深入地解开悬念的侦探动机和侦探行为，恰好是格非试图给完全搅乱打散、引向混沌迷茫的对象。格非受博尔赫斯的影响，也将现实看做“偶然性的松散事实的总和”(而并非具有戏剧性)”①，看做无法捉摸的“迷宫”。他的一些代表作，运用典型的博尔赫斯式的小说观念和写法——构筑“迷宫”、制造“空缺”、拆分意义。他把所有的现实、时间、记忆、情绪、心理都放入神秘莫测的氛围，将时序颠倒错漏，让因果相互抵牾，事件真假难辨，虚实交错重叠，故事像“迷宫”一样循环往复，又不时中断并出现“空缺”，文中人物、叙事者也都陷入其中，兜兜转转，迷茫无措，读者也不免被弄得不知所谓。在这些小说中，历史的记忆、人生的经验、现实的感受、语词的本源……各种悬念、疑惑始终难解：“我”是在回忆，还是在虚无地臆想？“我”与“棋”、与穿栗色靴子女人是什么关系？三人之间发生了什么故事？那个被自行车撞死的人是谁(《褐色鸟群》)？“萧”去榆关而致死，真实原因到底是向敌军传信，还是去看望被阉割的旧情人“杏”(《迷舟》)？“青黄”一词的背后，牵涉了哪些被湮没的人和事，蕴涵了怎样的历史秘辛(《青黄》)？那个来莩庄的侦探是来抓向日军泄密的间谍，还是接受了参加婚宴的邀请(《雨季的感觉》)？造成赵家众人连环死亡的元凶究竟是什么？(《敌人》)？作者未对这些问题作出明确回答，甚至连暗示都欠缺：一切皆有可能，或者皆不可能，任何想要寻找真相的侦探式企图最终只会陷进“怪圈”，走入“迷舟”。可见，格非的小说大多传达了作者受博尔赫斯的影响形成的观念：从外部世界到人的内心，从过去经历到现实人生，从生活体验到知识文化，根本就

① 格非：《小说叙事研究》，清华大学出版社，2002年，第9页。

是充满错乱，没有条理可言，完全不能置信，人类走不出这些“迷宫”，越不过种种“空缺”，也找不到任何的谜底。同时，格非的叙事方式，也与“故事呈现的生活史构成隐喻关系——对不完整的生活的‘不完整’的讲述……他概括了格非对生活史，乃至对生存现实的的感受，对生活的历史起源的缺乏，对生活现实的内在性的丧失的特殊认识。这一切无法通过对现实的直接描写，而是通过远离现实的形式实验来表达”①。正是从形式的实验、哲理的思考、“迷宫”的结构、叙事的“空缺”、开放的结局等方面，格非的小说显示了鲜明的“玄学侦探小说”特征，也表现了立足本土和自我的文学立场。但是，由于模仿博尔赫斯太甚，格非的小说也存在先验理念、叙述游戏对故事和人物形成遮蔽的问题，整体风格过于晦涩，可读性比较欠缺，所以即便是深蕴某些侦探文类的特性，也暗暗对应中国的历史和现实，却不能引起世俗大众的阅读注意。

再如，“新写实”的代表作家之一方方，她在20世纪90年代也创作了两篇类似侦探小说的作品：《行为艺术》和《埋伏》，前者被作者自认是最喜欢的作品之一②，后者曾被拍摄为同名电影而广为人知。两篇小说分别以民警小部、钢厂保卫干事叶民主为主角，以刑事案件的探查作为线索铺排情节，逻辑严密，因果完整，案件最后皆水落石出。《行为艺术》案涉警察强奸弱女、夺人妻室，所以遭人复仇被杀；其子杨高长大后成为警局重案组长，最终将此案侦破，为父雪恨。小说以参与案件的小部为第一人称来叙事，心理叙事和实录记载交错，一件尘封多年的情杀案逐渐展现其来龙去脉，如卷宗一般清晰。《埋伏》讲述了叶民主协助警方埋伏，监视抢劫杀人团伙的据点，辛苦守候，终立大功，让犯罪团伙全部就擒的故事。在全知的第三人称视角观照下，笔墨写实又略带诙谐，流畅自如之中，前因后果一目了然。但这两部小说的主体并非警察探案、惩恶缉凶的过程，而是与之并行的另一故事脉络。《行为艺术》的主旨就是——“行为艺术”。女艺术家飘云将自杀与被救、杀人和被杀、犯罪与惩诫，以及爱情、职责、正义等人生内容和价值意义，统统视为“艺术”；她把身边所有的人和事引进“艺术”创作的过程中，自己也成为别人“艺术”的对象。看似荒诞揶揄的故事，其实有着作者的冷峻思考：既然人生的一切就是“行为艺术”，都是可以被编排、策划、创作的，都是随机的、偶然、不可测的；每个人在不知不觉中，都可能被当做别人“行为艺术”的对象，那么“真实”和“艺术”(虚幻)的界限在那里？人类还能相信什么“真实”？“个人”和“他者”是怎样的关系？每个人的主体性在那里？小说也就在写实的表象下，寄托了形而上的哲理思索、冷峻的人性逼视、深切的命运拷问。《埋伏》则运用“零度叙事”的笔法，不动声色地展现叶民主这个凡俗小人物的性格、情感、生活：他平庸卑琐、满嘴怪话、缺钱少权，又不乏良知、义气、坚执；他的事业遭人轻视，爱情遇到危机，生活充满了琐屑、浑噩、无奈。就是这样的小人物，却因别人一个无意的工作失误，反而成为侦破重大案件的第一功臣，让他卑微的人生似乎绽放出光彩，他的爱情似乎也被挽回。叶民主的“埋伏”经历，表现了“偶然”播弄人生、“错误”主宰命运的哲理，这与前述中外“玄学侦探小

① 陈晓明：《无望的救赎：从形式到历史》，见王晓明：《二十世纪中国文学史论》，东方出版中心，1997年，第426页。

② 方方：《方方文集·埋伏·自序》，江苏文艺出版社，1995年，第1页。

说”的核心题旨相似。但《埋伏》的独特之处，似乎是它所带有的喜剧色彩：叶民主爱调侃戏谑、说俏皮话，他调侃自己的工作、调侃同事领导，也调侃政治、调侃性，并为此自得；叶民主的“埋伏”过程也并不惊险，无聊难熬中还有“带荤”的调剂(如可以偷窥到一对偷情男女的“现场直播”)，让他颇为期待；加上让人哭笑不得的结局，让读者在感到荒唐之余也情不自禁地发笑。然而，《埋伏》的调侃和王朔的“单立人探案”不同，它为人物性格服务，且适可而止，方方所用的正是“反讽”和“黑色幽默”的笔法，搞笑、调侃下更隐含了悲凉之意和灰色基调——这是“含泪的笑”：叶民主的调侃是反抗生活困境的武器，卑弱无力；当科长因肝癌不得不退出“埋伏”，叶民主只有一人坚守。他“埋伏”在孤独的山上，困住狡猾罪犯的行动，但无人记得他，女友也正面临其他男人的引诱。如果不是叶民主冒泄密风险告知女友，而女友对他尚有余情的话，那么看来可有可无的“埋伏”任务几可将他逼入绝路。在叶民主的身上，方方书写了小人物被支配、被愚弄、被忽略的悲剧命运，勾画了他们处于社会底层的无奈、困顿、挣扎、屈服，批判了在看似无事、琐碎平凡的生活表相下，权力体制、社会等级、司法缺陷对人的漠视和挤压，同时也表现了底层人群顽强的生存力量，这使小说蕴涵了一股较浓的悲悯色彩。

此外，还有一些纯文学作家的小说创作，也或隐或显地运用类似侦探的题材，用破解迷团、追寻真相的结构来铺叙故事，如叶兆言的《今夜星光灿烂》、苏童的《养蜂人，你好》、陈染的《沙漏街卜语》、范小青的《天砚》、刘醒龙的《威风凛凛》、北村的《聒噪者说》、潘军的《南方的情绪》等。这些作品的大多数，与前述博尔赫斯、余华等人创作的“玄学侦探小说”类似，在对传统侦探小说的“仿拟”、颠覆和改写中，另外抒发了自我“小众化”的创作意图和先锋的艺术追求。这些中国的“玄学侦探小说”当然不可能像《福尔摩斯探案》那样风行世界、历久不衰，也不及海岩作品在当代中国的畅销效应。但先锋作家、纯文学作家们创作“玄学侦探小说”，确实有意无意在拆除雅俗界限、文类壁垒，他们通过引入侦探文类的某些内容、形式元素，丰富了自己小说的内在蕴涵和艺术技巧，增加了对死亡、暴力、杀戮、犯罪等恒久的文学命题的表现力。这些作家也通过“玄学侦探小说”的创作，拓展了中国当代小说创作的题材范围，呼应了世界文学整体发展格局中新异独特的一支；在相当大的程度上，余华、马原、格非等人对“玄学侦探小说”的创作，不光在思想理念、艺术探索上和博尔赫斯、马尔克斯等小说大师进行了融通与对话，更显示出立足本土历史文化传统、植根自身现实生活体验的独特品质，具有不容小觑的文学价值。同时，先锋作家、纯文学作家在侦探题材中所注入的前卫意识、叙述创新，也带给中国侦探小说作家(或“公安文学”、“法制文学”作家)以观念、写法上的启发，可能促使这种通俗文类在内涵和艺术上进一步得到提升。读者当不难看到，“公安作家”胡玥的《墨吏》中对人性之恶的冷峻观照、整体营造的心理氛围，就超越了通俗层面，颇具纯文学味道；而几乎所有警探都被卷入夺枪杀人案，相互牵扯，也如“迷宫”般难解，博尔赫斯的影子隐隐存在①。也许，“玄学侦探小说”在中国

① 在某些私下场合，胡玥表示过对博尔赫斯的喜爱和钦仰，见胡玥：《我看见了博尔赫斯》，(博客文章)，(http：//blog. police. com. cn/more. asp? name=huyue&id=5354).

出现，且作品众多，还超越了文学层面，具备某些社会文化心理的意义。它们“颠覆了常规侦探小说模式，也拒绝了本土文化中的强权意识。颠覆和拒绝的结果是作品所表现的犯罪—侦查—惩罚的主题逐渐由公众事务变为与社会发生某种联系的个人私事”①。与17年“反特小说”、新时期以来的“公安文学”等相比，这是中国“玄学侦探小说”的最大不同和根本突破。它们摆脱政治束缚、破除道德虚饰，让中国的“类侦探”小说从宣扬阶级斗争、服务公共安全、呼吁社会稳定的“宏大叙述”，变为只涉足抽象玄思、话语形式的“哲理叙述”，或者转向针对个人命运、心理隐秘的“私人叙述”，从而在这个最具“强权意识”或者“规训功能”的文类上，表达了对“个人”的生存状况、精神世界、人生命运的深切关注，如余华在《河边的错误》、王朔在《我是狼》、方方在《埋伏》中所做的那样。而这种叙述立场，似乎也是西方侦探小说在通俗外衣下蕴涵的、与纯文学传统共通的一种基本精神，从爱伦·坡、阿加莎·克里斯蒂，到“硬派侦探小说”、“心理悬念侦探小说”，莫不是如此。也正是在这一点，中国作家们立足本土创作的“玄学侦探小说”，对于中国以“公安文学”、“法制文学”等为名的“类侦探”小说具有更大的启发意义。

当然，中国“玄学侦探小说”也有着很多缺憾：其一，作者创作多借鉴博尔赫斯、罗布·格里耶、马尔克斯等的学说和作品，有时却食洋不化，外来理念和技巧有时反而成为把作者自己绕进去的“圈套”，无法自圆其说。其二，多数作品的哲理内涵、人性审视和知识容量都略显单薄，不够大气，或者只是照搬外来师承，或者未能达到博尔赫斯等人的“玄学侦探小说”名作那样的高度。其三，很多作品一味设置叙事“迷宫”和“圈套”，玩弄形式游戏，让人不知所云，故事流于晦涩，可读性较差，不能造就更广泛的影响。尤其第三点，更是中外“玄学侦探小说”最大的区别，在博尔赫斯的《死亡与指南针》、马尔克斯的《一桩事先张扬的凶杀案》、埃科的《玫瑰之名》等小说中，“迷宫”架构和“偶然”玄思，往往通过紧张的悬念、传奇性的故事、刺激的情节、丰富的知识来表现，很能激起读者的阅读兴趣；这些小说的叙事和结构虽错杂分岔，语言却通畅流利，读来不致黏滞艰涩；小说中的人物也没有被哲理和叙事所遮蔽，像自以为是的侦探伦罗特(《死亡与指南针》)，坚韧睿智的威廉教士(《玫瑰之约》)，深藏隐秘、行为怪异的安赫拉(《一桩事先张扬的凶杀案》)，等等，都让读者印象深刻。博尔赫斯、马尔克斯等人“仿拟”侦探小说，颠覆的多是时空观念、小说思维，对于通俗文类的表达技巧却运用圆熟、组接自如，有的故事出人意表，比通俗小说更让人啧啧称奇(如《交叉小径的花园》)，很具可读性。他们的“玄学侦探小说”因此跨越雅俗界限，获得了更多更广的读者群。在这一点上，除余华等少数作家外，大多数的中国“玄学侦探小说”作家则要逊色几分，有些作家也希望能突破这一壁障，在先锋与通俗、超越与普及之间找到平衡和交融，如马原、王朔等，只是最后大多事与愿违。

① 袁洪庚：《转折与流变：中国当代玄学侦探小说发生论》，《文艺研究》2002年第2期，第81页。

第三节 先锋、红色、通俗三位一体的文类密码

——对麦家两部代表作的解读

进入21世纪不久，麦家的两部长篇小说《解密》、《暗算》接连出版，引起了文坛的瞩目和较高的评价(获得多个重要奖项，如《暗算》获第七届“茅盾文学奖”)，也激发了世俗大众的阅读关注，特别是《暗算》被翻拍为同名电视剧后，更让麦家小说受到热捧、广为人知。这两部长篇小说，加上后来的《风声》等，被冠以“特情小说”、“悬疑反特小说”、“密室小说”、“新智力小说”、“谍战小说”、“新红色经典”等不一而足的称谓。命名的多样，说明了麦家小说在题材、内涵、技巧上所呈现的复杂面貌，用“茅盾文学奖”评委陈晓明的话来说，即“像是侦探小说、间谍小说、恐怖小说的变种，一种新型而独特的种属，或者说一种四不像的写作怪物。麦家的小说可以看出有一种形而上的哲学意味与大众侦探小说的糅合，或者说是博尔赫斯与希区柯克或者斯蒂芬·金的糅合”①。所谓“形而上”与“大众侦探”的“糅合”的评价，似乎颇合“玄学侦探小说”的基本特质。实际上，麦家小说虽并不以侦探或警察作为主人公，也根本不写刑事犯罪案件的侦破，但其把“密码”作为核心意象，铺排特殊战线的破译、监听、潜伏、谍报等各种活动，隐秘重重、诡异难测、出人意表，大致对应了侦探小说“设谜—解谜”、寻找真相的基本心理结构；同时，麦家在自我指涉、“众声喧哗”、纵横穿插的叙事进程中，让自己笔下的“密码”寄寓了“迷宫”式神秘深玄的形而上思考，亦触及“偶然”等哲理命题，投射了对人生的追索、命运的思考，与博尔赫斯、马原、余华等人涉笔侦探题材的作品大为相似。然而，麦家小说在当下跨越雅俗的畅销效应，与20世纪八九十年代以“先锋”为骨的中国“玄学侦探小说”的曲高和寡形成强烈反差，似乎还蕴涵着别样的机巧和奥秘。

像多数功成名就的作家一样，麦家成名之后，在诸多访谈、自述、杂感中，或主动或被动地谈到对自己产生影响的一些外国作家，其中屡被提及的就是博尔赫斯。麦家将博尔赫斯视为“心中的英雄”，感激博氏书籍带给自己“光荣和幸福”；他至为推崇的，是博尔赫斯小说体现出的“难度”和“技艺”②。在麦家看来，博尔赫斯的“难度”，在于其制造了一个“怀疑”的世界，“一个神秘又精致，遥远又真切的世界。这个世界是水做的，但又是火做的，因而也是无限的、复杂的，它由一切过去的、现在的和将来的事物交织而成”，而读者“仿佛就是交织的网中的一个点、一根线、一眼孔”，在阅读中被“扯进了一个无限神秘怪诞的，充满虚幻又不乏真实的，既像地狱又像天堂的迷宫中”③。奇妙的是，博尔赫斯“用来制造小说的材料是有限的，不复杂的：简单的故事，古老的身影，甚至常常出现雷同的东西。但他给读者留下的感觉却是无限的复杂，无限的多，经常多得让我们感到一下子拿不下，仿佛他随时都在提供新东西，而那些东西总

---

① 陈晓明：《麦家小说里的黑暗与光》，《中华读书报》(第11版)，2008年11月5日。

② 麦家：《小说是手工艺品》，《当代文坛》2007年第4期，第40~41页。

③ 麦家：《博尔赫斯和我》，《麦家文集·人生中途》，浙江文艺出版社，2009年，第6页。

是那么深不可测，采之不尽”①。麦家认为，这样的阅读效果是“更复杂、深秘”的叙述“技艺”造就的，博尔赫斯“常常把什么都推到你的眼前，看上去一切都活蹦乱跳的，似乎伸手可及，却又永远抓不着”②，使小说宛如游戏、带着魔幻，让读者进入目眩神迷、充满迷惑的“迷宫”，又情不自禁地想去揭开其中的深奥之秘。在《解密》的开头，麦家还直接引用博尔赫斯《神曲》中的一句话作为题签：“所谓偶然，只不过是我们对复杂的命运机器的无知罢了”。除博尔赫斯外，麦家也表达了对纳博科夫、卡夫卡、马尔克斯等的尊敬，其立足点仍是“难度”③。正是获益于博尔赫斯等外国作家的滋养，麦家的创作致力于用非常态的“技艺”，追求精神观念、叙事技巧、艺术探索上的“难度”；《解密》、《暗算》等小说，似乎也常常让人产生曲径通幽、如坠迷宫的感觉，它们展示出智性化的小说思维，又笼罩着浓密的神秘色彩，非智性所能完全涵盖。从这一点看，麦家无疑表达了一种先锋的创作姿态，获得了评论界的普遍首肯。

《解密》、《暗算》的先锋性，首先由它们的叙事来呈现。本来，像这种表现特殊年代敌我斗争的长篇小说，很容易走入两种创作路向：一是利用所谓“革命历史题材”，采取“宏大叙事”的框架，描绘革命英雄的群像及突出人物，以舒卷时代风云、铺展社会变迁、抒发历史感慨，像“17 年”的《红旗谱》、《红日》、《保卫延安》等；二是用个体视角或文化眼光，反观和重构历史，在个人人生轨迹、命运遭际的喟叹中，辐射家国变迁，追溯社会文化的沿革，寄托对道德人伦、世道人心的反思，阐发独特的文化立场、道德判断，如《历史的天空》、《亮剑》等。这两种创作路向，往往使用顺序分明的线性叙事、知微见著的全知叙事，以求对历史和人生的全面观照。《解密》和《暗算》的叙事流程却不同于以上两者。《解密》表面上以“起、承、转、合”的话本传统来安排结构，但是，在开端“起”用全知视角交代容家的传奇背景之后，叙事者就化为类似记者的身份，去进行多方访谈，搜集人物行状，追寻秘闻遗事，小说的主体由此呈现为多角度、多声部的叙事笔调。通过叙事者自己对人物生平事迹的提炼、转述，贯通了容先生、郑局长、小翟、严实、希伊斯夫人范丽丽等人的口述记录，破译天才容金珍的人生经历、命运悲剧全面而细微地铺展于读者眼前：诡异惊心的出生，孤寂的少年时光，不凡的学习岁月，与希伊斯之间亦师、亦友、亦敌的关系，被秘密抽调后的音迹杳无，在 701 立下不能公诸于众的传奇功绩，以及最后因笔记本被窃而变疯……与此同时，叙事者又不断插入对自己访谈行踪、创作心路的记述；最后，还言犹未尽地加上“外一篇”，“解密”容金珍留下的唯一已解密的笔记本，让人物自己将混乱零散的自白、自我意识展现于读者眼前。这样多视角、多声部、时序往复的叙事安排，串联成一张交叉错杂的叙事网络，“将单一的故事丰富化，将缺少动作性的人物立体化”④，对应着容金珍人生的不同阶段，从行为表象到心理深处剖开其人生隐秘；既各有侧重、细节详至，又互为补

① 麦家：《博尔赫斯和我》，《麦家文集·人生中途》，浙江文艺出版社，2009 年，第 8 页。

② 麦家：《博尔赫斯和我》，《麦家文集·人生中途》，浙江文艺出版社，2009 年，第 8~9 页。

③ 《茅盾文学奖新晋得主麦家：畏风的捕风者》，侨报网（www.usqiaobao.com），2009 年 1 月 9 日。

④ 张志忠：《〈解密〉：破解心灵迷宫的奥秘》，《当代文坛》2004 年第 5 期，第 40 页。

充、环环相扣；看似言之凿凿，真实有据，又好像迷雾重重，虚实难辨。正因为此，《解密》略显出了类似《一桩事先张扬的凶杀案》的全景风格，又稍带有博尔赫斯式的“迷宫”色彩。到了《暗算》，麦家的笔法更加从容余裕，少有刻意雕琢的痕迹，然而先锋的味道仍浓。《暗算》依然以引述见证者访谈的口吻，再现了阿炳、黄依依、陈二湖、韦夫、林英等人的故事。小说由“听风者”、“看风者”、“捕风者”三部分组成，宛若几部中篇小说的汇聚，特别单位 701 及其侦听、破密、谍战等工作仍是贯通全书的主要线索，它使叙事前后勾连、逻辑完整、形散神聚、不嫌杂乱。但 701 单位在小说中更为重要的功能，则是以其隐秘机密、常人难以了解的各种工作，作为始终存在的核心故事背景，让全书的神秘氛围贯穿始终。在开端的“序”中，叙事者再次将自我置入，神秘兮兮地交代了创作本书的因由，是“源自我的一次奇特的邂逅”，这邂逅将“我”——“墨镜记者”或者“麦家”，带向了神秘的 701，由此建立了与本书的“源头关系”；这邂逅也“把我从根本上改变了，”使“现在的我，以写作为乐，为荣，为苦，为父母，为孩子，为一切……这是我的命运，我无从选择”。“我”的创作是“偶然”造就，又是冥冥不可知的力量所驱使，似乎命中注定，“我”在展现 701 特工们的“秘密，神奇，性感”，以及“命运的辛酸和无奈”之时，自己的命运也因此改变。在此，读者不难发现当年马原所擅用的叙事技巧。此外，《暗算》使用多声部访谈的形式叙事，比《解密》更为繁复多样：陈二湖的故事，就是由其徒施国光的日记，及施国光与其女陈思思、其子陈思兵的通信组成；701 行动局利用肺炎致死的北越士兵韦夫李代桃僵，伪装成南越海军军官胡海洋的尸体，向美军传递迷惑性情报的故事，则是通过韦夫的“灵魂之说”娓娓道来，别有灵异诡奇的风格(方方的《风景》的基本叙事架构也是如此)。所以《解密》和《暗算》的叙事基调，一方面，像诸多论者所称道的，以精密纵深的逻辑取胜，“在尽可能小的范围内，将条件尽可能简化，压缩成抽象的逻辑……向着目标一步一步走近——这是一条狭路，也是被他自己限制的，但正因为狭，于是直向纵深处，就像刀锋”①；另一方面，又像博尔赫斯的“迷宫”那样神秘错杂、交叉分岔，好似麦家故意设置的叙事密码，它们挑战着读者的阅读智慧，激发读者拨开神秘之雾、在“众声喧哗”中梳理故事脉络、寻找人物命运轨迹的兴趣。小说因此也体现了麦家追求小说“难度”和“技艺”的努力，它们并非无源无本的独创，而是深受博尔赫斯等人思想作品的影响，和中国先锋文学也有着不可割裂的关联。

《解密》和《暗算》更为突出的先锋意味，则是在“特情”题材、“密码”意象和“解密”过程的表象下，蕴涵着对世界的神秘、命运的荒诞、人生的无常的深切思索。众所周知，密码的理论根基主要来自于数学，这是几乎可以视做一切自然科学之母的科学，也是代表着人类的高超智慧、闪耀着严密的理性之光、试图勾勒出宇宙基本符号和最终奥秘的科学之一。就如《解密》中郑局长所阐释的，密码是“由几个简单的阿拉伯数字演绎的秘密”，它带来“最最高级的厮杀和搏斗”，而麦家笔下的“造密”、“解密”高手，如容金珍、希伊斯、黄依依、陈二湖，多是聪明绝顶的数学天才，容金珍甚至具备在前卫

① 王安忆语，见麦家的长篇小说《风声》一书封底的文字，南海出版公司，2007 年，转引自谢有顺：《从密室到旷野——麦家、〈风声〉与中国当代小说的可能性》，《文艺争鸣》，2008 年第 1 期。

的人工智能领域获得造诣的绝佳潜力。但也正是这密码，却对智慧、理性，以及高贵而神圣的科学探索，进行了最恶毒的嘲弄和毁坏。麦家通过多处不同的口吻，阐述了对密码的认识。在《解密》中，作为“紫密”的制作者，希伊斯痛陈，“不论是制造密码，还是破译密码，密码的本质是反科学、反文明的，是人类毒杀科学和科学家的阴谋和陷阱。这里面需要智慧，但却是魔鬼的智慧，只会使人变得更加奸诈、邪恶；这里面充满挑战，但却是无聊的挑战，对人类进步一无是处”。把容金珍亲自带进 701 的郑局长说，密码把“人类大批精英圈在一起似乎不是要使用他们的天才，而只是想叫他们活活憋死，悄悄埋葬”，所以“破译事业是人类最残酷的事业”。叙事者则将容金珍踏入 701 工作称做“是一个阴谋，一个阴谋中的阴谋”。而在《暗算》中，钱局长直指密码的“反人性”本质，它“孤独”、“阴暗”，“是人间最大的诈”，破译密码就像“听死人的心跳声”，需要一颗“恶毒的心”。陈二湖点出了密码混淆所有常态的险恶之处，“在密码世界里，没有肉眼看得到的东西，眼睛看到是什么，结果往往肯定不是什么，你肯定不是你，我肯定不是我，桌子肯定不是桌子，黑板肯定不是黑板，今天肯定不是今天，阳光肯定不是阳光。世上的东西就是这样，最复杂的往往就是最简单的”。这些言语，表面上说的是密码，但却隐含了作者对这个世界的基本看法，和余华在《虚伪的作品》中所论的“文明”和“秩序”之下，“混乱”和“暴力”才是最大真实的观点颇为相似，也令人不禁想起博尔赫斯笔下有着无限可能的时空“迷宫”、知识“迷宫”。也许，世界之于人类很大程度上就是异己的、反人性的，它那些呈现在人眼前似乎井然有序的表象都像是“密面”，背后都隐藏着深不可测的奥秘或阴谋，暗含交叉小径的各种方向，混乱无比，人类想要通过理性推断和逻辑演算去揭示这些奥秘或阴谋，有太多的艰难和不可能。而最适合破解这些奥秘的，似乎唯有疯子，或是与疯子只有一线之隔的天才。他们能够“解密”，靠的也是疯子似的梦境、呓语、癫狂、迷幻、直觉、通灵……毫不循规蹈矩、宛如神谕的状态。近几个世纪以来，从尼采、弗洛伊德、克罗齐，到福柯、德里达等，从各种非理性主义哲学、精神分析理论，到后现代主义诸派学说，人类就是不断运用在传统理性看来近乎疯狂的天才构想，对世界进行了重新认识和重新“解密”，像容金珍梦中从门捷列夫那里获得启示，陈二湖在梦话中说出破密线索，黄依依为了解救两个卑琐男人(或为了奔放的欲望)而破译“乌密”，阿炳如鬼怪般不可思议的“听风”天赋。但破解了“紫密”，还有“黑密”；破解了“乌密一号”，还有“乌密二号”、还有“火密”，这该死的密码总是层出不穷。它们折磨着破译天才的精神，啮咬着他们的灵魂。如书中所述，再杰出的天才，“一个人只能制造或破译一部密码”，试图进行新的挑战，最后的结局就是真正变成疯子，如棋疯子、容金珍。这和人类对于世界的认识过程多么相像！人类发展了科学，创造了知识，一次次解开了宇宙万物的某些谜底，却一次次陷入更多、更深的谜团；人类解开的谜底越多，却愈加发现自己的无知和迷茫；这是人类永难摆脱的宿命，想要把握绝对真理，却最终走向疯狂，如尼采。也许，世界的本质就是一个包容所有的巨大“迷宫”，一座博尔赫斯笔下的“通天塔图书馆”，人类经过努力或者经过机缘巧合，有时会开启几扇门、打通几条路，但它的终极奥秘和最后谜底却始终藏于层层机关、无穷岔道之中，任谁都无法彻底揭开。它代表了一种神性，充满了让人膜拜、又让人恐怖的力量，爱因斯坦称之为“奥妙的经验”、“最深奥的理性”，人类只可窥见一鳞半爪，对它的尊崇让爱因斯坦树立了“宗教感情”①。《解密》中的容金珍在变疯前，也出现了类似于神谕的幻觉，它将“复杂”和“完整”、“美好”与“罪恶”、“善良”与“可怕”集于一身。当容金珍准备顺从这神性时，他的心灵变得“透彻而轻松”；但当他又不甘地要抗拒“神的法律不公正”时，他脆弱的精神轰然崩毁。其实，容金珍的传奇人生和最终命运，本就充满了神性色彩。特别是“外一篇”中自我的内心袒露，有的直接就从《圣经》中拿来，多数也像教徒的虔诚告白，如“我见天光之下所作的一切事，都是虚空，都是捕风。弯曲的不能变直，缺少的不能足数。我心里议论说，我得了大智慧，胜过我以前在耶路撒冷的众人，而且我心中多经历智慧和知识。我又专心查明智慧、狂妄和愚昧，乃知这也是捕风。因为多有智慧、就多有愁烦；加增知识，就加增忧伤”。还有“天光之下，事物都是上帝安排的”，“神说，天光之下无圆满”等呓语。这与西洋老爹爹对容金珍自幼的基督教熏陶有关，更是他从事的职业所决定的，他的偶像亚山的密码巨著就叫《天书》(或《神写下的文字》)，破译密码就是解读“天书”和“神言”。但在中西宗教传统中，都有天机难测、神威莫犯的禁忌，除非神明谕示，任何妄窥天机、妄言神意的行为，将遭到神明的惩处。在那样严密的保护措施下，容金珍被一个小偷“无意间的轻轻一击打倒”，其荒诞、神秘之处，也许不是严实所说的“天才的脆弱”，而是他违反了一人只能破译一部密码的定律，触犯了神的权威。那高高在上的冥冥之手在梦中给他启示，造就了他破解“紫密”的功绩，也在他试图再窥天机时，用“偶然”猝然将他打入疯狂。容金珍的悲剧，也许会带来这样的启示：人类在探索宇宙的奥秘、世界的真相时，应保留一颗敬畏之心，顺应天道，自以为掌控一切的狂妄，及无知自大的冒犯，往往带来无法预测的天谴，多少个人生和人类历史的悲剧就由此产生。从这一点看，容金珍因“解密”而获得的辉煌与毁灭(也包括阿炳、黄依依、陈二湖等)，确实表现了一种高超的“智性”，它和情节表象上逻辑推理、数学演算的智慧毫无关系，指向的是这大千世界的终极奥义，以及茫茫宇宙的最高神性；它玄妙混沌、难以破解，又无所不在，包容着“一切欢乐，一切苦难，一切希望，一切绝望，一切天堂，一切地狱……”既截然对立，又密不可分的范畴。麦家在这里所寄寓的的哲理思索，也正和博尔赫斯、余华等人“玄学侦探小说”中的意蕴多有相似，其中甚至还隐隐透出悲天悯人的宗教意味，使得小说的内涵更显丰富。

正是那永远不可捉摸、无法企及的神性，使得麦家笔下的人物事迹也如同密码一样荒唐离奇、诡异莫测，它们比“黑密”、“乌密”更难破译。在人前，容金珍云淡风轻地看闲书、下棋，给人圆梦，无所事事，有违职守；在人后，他却冒破译之大不韪，在凶险异常的《世界密码史》中，寻觅两个必然之线的交叉，从不似中找相似、残缺中找完美，用疯狂来尽展天才的智慧，终在门捷列夫之梦中“无意”找到破解“紫密”的密锁。而他穷极心智不能破解的“黑密”，其关键恰是没有上锁，最复杂的也即最简单的，天才的容金珍被这最简单难倒；“偶然”的一次不太高明的普通盗窃，更将他击得粉碎。阿炳有超凡的听力，可以神奇地捕捉到所有稍纵即逝的电波，却也让他听出孩子不是自

① (美)爱因斯坦：《我的世界观》，《爱因斯坦文集》(第3卷)，许良英、赵中立、张宣三，编译．北京：商务印书馆，1979年。

己所生的真相，不谙世事的他只有自杀。同样天才的黄依依破解了“乌密”，这样的功劳，足以让她通过组织的力量，解决与几个男人的风流韵事；可恰是情人前妻“偶然”的恶作剧动作，让她殒身于厕所的弹簧门，这时她刚刚为情人堕胎。陈二湖在701“红墙”中的破译工作功绩赫赫，出了“红墙”却如老年痴呆；以围棋为爱好横扫周边后，棋力又惊人衰退，直到回到“红墙”精神状态才恢复正常，但很快溘然而逝。一介女流的特工林英，代号“鸽子”隐身于魔窟，以其聪慧睿智、沉着坚韧，完成一次次危险任务，却在生孩子时，因昏迷中无意识呼唤牺牲爱人的名字而暴露。麦家小说中这些主人公，既有天才、智者、天使、英雄的特质，又杂糅着疯子、痴愚、魔女、凡人的品性；他们在“听风”、“看风”、“捕风”的秘密领域中禀赋特异、宛若神人般可敬可叹，却在普通的人情世故、凡俗生活中举步维艰，如同孩童可笑可悲；他们为特情事业倾尽天才、智慧、家庭，乃至生命，立下不亚于制造原子弹的神圣功绩，但其工作更加深了人类之间的谲诈和算计，且大多数也因这工作，而导致人生结局悲凉、功劳鲜为人知；他们的命运轨迹，好像都被“偶然”和“无意”捉弄，其中也蕴涵着不可抗拒的“必然”和“宿命”……麦家更为着力设置的，其实是人生和命运的“密码”，指向了人类“认识你自己”的永恒之谜。这个密码充满着无数对立、交叉、悖谬、融合的元素，错杂繁复不比世界的“迷宫”逊色。麦家小说的主人公们没有一个能破解自己的人生密码，走出命运的迷途；虽然两部小说中，不断有不同叙事角度的评说、议论、叹息，表达了作者对主人公命运的哲理思考，但也没有真正提供“人的密码”最后的谜底。不光是容金珍、阿炳、黄依依、陈二湖等人，即便是作者、读者，乃至所有的人，谁又能说已经彻底洞悉了自我和人类的“密码”呢？所以《解密》、《暗算》特异隐密的题材下，容金珍等的命运看起来荒诞、神秘、离奇，却又那么的真实、确切、可信，能够辐射到每一个人身上，让人们对自己的人生进行自省和反观。麦家在书中借受访者之口，将容金珍、阿炳等的人生悲剧，归结于天才的珍贵易碎，归结于他们和普通人情、世俗社会的格格不入，这似乎是麦家故意将读者引向人生的迷宫。也许无关身份、道德、学识、人性等的差异，每一个人的人生之路，都可能交织着必然和偶然、有意和无意、善与恶、智与傻、简单与复杂、理性与疯狂、光荣与丑陋、神性与兽性……人们总在追求、选择、规避、调整，试图将命运“密码”掌握于己手，结果却依然难免迷失方向，坠入不可知的命运“暗道”①、“洞穴”、“陷阱”②之中。人生的无常、命运的荒诞，或多或少会在每一个人身上上演，似乎谁都难以摆脱。麦家通过“人的密码”与世界“迷宫”的对应，叠加进对人生、命运的哲思和感慨，使得《解密》和《暗算》显示出更深一层的智性因素，也传达出作家对人类自身的悲悯色彩。

然而，《解密》和《暗算》既获得了文坛和学术界一片赞誉，又在世俗社会广受关注，小众化的先锋技法、先锋意识，不全是这两部小说的“密码”所在。从文本自身的构成和读者的接受反应来看，再推及当下的文化环境，《解密》和《暗算》其实还兼有“主旋律”的品格和通俗文学、大众文化的元素，可以视做先锋文学、主旋律文学、通俗文学

---

① 洪治纲：《文坛关注 · 麦家专辑-主持人语》，《当代文坛》2004年第5期，第29页。

② 朱向前：《〈解密〉：对先锋小说的修正和冲刺》，《南方文坛》，2004年第2期，第40页。

的文类融合。首先，将麦家的多数作品称做“新红色经典”是大有道理的，这不仅仅是指它们所涉及的题材领域，大多是曾经的“红色岁月”，而且是由作者的某些基本的写作立场和动机所决定的。在这一点上，麦家的小说和以往的中西“玄学侦探小说”有很大不同。无论是博尔赫斯、罗布·格里耶、埃科等，还是马原、余华、王朔、格非等，他们创作的类侦探作品，对于以传统的政治意识形态、国家民族大义、正邪善恶之争为核心价值的警探使命和事业责任，或者采取颠覆、解构的姿态，或者将其忽略、悬置。他们笔下的主人公，往往是一些被嘲弄、被戏谑的“失败的侦探”，其侦探行为往往荒唐、无奈、尴尬、可笑，个人气质也是卑俗、平庸，匮乏英雄气概、智慧闪光、悲壮精神和浪漫气质。《解密》和《暗算》当然也弱化了不同国家、对立党派之间特情斗争的政治色彩，将“复杂的政治、军事和权力的直接对抗，演变为国家利益中的人类智力较量”①，并让那些天资异常的破译、监听、谍报人员在这神性与魔性共存的智力较量中走向人生的毁灭，以慨叹世界的荒诞、命运的无常、人性的脆弱。但是，从《解密》、《暗算》，再到后来的《风声》，麦家小说的另一核心密码，还在于他塑造的依然是“英雄”——不是“凭借意志力量克服人类弱点和局限的超凡脱俗的英雄”②，而是心智有致命弱点，道德并不完美，性格残缺的不完美英雄，是最终被命运之手播弄、人生遭遇毁灭的悲剧英雄。麦家塑造容金珍、黄依依、陈二湖、林英等人物，让他们“肩负起一个巨大的使命，并赋予这个使命以无比崇高的伦理光环……他们的人生悲剧、命运悲剧，都因为这种巨大的使命而显得崇高和壮烈”③，这“巨大的使命”，就是国家民族的大义、崇高的革命理想。对于这种传统的历史使命、社会责任，以及承载这责任使命、并为之付出牺牲的不完美的悲剧英雄的悲剧命运，麦家进行了一些深入的反思，但绝无嘲弄之意，相反是满怀尊重、热爱、敬意和悲悯，这使得《解密》、《暗算》等小说在哲理、智性的意蕴外，又别具一种崇高精神和悲壮风格。麦家自己曾经有过短暂的特情工作经历，这是他创作的主要源泉之一。在“茅盾文学奖”颁奖礼的获奖感言中，麦家提到了那“非常不寻常的地方”和“秘密的军营”，以及那群“特殊的军人”，他称“他们是人中精灵，他们的智慧可以炼成金，他们罕见迷人的才华和胆识本来可以让他们成为名利场上的宠儿，但由于从事了特殊的职业，他们一直生活在世俗的阳光无法照射到的角落，他们的故事，他们的情感，他们的命运是我们永远的秘密……时代在转眼间变得喧嚣，越是喧嚣，他们在我心间的形象越是变得鲜明、亮丽。我知道时代变了，有些美德变成了迂腐，有些崇高变成了可笑，有些秘密变成了家喻户晓，但我相信，他们没有变，他们不会变，他们不能变，他们依然是从前，我为他们感动，也为他们心酸。就这样，我以魔术的方式再现了他们，这也是唯一能展现他们的方式……”④通过这一番感情洋溢的致辞，麦家表白了自己的创作动机之一，即是对隐秘战线上不为人知的英雄，给予由衷的赞美、深沉的敬意和悲凉的感叹，并由此对当下喧嚣时代丢弃神圣使命、放逐崇高

① 洪治纲：《文坛关注·麦家专辑-主持人语》，《当代文坛》2004年第5期，第29页。

② 李舫：《惊见英雄归来》，《人民日报》(第8版)，2007年11月22日。

③ 洪治纲：《文坛关注·麦家专辑-主持人语》，《当代文坛》2004年第5期，第29页。

④ 《新文化报》，2008年11月10日，第17版。

理想、忘却牺牲精神、颠覆英雄品质的趋势，进行了隐晦的批判。确实，《解密》、《暗算》中的主人公们投身神秘凶险的特情事业，抛却正常的生活，牺牲家庭、情感、生命，倾尽天才和智慧，为国家安全、民族利益、革命理想立下了不为人知的卓越功绩，值得铭记和赞美。除主人公之外，这两部小说的次要人物也表达了对这“巨大的使命”的忠诚，甘愿为此作出牺牲。像容先生对701工作隐秘的理解，“一个秘密对自己的亲人隐瞒了几十年甚至一辈子，是不公平的，但如果不这样我们的国家就可能不存在，起码有不存在的危险，不公平也只有让它不公平了”。而小翟对容金珍的爱，就像爱自己国家一样的神圣，永不后悔；陈二湖的妻子也将一生献给了“迷醉在红墙里的丈夫”，积劳成疾患癌离世，却至死信念不变。林英、“老K”、金深水等地下工作者，为了革命的前途前仆后继、不惜生命。甚至因背叛而导致阿炳自杀的林小芳，其出轨产子、奉养婆婆的道德悖谬，也是出于对国家的使命感。《解密》、《暗算》中的不完美英雄及其身边的人们，固然都无法避免人生的悲剧、命运的荒诞，但他们身上都显露出一种为了国家、民族献身的“殉道”意味，崇高而悲壮，不能不让人尊敬、感动！麦家通过《解密》、《暗算》，在重写革命历史题材，再述敌我较量故事之际，塑造了个性禀赋特异、让人印象深刻的英雄形象，唤起了人们内心对已渐被遗忘的某些崇高精神、美好品德的向往，针对现今这个世俗化、多元化的社会，彰显了“红色经典”之中所蕴涵的“一直支撑着我们民族的伟大魂魄”①。在这种价值层面上，麦家小说被赞为“是有真正的人物的，他笔下的人生是可以站立起来的；他的小说是在为一种有力量的人生、一种雄浑的精神存在作证”②，此论虽稍嫌溢美，却阐明了麦家小说与“主旋律”文学的某些一致，因而也俘获了认同这种传统价值的更多读者。

对于世俗读者和某些评论将自己小说贴上各种通俗文类的标签，麦家是颇为不满甚至感到愤怒的③，他不断地申言自己的纯文学立场，宣称，“我的亲人中没有阿加莎，没有柯南道尔，也没有松本清张，他们都是侦探推理小说的大师，但是很遗憾，我没有得到过他们的爱”④；所以他不喜欢被拿来与阿加莎·克里斯蒂等比较，不承认“悬疑推理”等称谓⑤，认为这是对自己小说的“否定”和“不公”⑥。但是，在新近出版的麦家文集中，却出现了阐述对阿加莎·克里斯蒂和雷蒙德·钱德勒的阅读感受的文字，而且赞誉有加、钦佩不已。也许正因为那些将《解密》等与侦探文类进行比较的外界评论，驱使麦家近年来注意到自己早先有些不屑的侦探小说，并从其中的经典作品中发现了让

---

① 樊星：《“红色经典”与我们的时代》，樊星：《永远的红色——红色经典创作影响史话》，长江文艺出版社，2008年，第3页。

② 谢有顺：《从密室到旷野——麦家、〈风声〉与中国当代小说的可能性》，《文艺争鸣》，2008年第1期。

③ 《茅盾文学奖新晋得主麦家：畏风的捕风者》，侨报网（http://www.usqiaobao.com），2009年1月9日。

④ 钟刚：《麦家：生活正以各种向度枷锁我》，《南方都市报》，2009年3月29日。

⑤ 乌力斯：《麦家：我写的不是悬疑小说》，《新民周刊》，2008年12曰22日。

⑥ 《麦家：我不会为了名利去写作》，搜狐读书频道：“作家在线访谈”栏目（http://book.sohu.com/20071115/n253281405.shtml），2007年11月15日。

自己心有戚戚的文学元素和写作技巧。麦家提及阿加莎·克里斯蒂的小说带给读者最大的阅读魅力——“智力受到挑战，好奇心得到满足”，以及无所不在的“悬疑”之谜①。对于雷蒙德·钱德勒的小说，麦家自陈，既沉浸于那“令人心花怒放的虚拟的国度里”，又让“我的注意力时常被他别致、精到的比喻，准确、夸张的修辞所吸引，而忘记了案情的发展，故事的跌宕”。麦家尤其欣赏的是，“钱德勒把单调的侦探小说写得丰润又迷人，紧张又柔软，扣人心弦又诗意绵绵，跟我们常见的正统文学别无二致”；从而在“小说的好看与耐看之间”找到了“一条可以沟通的暗道，所谓龙蛇一身，雅俗共赏”②。因此，《解密》和《暗算》的故事，获得了广泛的畅销书效应，其密码还在于：(1)除先锋的意识、技法外，作品糅入许多通俗文类的情节要素以及设境、叙事、写人的方法，带来了很强的可读性、普及性。(2)在大众文化为主宰的文化格局下，在传统的“红色经典”再热、“新红色经典”不断问世的文学背景下，麦家打开了一扇隐秘的特情工作之门，塑造了别开生面、形象独特的“红色英雄”，带给读者新异的阅读刺激和阅读趣味。而影视媒体对小说的改编拍摄和某些商业化运作，也使小说汇入当代大众文化的潮流，获得了更为广泛的受众面和流行性。

可以相信，麦家在创作《解密》、《暗算》的时候，的确未曾有意使用侦探小说惯用的通俗技法，但从他所尊崇的博尔赫斯、纳博科夫的小说中，麦家也许无意间汲取了某些跨越雅俗，可以带来奇特效果的通俗文类特质。《解密》和《暗算》中，也营造出神秘诡异的环境，渲染了紧张刺激的气氛，设置层层推进、多方铺展的悬念，讲述鲜为人知、惊险跌宕的特工故事……都对应了通俗小说基本的情节元素和心理机制——“设疑”与“窥秘”。如容金珍的家世、出生、经历，就始终笼于神秘之中，随着一个个谜被多方的证言所解，而渐次展开：“大头虫”的命运将会怎样？他去的701究竟是个什么单位？他怎样解开“紫密”的，能解开“黑密”吗？希伊斯给他的来信到底是何目的？笔记本被窃为何让他致疯？这些悬疑及解密，丝丝入扣，波澜迭生，读来使人欲罢不能，与侦探小说很是相似。还有那天才弱智的阿炳、风流放纵的黄依依、严谨古板的陈二湖、兼具“炽热的金”和“柔软的银”两种气质的林英，他(她)们的故事也在多位见证者的访谈中展现。叙事者就像一个侦探，替自己、更替读者去试图揭秘书中人物的命运密码，故事讲得严整周密，又离奇精彩，很能激起不同层次读者的阅读兴致。同时，小说中还融入数学、密码、监听、宗教、民俗等各方面的知识，并力求用通俗易懂的语言、形象鲜活的比喻进行介绍，增加了许多的知识性和趣味性，吸引了许多的阅读注意，这也是成就较高的中西通俗小说的共同特征。

20世纪90年代以来，以“17年”的革命历史题材小说和“文革”的“样板文学”为主的“红色经典”重新回到人们的视野，主要依靠的是现代影视传媒、流行文化的翻拍与“重述”，再度引发一些热潮。它们让一些历史记忆和崇高精神得以些许复活，但在重

① 麦家：《阿加莎·克里斯蒂的11之谜》，《麦家文集·人生中途》，浙江文艺出版社，2009年，第17~18页。

② 麦家：《口风欠紧的钱德勒》，《麦家文集·人生中途》，浙江文艺出版社，2009年，第19~21页。

新作出某些历史判断，重新塑造所谓“多重性格”、“人性化”的英雄形象的同时，这些“红色经典”的回归，更在意的是如何吸引观众(读者)的眼球，怎样让作品看起来更精彩刺激，更具娱乐性，从而赢得收视率。所以，电视剧《沙家浜》着意展现阿庆嫂犹如交际花般的风情，电视剧《林海雪原》过度渲染杨子荣与槐花错综复杂的情史，电视剧《红色娘子军》则被拍成了加入三角恋爱的青春偶像剧，还有其他重拍“红色经典”剧对场面的极力表现，英雄人物的人性缺陷被放大、高大形象被颠覆……都显出浓浓的“戏说”味道和通俗(甚至媚俗)趣味，从而招致了许多不满，也引来了相关部门的干涉①。在男情女爱的小资情调、欲望元素有所遏制后，文坛将“红色经典”通俗化的趋势却未曾消减，只是大部转向中国传统的审美趣味靠拢。近年来，一批取材于战争年代、塑造革命英雄的小说(及影视剧)问世，也可称为“新红色经典”，如石钟山的《激情燃烧的岁月》、都梁的《亮剑》、徐贵祥的《历史的天空》等。它们的特点是，“革命理想主义和革命英雄主义气息已经悄悄被石光荣、李云龙那样富有人情味的豪放、粗犷、朴实、狡黠的农民气息取代了”②。革命理想被个人化和世俗化，如《激情燃烧的岁月》中的石光荣因走投无路参加抗联，《历史的天空》中本想投奔国民党军的梁大牙，被美丽的女八路东方闻英吸引加入游击队等；革命英雄也不复高大完美的形象，反是尽显各种鲜活凡俗的性格，像《亮剑》中身有匪气、爱占便宜的李云龙，同样满嘴粗话、匪气十足的梁大牙，还有粗率直愣的石光荣，但三人又都粗中有细。这就宛如中国古代通俗话本、民间传奇中的绿林草莽，江湖好汉；在他们身边，再设以白衣书生式的人物，如赵刚(《亮剑》)和陈墨涵(《历史的天空》)，形成一武一文、一粗一细、一张一弛的人物关系，制造出戏剧性的矛盾冲突。传统的通俗模式，让这几部“新红色经典”迎合了中国读者心底的文化积淀，也造就了畅销(热播)的局面。但麦家的《解密》、《暗算》中的通俗化因子，却是另走一路。它们塑造了此前中国小说少有的特异的“红色英雄”——解码天才、监听天才、谍报天才，表现出类似阿加莎·克里斯蒂、丹·布朗等人作品中的推理智慧与知识含量，成为“新红色经典”中独树一帜之作③。此前《永不消逝的电波》、《野火春风斗古城》、《夜幕下的哈尔滨》等作品也涉及此类题材，但权威的政治伦理、神圣的革命理想和完美的革命道德，往往是这些作品的中心，特情工作的隐秘背景、专业知识、复杂智性，却没有得到充分的展现，“缺乏高超的想象能力、幻想能力、推理能力、抽象能力、破解能力”④。麦家的小说，一定程度上弥补了这个遗憾，他笔下的英雄形象也不完美，但更像是西方文学(包括纯文学和通俗文学)中神经质的天才，如容金珍、阿炳；或天使与魔鬼的混合体，如黄依依。这样的特殊形象及其神秘行为，对读者产生了“猎奇”的效果，阅读感受十分新鲜；而随着叙事者、访谈者的讲述，故事又在荒诞

---

①　2004年中国国家广电总局颁布了《关于认真对待红色经典改编电视剧有关问题的通知》，禁止戏说红色经典。认定这些改编电视剧存在着“误读原著、误导观众、误解市场”的“低俗化”问题。见 http：//www. cctv. com/news/other/20040424/100001. shtml.

②　樊星：《“红色经典”与我们的时代》，樊星：《永远的红色——红色经典创作影响史话》，长江文艺出版社，2008年，第2~3页。

③　当然，龙一的《潜伏》及据其拍摄的电视剧，也与麦家小说类似，本书暂且不论。

④　雷达：《麦家的意义与相关问题》，《新文化报》(第17版)，2008年11月10日。

离奇的情节中，糅入合情合理的逻辑智慧，介绍旁逸斜出的科学(数学、无线电等)知识，表现出了丰富的想象和严密的推理，在多个层次上对应了不同读者的阅读需要，取得了雅俗共赏的品质。这和博尔赫斯、马尔克斯等的“玄学侦探小说”有某些相似。此外，《解密》和《暗算》也呼应了社会上的一些大众文化热点。其一，近年来，中共党史、国共斗争史上某些曾经潜藏的“红色记忆”在很多史料和传记中曝光，许多秘密战线的英雄被解密，如号称“龙潭三杰”的李克农、钱壮飞、胡底，“红色女谍”沈安娜等，他(她)们的故事真实存在，但惊险刺激不亚于文学想象，这给麦家的小说提供了一些佐证。但世俗读者将二者参照，主要仍是满足“猎奇”和“窥秘”的快感，为茶余饭后提供谈资，“红色记忆”、“新红色经典”同样都是消遣和休闲的对象。其二，像李安改编自张爱玲小说的电影《色戒》，以及众多来自国外的通俗文学、大众影视作品，如《达·芬奇密码》、《国家宝藏》、《夺宝奇兵》等，皆以直接诉诸感官、眩目惑耳的声色奇观，展现神秘的“解密”过程和惊险的“特情”故事。这些题材相似的文学及影视作品，汇入一个庞大的“大众文化场”，麦家的小说也被裹挟而入，《暗算》被拍成电视剧，有了较高的收视率，也引发了口水官司。尽管麦家自己很不情愿，他的小说还是在这样的“大众文化场”和商业行为中，被冠上通俗的帽子，成为世俗人群喜爱的娱乐对象、赚取利润的文化商品。这，可以看做是麦家小说在当下流行的重要外部密码。

虽然，《解密》和《暗算》也显现出一些缺陷，如两部作品在理念、技法上的某些重复，如插入大量含有智性思辨的笔墨，略显过犹不及(《暗算》比《解密》就更为节制)等。但是总体看来，这两部小说“在专业文学评论领域得到了充分的肯定，也拥有非常广大的读者群”，处于先锋与通俗之间，“两者能如此完美的结合实属不易”①；而两部小说表现出的“红色”味道，对英雄主义和崇高理想的悲壮赞美，又与“主旋律”相合。麦家的成功，应归结于他将先锋、红色、通俗三位一体，打破了雅与俗的文类界限，融汇了主流意识形态与纯文学题旨，从而获取了知识精英、世俗大众、官方政治的普遍认同。麦家的成功，似乎将当年马原、王朔创作“玄学侦探小说”未能实现的目标初步达成。只是，麦家的特殊创作之路还能持续多久，《暗算》、《解密》又能给其他作家带来哪些启示，人们还需拭目以待。

① 李敬泽：《麦家的获奖具有突破意义》，《新文化报》(第17版)，2008年11月10日。

结　　语

侦探小说在当代中国的变异、复苏、发展，当代中国“类侦探小说”呈现的错杂格局，无疑是半个多世纪以来中国小说整体面貌和发展路向中不应该被忽略的一支。它们属于现代的小说文类，与传统“公案”类文学相比，在内容和形式上均有极大的转变——如侦探小说“启智”的使命和侦探的个人性特色，就与公案小说宣扬“善恶有报”的观念，塑造“忠臣义士”的形象大相径庭；而侦探小说惯用的第一人称叙事、倒叙手法等，也与传统公案小说的全知叙事、顺叙行文迥然不同。但是，中国侦探小说又与传统公案隐隐存在某些呼应，如“惩恶扬善”的心理，“为民伸冤”的“青天”崇拜，以及揭露社会黑暗的强烈道德化倾向等。当代中国侦探小说自然也借用了欧美侦探小说的文类特征和表达技巧，如“设谜—解谜”的情节模式、犯罪警探形象的突出刻画等。只是在根本的小说观念、价值取向、叙事方式上，二者存在巨大的差异——如侦探小说在西方是“智慧的游戏”或“头脑的体操”，其文学意义重在游戏精神和消遣功能；而在中国当代，各种“类侦探”小说却永远背负社会道德的教化、政治意识形态宣传的使命。西方侦探小说视理性为最高准则，逻辑严密，智性色彩浓厚，且视角往往切入对人性的深度剖析；而中国当代侦探(或“类侦探”)小说则把伦理(政治伦理、家庭伦理、社会伦理)作为创作的中心，往往注目于伦理评价和社会批判，推理过程常被淡化，人性挖掘往往流于表面。西方经典侦探小说往往在复杂多样的叙事形式下，融入宗教情怀、哲理思索、多元知识，呈现出超越性的意识和丰富的意蕴；中国的各种“类侦探小说”却常常只采取现实主义的手法，拘泥于对社会生活的直接反映，对罪案真相的简单描绘……因此，当代中国侦探和“类侦探”小说虽然作家、作品众多，和西方侦探小说的正统多有差异，也没有出现像柯南道尔、克里斯蒂、松本清张这样的侦探小说大师。即便是从新时期到新世纪，自由、独立的精神深入影响到侦探文类的领域，促使中国出现颇具哲理思辨和艺术高度的“玄学侦探小说”，以及躲避政治和道德规训、悬疑意味浓厚的“悬疑小说恐怖小说”，但前者原创性不足、格局较小，后者堕入思想单薄的“装神弄鬼”的窠臼，仍然不能将中国侦探小说(“类侦探”小说)推向与世界侦探小说主流并肩的地位。所以，止庵、马原、李冯等作家和评论家为当代中国原创侦探小说会诊，作出以下推断：(1)“中国侦探小说获成功的可能性不大”，因为“侦探小说是一种城市小说，它的出现与城市文明尤其是城市意识是相关的。而中国式阅读思维是农业文明式的”。(2)“中国缺乏阅读侦探小说的传统”，因为多数中国读者的兴趣在“有用”，而非“无用”的纯粹推理①。除此之外，

① 曹雪萍：《中国侦探小说：不确定的死亡推断》，《新京报》网站(www.thebeijingnews.com)，2006年9月22日。

还有论者指出中国社会的科学精神、民主法制意识的薄弱，也让中国匮乏侦探小说创作的土壤。然而，当代中国侦探小说，以及用“公安文学”等命名的各种“类侦探”小说，与西方侦探小说相比虽然并不正宗，却自有其对中国文学、中国文化、中国社会的独特意义。像“古代公案”、“西方侦探”在中国当代的命运，50 多年来此类小说的名称变化，各种“类侦探”小说在不同历史时期的流行，还有纯文学界对“侦探”题材的青睐，以及近年来“悬疑”、“推理”小说的重新兴盛，除了显示出在 50 多年的政治、文化、文学背景下，中国侦探或“类侦探”小说文类复杂的演变脉络外，也是当代中国文学发展道路的重要参照之一。中国当代侦探小说和“类侦探”小说的演进之路，常常体现为“主旋律”、“先锋”、“通俗”等不同文类的交汇和分野，既代表了传统文类在当代的变迁发展，也说明了中国文化兼收并蓄的特征。尤其是各种“类侦探”小说对多种小说类型、文化元素(如对日本的“社会推理小说”的借鉴，如博尔赫斯式的“迷宫”的营造等，如海岩的“言情+公安”模式，麦家对特情工作的“解密”)的“延伸”、“扩容”，体现出多元互渗、交叉共生的“互文”性，与当代中国的文化格局、文化特征形成对应。同时，在当代中国侦探小说和“类侦探”小说复杂变幻的文学轨迹中，还隐含了社会转轨期中国民主、法制建设的发展过程，透射出当代中国人的人性情态、观念更替、心理变迁。深入地看，当代中国侦探小说和“类侦探”小说更是当代中国政治转折、文化变迁、社会发展的一面镜子，它也给人们提供了相关作家关于中国现代民主、法制建设的独特思考，以及对中国人的现实生活和自身命运的关注。因此，读者应有理由去相信和期待，在中国的历史、社会、文化、文学土壤中，会诞生出世界性和中国性交汇、先锋性和通俗性兼备的侦探大家和经典作品，而有些作家、作品，如余华、麦家等，已经预示了这种可能。

主要参考文献和资料

一、论著、教材、作家访谈类：

[1] 格非．小说叙事学．北京：清华大学出版社，2002.

[2] 李洁非．中国当代小说文体史论．西安：陕西人民教育出版社，2002.

[3] 陶东风．文体演变及其文化意味．昆明：云南人民出版社，1994.

[4] 方珊．形式主义文论．济南：山东教育出版社，1999.

[5] 郭延礼．中西文化碰撞与近代文学．济南：山东教育出版社，1999.

[6] 冯光廉．中国近百年文学体式流变史．北京：人民文学出版社，1999.

[7] 程文超．新时期文学的叙事转型与文学思潮．广州：中山大学出版社，2005.

[8] 王宏志．翻译与创作——中国近代翻译小说论．北京：北京大学出版社，2002.

[9] 夏德勇．中国现代小说文体与文化论．北京：中国广播电视出版社，2005.

[10] 杨星映．中西小说文体形态．北京：中国社会科学出版社，2005.

[11] 陈平原．陈平原小说史论集．石家庄：河北人民出版社，1997.

[12] 陈平原．小说史：理论与实践．北京大学出版社，1993.

[13] 陈平原，夏晓虹．二十世纪中国小说理论资料》(第 1 卷)．北京：北京大学出版社，1989.

[14] 洪子诚．二十世纪中国小说理论资料》(第 5 卷)．北京：北京大学出版社，1997.

[15] 钱理群，温儒敏，吴福辉．中国现代文学三十年．北京：北京大学出版社，1998.

[16] 於可训．中国当代文学史概论．武汉：武汉大学出版社，1998.

[17] 陈思和．中国当代文学史教程．上海：复旦大学出版社，1999.

[18] 洪子诚．中国当代文学史．北京：北京大学出版社，1999.

[19] 华中师范大学《中国当代文学》编写组．中国当代文学．上海：上海文艺出版社，1998.

[20] 王晓明．二十世纪中国文学史论．上海：东方出版中心，1997.

[21] 王岳川．中国镜像——九十年代文化研究．北京：中央编译出版社，2001.

[22] 樊星．当代文学与多维文化．武汉：武汉大学出版社，2005.

[23] 许子东．为了忘却的集体记忆——解读 50 篇文革小说．北京：三联书店，2000.

[24] 杨鼎川．1967：狂乱的文学年代．济南：山东教育出版社，1998.

[25] 尹昌龙．1985：延伸与转折．济南：山东教育出版社，2002.

[26] 杨健．文化大革命的地下文学．北京：朝华出版社，1993.

[27] 白士弘．暗流——"文革"手抄文存．北京：文化艺术出版社，2001.

[28] 余岱宗．被规训的激情——论 1950、1960 年代的红色小说．上海：上海三联书

店，2004.
[29] (美)詹明信．晚期资本主义的文化逻辑．北京：三联书店，2003.
[30] 盛宁．人文困惑与反思——西方后现代主义思潮批判．北京：三联书店，1999.
[31] 魏绍昌．鸳鸯蝴蝶派研究资料．上海：上海文艺出版社，1954.
[32] 曹正文．世界侦探小说史略．上海：上海译文出版社，1998.
[33] 王晶．西方通俗小说——类型和价值．昆明：云南人民出版社，2002.
[34] 黄禄善，刘培骧．英美通俗小说概述．上海：上海大学出版社，1997.
[35] 王先霈，於可训．八十年代中国通俗文学．武汉：湖北教育出版社，1995.
[36] 叶生刚，於可训，等．通俗文学评论(期刊)．武汉：湖北省新闻出版局，1992—1998.
[37] 范伯群．中国近现代通俗文学史．南京：江苏教育出版社，1999.
[38] 范伯群．中国现代通俗文学史(插图本)．北京：北京大学出版社，2007.
[39] 范伯群，汤哲声，孔庆东．20 世纪中国通俗文学史．北京：高等教育出版社，2006.
[40] 汤哲声．中国现代通俗小说流变史．重庆：重庆出版社，1999.
[41] 汤哲声．中国当代通俗小说史论．北京：北京大学出版社，2007.
[42] 孔庆东．超越雅俗——抗战时期的通俗小说．北京：北京大学出版社，1998.
[43] 刘炳泽，王春桂．中国通俗小说概论．太原：北岳文艺出版社，1993.
[44] 栾梅健．纯与俗的变奏．济南：山东友谊出版社，2006.
[45] 卢润祥．神秘的侦探世界——程小青孙了红小说艺术谈．上海：学林出版社，1996.
[46] 任翔．文学的另一道风景——侦探小说史论．北京：中国青年出版社，2001.
[47] 高润平，张子宏，于奎潮．中国当代公安文学史稿．北京：群众出版社，1993.
[48] 杜元明．中国公安文学作品选讲．北京：警官教育出版社，1996.
[49] 吴泽之．法制文学的写作．重庆：西南师范大学出版社，1991.
[50] 孙明山．公安纪实作品论文集．北京：中国人民公安大学出版社，1992.
[51] 张倩．法制文学概论教学大纲，http：//jwc. cupl. edu. cn/dg/zw/42. pdf.
[52] 邓力群．当代中国的公安工作．北京：当代中国出版社，1992.
[53] (苏)阿·阿达莫夫．侦探文学与我——一个作家的笔记．北京：群众出版社，1988.
[54] 丛维熙．我是丛维熙——丛维熙自白．北京：团结出版社，1996.
[55] 海岩．我笔下的七宗罪．北京：文化艺术出版社，2002.
[56] 余华．说话．沈阳：春风文艺出版社，2002.
[57] 麦家．麦家文集·人生中途．杭州：浙江文艺出版社，2009.
[58] 吴义勤．余华研究资料．济南：山东教育出版社，2006.
[59] 葛红兵，朱立冬．王朔研究资料．天津：天津人民出版社，2005.
[60] 王尧，林建法．我为什么写作——当代著名作家讲演集．郑州：郑州大学出版社，2005.

[61] 张英．文学人生——作家访谈录．上海：上海教育出版社，2005.
[62] Brenda Downes. *101 Key Ideas Of Literature*, First Edition, Hodder Headline Plc 338 Euston Road, London, 2002.

二、作品类：

[1] (阿根廷)豪尔斯·路易斯·博尔赫斯．博尔赫斯小说集．王永年，陈泉，译．杭州：浙江文艺出版社，2005.
[2] (哥伦比亚)加西亚·马尔克斯．爱情和其他魔鬼．朱景冬，李德明，蒋宗曹，译．济南：山东文艺出版社，1999.
[3] (法国)罗布·格里耶．橡皮．林青，译．上海：上海译文出版社，1981.
[4] (意大利)昂贝·埃科．玫瑰之名．林泰，周仲安，戚曙光，译．重庆：重庆出版社，1987.
[5] (苏)阿·阿达莫夫．形形色色的案件．尹明华，李佑华，译．北京：群众出版社，1957.
[6] (英)阿·柯南道尔．福尔摩斯探案全集．北京：群众出版社，1981.
[7] (英)阿加莎·克里斯蒂．尼罗河上的惨案．官英海，译．南京：江苏人民出版社，1979.
[8] 唐仁．世界侦探小说经典(欧美卷)．昆明：云南人民出版社，2002.
[9] 左右．侦探小说．世界著名短篇小说分类文库．北京：中国和平出版社，1996.
[10] 程小青．霍桑探案集．北京：群众出版社，1988.
[11] 蓝玛．当代奇案系列：神探桑楚的推理．北京：作家出版社，1993.
[12] (日)森村诚一．人性的证明．南京：江苏人民出版社，1979.
[13] (日)松本清张．点与线．北京：群众出版社，1979.
[14] 杜元明，等．当代中国公安文学大系．北京：群众出版社，1996.
[15] 于洪笙．中国当代获奖侦探小说排行榜．桂林：漓江出版社，2004.
[16] 任翔．夕峰古刹——20世纪中国侦探小说精选(1980—2000)．北京：中国文联出版社，2002.
[17] 海岩．便衣警察．北京：人民文学出版社，1985.
[18] 海岩．玉观音．北京：文化艺术出版社，2004.
[19] 海岩．拿什么拯救你，我的爱人．北京：文化艺术出版社，2004.
[20] 马原．大师的残忍．北京：新世界出版社，2002.
[21] 马原．悬疑地带．福州：海峡文艺出版社，2002.
[22] 马原．中国小说50强：1978—2000年．长春：时代文艺出版社，2001.
[23] 余华．古典爱情．北京：人民文学出版社，2006.
[24] 王朔．王朔文集·篇外篇．昆明：云南人民出版社，2003.
[25] 格非．格非作品精选．武汉：长江文艺出版社，2006.
[26] 方方．方方文集——埋伏．南京：江苏文艺出版社，1995.
[27] 麦家．解密．北京：人民文学出版社，2006.
[28] 麦家．暗算．北京：人民文学出版社，2006.

三、主要参考论文：

[1] 孔慧怡．还以背景，还以公道——论清末民初英语侦探小说中译．王宏志．翻译与创作——中国近代翻译小说论．北京：北京大学出版社，2000.

[2] 李德纯．从侦破案件到揭露黑暗——日本推理小说一瞥．秦弓，孙丽华．富士山风韵——日本书话．南昌：江西教育出版社，1999.

[3] 周京力．长在疮疤上的树(代序)．“文革手抄文存”——暗流．北京：文化艺术出版社，2001.

[4] 李欣．海岩小说创作漫谈．文学评论，1998(5)．

[5] 袁洪庚．转折与流变：中国当代玄学侦探小说发生论．文艺研究，2002(2)．

[6] 袁洪庚．旧瓶中的新酒：玄学侦探小说论．兰州大学学报，1998(1)．

[7] 李琼．略论玄学侦探小说的基本特征．外国文学评论，2008(1)．

[8] 吴亮．马原的叙述圈套．王晓明．二十世纪中国文学史论．上海：东方出版中心，1997.

[9] 陈晓明．无望的救赎．王晓明．二十世纪中国文学史论．上海：东方出版中心，1997.